JOUISSEZ JEUNESSE

Du même auteur :

La Mort de la mort : comment la technomédecine va bouleverser l'humanité, JC Lattès, 2011.

La Défaite du cancer : histoire de la fin d'une maladie, JC Lattès, 2014.

La Guerre des intelligences : Intelligence Artificielle versus Intelligence Humaine, JC Lattès, 2017.

L'IA va-t-elle aussi tuer la démocratie ?, Laurent Alexandre, Jean-François Copé, JC Lattès, 2019.

Pour échanger avec le Dr Laurent Alexandre :
Mail : laurent.alexandre2@gmail.com
Twitter : @dr_l_alexandre

www.editons-jclattes.fr

Dr Laurent Alexandre

JOUISSEZ JEUNESSE

Petit manuel à l'attention
de ceux qui choisiraient
de ne pas croire à la fin du monde

JC Lattès

Maquette de couverture : Pierre Martin Vielcazat

ISBN : 978-2-7096-6695-4

Première édition septembre 2020.

À Thierry Breton,
commissaire européen visionnaire

Sommaire

Introduction : « Votez pour moi ou la terre va mourir »

C'est ma grand-mère paternelle qui m'a initié à l'écologie et qui m'a appris à l'aimer. Je n'avais que sept ans. Suzanne était issue d'un milieu extrêmement défavorisé. Elle quitta l'école à onze ans. À force de travail, de volonté et de lectures, elle avait acquis une grande culture générale et une remarquable compréhension du monde. Ce n'était pas une théoricienne de l'environnement, mais l'évidence de la beauté de la terre et l'urgence de sa préservation lui sautaient aux yeux. La pollution choquait déjà à l'époque ceux qui, pour avoir vécu au contact de la nature et avoir été directement dépendants d'elle, savaient combien son équilibre était aussi précaire que précieux.

Depuis, les révolutions technologiques, sociales, économiques et géopolitiques se sont enchaînées à une vitesse qui dépassa toutes les attentes.

Les mutations qui arrivent confèrent aux hommes des pouvoirs démiurgiques. L'homme devrait pouvoir réaliser ce que seuls les dieux étaient supposés pouvoir faire : manipuler puis créer la vie, modifier notre génome, reprogrammer notre cerveau et euthanasier la mort. L'Intelligence Artificielle, l'homme augmenté, et même les animaux augmentés font partie des défis technologiques et éthiques devant nous.

Comme si ces défis ne suffisaient pas, voilà que s'ajoutent ceux du changement climatique. Beaucoup voient la corrélation de ces problèmes avec l'extraordinaire prospérité de nos économies depuis deux siècles comme l'indication de la seule solution à notre portée : pour cesser de nuire à notre environnement, il faudrait revenir à notre état de développement préindustriel. C'est une grave erreur qui est en train d'emporter l'Europe et qui remet gravement en cause notre avenir à tous. C'est cette funeste folie que ce livre veut dénoncer.

L'écologie était il y a trente ans un courant sympathique, teinté de romantisme, au parfum légèrement hippie. Il est en train de devenir un programme totalitaire violent avec ses chemises vertes, ses anathèmes et ses bûchers.

L'écologie politique tente de convaincre l'opinion que seul un changement radical de régime incluant un recul des libertés et l'abandon du confort moderne peut sauver la planète. Les écologistes radicaux ont parfaitement compris que pour emmener les gens à la croisade verte, il faut les terroriser. C'est désormais chose faite, et avec quel succès !

L'écologie est une science passionnante mais en réalité fort complexe, au croisement de multiples disciplines : démographie, agronomie, climatologie, zoologie, économie, droit international... L'écologie, peut-être la plus multidisciplinaire des sciences, est devenue l'otage d'un courant politique réactionnaire et anti-progrès. Selon le nouveau catéchisme vert, nous n'aurions pas d'autre option que d'inverser les horloges de l'histoire économique pour retrouver l'époque où l'humanité était peu nombreuse et vivait chichement. Beaucoup en appellent au retour à la terre, aux méthodes de nos ancêtres, sans se rendre compte que derrière cet âge d'or fantasmé se cache une réalité particulièrement pénible et douloureuse.

Nous ne devons pas choisir entre la prospérité et la terre, entre la richesse et la nature, entre le bien-être humain et celui des autres espèces vivantes. Nous devons créer les conditions pour que la prospérité, la richesse et le bien-être humain puissent exister dans le respect de l'environnement.

La technologie ne s'oppose pas à l'écologie, elle en est la clé. Ce livre veut montrer combien la science est aujourd'hui notre seule chance de salut. Les défis ne s'opposent pas, ils se complètent. Mieux encore : ils ont des solutions communes. À condition que nous ayons la lucidité de ne plus écouter les marchands de peur.

Il est urgent de réhabiliter une écologie humaniste et progressiste qui ne détruise pas chez les nouvelles générations la soif d'aventure et de progrès technologiques au service de l'homme. Ce combat n'est pas facile, tant foisonnent les idées fausses, les absurdités érigées au rang d'évidence, les non-dits coupables et les procès en sorcellerie. Mais je crois qu'il est le plus important que nous devions mener. J'ai vu en quelques mois l'opinion changer, des paniques se déclencher, de cyniques groupuscules diffuser à plaisir une propagande bien huilée. Nous avons été enfermés en très peu de temps dans cette alternative délirante : donner le pouvoir aux soviets verts ou mourir. « Votez pour moi, disent ces bonnes âmes, et vous serez peut-être sauvés. » Une technique vieille comme le monde : c'est celle de tous les prétendus personnages providentiels, les profiteurs des peurs ancestrales, les agitateurs d'effrois. Ils attaquent en meute le vieil Occident aux Lumières bien fatiguées. Ils profitent avec habileté des nouveaux outils de communication pour mieux répandre leur fiel et faire taire ceux qui s'opposent.

PREMIÈRE PARTIE :

LA LASSITUDE DE L'HOMME EUROPÉEN : PROSPÉRITÉ, DÉPRESSION ET HYSTÉRIE

Comment expliquer le paradoxe de la dépression qui saisit l'Occident – et lui seulement –, au moment où en réalité culmine sa prospérité ? Comment expliquer que nous voyions tout en noir au moment même où tout va mieux que jamais ? Il faut commencer par faire la biopsie du mécanisme étonnant par lequel, en quelques mois, est monté chez nous un nouveau nihilisme. Le XIXe siècle romantique avait ses jeunes hommes qui se suicidaient en gilet jaune pour imiter le Werther de Goethe ; le XXIe a ses jeunes qui se font stériliser pour sauver la planète. Il faut montrer comment déferle sur nous cette vague qui veut nous enfermer dans ces alternatives : adopter le collectivisme ou provoquer la mort de milliards d'humains, abandonner sa liberté ou tuer la planète.

CHAPITRE I : HOMO DEUS EST DÉPRESSIF

L'homme-Dieu[1] a le pouvoir triste. Il a vaincu presque tous les obstacles que la nature lui imposait. Il se propose de tuer la mort, visiter le ciel, dompter l'atome mais il n'est pas heureux. Sur son nuage de prospérité, il s'ennuie. Il est aussi incompris des responsables politiques, qui ne voient pas que les nouvelles technologies sont en train de fragiliser notre démocratie. Face à un homme-Dieu qui doute de lui-même et n'assume pas toujours ses nouveaux pouvoirs, on voit arriver un nouvel ennemi, opposé à tout ce qu'il représente.

Homo Deus : la quatrième tentative sera la bonne

Le monde grec et judéo-chrétien s'est construit sur quelques rochers. Le Parthénon a vu naître la philosophie, le théâtre et la démocratie. *La Torah* et le Christ sont

1. Popularisé par Yuval Noah Harari, dans *Homo Deus : Une brève histoire de l'avenir*, éd. Albin Michel, 2017.

issus d'un monde géographiquement très limité. Le Holy Trail[1] qui représente l'itinéraire du Christ est minuscule : quelques dizaines de kilomètres seulement. Dans l'Ancien Testament, Dieu a stoppé trois fois les tentatives de l'homme de devenir Homo Deus. Lorsque Adam a touché au fruit de la connaissance ; lorsqu'il a tué toute l'humanité sauf la famille de Noé ; enfin lors de la construction de la Tour de Babel qui était destinée à se hisser à la hauteur de Dieu.

L'espèce humaine est parvenue au moment de sa quatrième tentative. Et on ne voit pas bien ce qui pourrait l'empêcher cette fois-ci de conquérir des pouvoirs exorbitants.

Un nouvel âge d'or

À beaucoup d'égards, c'est déjà fait.

Il faut être un spécialiste pour distinguer un silex ayant 400 000 ou 300 000 ans : en 100 000 ans les progrès étaient infimes. Le rythme de changement du monde s'est accéléré au cours des derniers millénaires. Les progrès se comptaient autrefois en dizaines de milliers d'années, puis en millénaires, puis en siècles. À partir de la Révolution industrielle, une poignée de décennies suffisent pour observer des changements significatifs. Depuis la révolution numérique, chaque mois, voire chaque semaine, apporte son lot d'innovations importantes.

En 2020, le décollage des NBIC[2] s'accompagne d'une explosion technologique incroyable. La connaissance

1. Le chemin sacré.

2. Nanotechnologies, Biotechnologies, Informatique et Cognitique qui regroupe l'Intelligence Artificielle, la robotique et les neurosciences.

humaine croît davantage en une seconde qu'elle ne le faisait en 100 000 ans. L'homme s'est doté en quelques années de capacités que les rêveurs les plus audacieux d'hier n'auraient pu concevoir. Nous observons l'univers dans un rayon de 42 milliards d'années-lumière soit 420 000 milliards de milliards de kilomètres. Nous lisons notre ADN en quelques heures. Nous avons découvert que chaque litre d'eau de mer contient 10 milliards de virus. Nos lasers peuvent réaliser des impulsions de la femtoseconde, c'est-à-dire d'un millionième de milliardième de seconde. Nos modèles cosmologiques nous permettent d'appréhender le big bang 0,0000000000000 00000000000000000000000000000001 seconde après la singularité initiale. Nous savons fabriquer des éléments qui n'existent pas dans l'univers et dont la durée de vie est d'un dix milliardième de seconde. Nous connaissons de mieux en mieux les briques élémentaires de la matière et de l'énergie : bosons, hadrons, leptons…

William Shockley fait partie des rares personnalités qui auront changé le monde à deux reprises. Il est chargé en juillet 1945 de rédiger un rapport sur le nombre de victimes que pourrait occasionner un débarquement des États-Unis au Japon. Ce rapport, en soulignant l'ampleur des pertes américaines lors d'une telle opération, a incité Washington à envisager les bombardements atomiques d'Hiroshima et de Nagasaki. La face de la terre, sans le lancement de ces deux bombes, aurait été changée… Mais l'ingénieur ne s'arrête pas là. Le 4 juillet 1951, il présente le révolutionnaire transistor bipolaire qui inaugure l'ère des semi-conducteurs. Gordon Moore est l'un des ingénieurs qui quitteront William Shockley pour fonder Intel.

Le 19 avril 1965, il explique dans la revue *Electronics Magazine* que la puissance informatique croît exponentiellement : la puissance des circuits intégrés double, à coût constant, tous les dix-huit mois. En 1951, un transistor faisait 10 millimètres de large ; en 1971, 10 microns, soit le centième d'un millimètre. Fin 2017, les fabricants sortaient les premiers microprocesseurs gravés en transistors de 10 nanomètres, dix mille fois plus fins qu'un cheveu. On dénombre désormais 54 milliards de transistors sur un seul microprocesseur Ampère de NVIDIA qui réalise 20 000 milliards d'opérations par seconde. L'iPhone de 2020 sera équipé des puces du Taïwanais TSMC gravées en 5 nanomètres. De son côté, le Sud-Coréen Samsung aura achevé d'ici 2022 la construction d'une usine pour fabriquer des puces gravées en 3 nanomètres. L'investissement pour construire l'usine dépassera 20 milliards de dollars. Les nombreux spécialistes qui avaient annoncé la mort imminente de la loi de Moore, début 2017, se sont encore trompés. Mais il est important de remarquer que c'est en Asie qu'elle perdure.

Si la taille des transistors et la puissance des microprocesseurs ont tant d'importance, c'est qu'ils commandent directement les capacités de calcul. Cette bataille de titans s'accompagne d'une guerre mondiale des super-ordinateurs qui ouvriront la voie vers des Intelligences Artificielles sophistiquées. Présenté le 8 juin 2020, le Fugaku japonais est désormais l'ordinateur le plus puissant du monde, avec 415 millions de milliards d'opérations par seconde. En 1938, l'ordinateur le plus puissant, le Z1, inventé par l'ingénieur allemand Konrad Zuse, réalise une opération par seconde… La puissance informatique maximale disponible sur terre a été multipliée par plus de quatre cents millions de milliards en quatre-vingts ans.

Les machines réalisant un milliard de milliards d'opérations par seconde sont attendues pour 2021. Des ordinateurs effectuant un milliard de milliards de milliards d'opérations par seconde pourront être entre nos mains vers 2050.

Cette puissance informatique rend possibles des exploits impensables il y a seulement vingt ans : la lecture de notre ADN, dont le coût a été divisé par 3 millions en quinze ans, le séquençage des chromosomes des fossiles d'espèces disparues, l'analyse de la trajectoire et de la composition des exoplanètes[1], la compréhension de l'origine de notre univers, les voitures autonomes... Ces progrès n'ont pas été anticipés : la plupart des spécialistes des années 1960 étaient sceptiques vis-à-vis des projections de Gordon Moore, comme la grande majorité des généticiens pensaient en 1990 que le séquençage intégral de nos chromosomes était impossible. Ce qui était inconcevable hier devient réalisable aujourd'hui et sera trivial demain. La folle accélération technologique donne des perspectives enthousiasmantes à l'aventure humaine. L'homme-Dieu était un fantasme, il est en train de devenir une prévision : un homme doté de pouvoirs quasi infinis grâce aux NBIC, toutes boostées par l'incroyable progression de la puissance de calcul prédite par la loi de Moore.

L'IA[2] et les NBIC bouleversent tous nos repères existentiels : structure de la famille, longévité, procréation et même l'idée de Dieu vont être radicalement transformées.

1. Planètes extérieures à notre système solaire.
2. Intelligence Artificielle.

L'IA transforme la science-fiction en science. Homo Deus euthanasie la science-fiction.

Pour les transhumanistes, la loi de Moore nous permettra non pas de nous rapprocher de Dieu, mais de prendre sa place. Grâce à elle, nous deviendrions un homme-Dieu doté de pouvoirs quasi infinis grâce à l'incroyable progression de la puissance de calcul. La fascination de la Silicon Valley pour la puissance informatique, mère de tous les pouvoirs, culmine dans l'espoir ultime : vaincre la mort. C'est particulièrement vrai pour les dirigeants de Google, comme Yuval Noah Harari le raconte dans *Homo Deus*.

Gordon Moore s'étonne que ses prédictions soient encore valides : « Il y a chez l'homme une inventivité incroyable qui permet d'éliminer des problèmes qu'on imagine insolubles pour toujours. J'ai vu tomber des dizaines de murs infranchissables. Maintenant, je crois que tout est possible. La loi de Moore s'arrêtera peut-être quand les transistors atteindront la taille de l'atome. Ou peut-être pas… » En 1965, il avait prédit la mort de sa loi pour 1975. Aujourd'hui, il envisage qu'elle puisse être éternelle ! Ce qui serait aussi la clé de l'éternité humaine. Demain, l'ordinateur quantique pourrait considérablement augmenter nos capacités. Google prétend[1] avoir réalisé en 3 minutes et 20 secondes un calcul que le plus puissant ordinateur aurait mis 10 000 ans à finir. Cette puissance de calcul explosive change radicalement l'aventure humaine.

L'être humain à portée d'infini

Le monde a grandi trop vite. En quelques décennies, l'homme aura apprivoisé presque tous les infinis. Nous

1. Le 23 octobre 2019.

avons exploré les puissances extrêmes, l'infiniment petit et les confins de notre univers.

Le passé lui-même devient un lieu inédit d'exploration, et nous permet de nous rapprocher un peu des énigmes ultimes : celles de l'existence de la vie et de l'univers.

Au XIXe siècle, les scientifiques pensaient que l'Humanité ne connaîtrait jamais son passé, que l'on imaginait d'ailleurs très court, comme l'enseignait la Genèse. Aujourd'hui, plusieurs approches extrêmement novatrices, qui reposent en particulier sur le séquençage de l'ADN, la physique nucléaire ou l'astrophysique, nous renseignent sur notre lointaine histoire. Les géologues ont même reconstitué minute par minute l'explosion de la météorite qui décima les dinosaures, il y a 66 millions d'années. Le séquençage de l'ADN ne se limite plus aux êtres vivants. Il est désormais possible de séquencer les chromosomes d'individus morts depuis bien longtemps, et donc des espèces disparues. L'ADN se conserve en effet dans les squelettes près d'un million d'années, à condition que l'environnement ne soit pas trop chaud et humide ; les généticiens peuvent dès lors reconstituer la totalité d'un génome. Cette « paléogénétique » renseigne sur les espèces d'hommes qui ont disparu : Neandertal (qui s'est éteint il y a moins de 30 000 ans) et Denisovan (qui existait en Sibérie il y a 40 000 ans) ont été séquencés avec succès alors même que cette dernière espèce nous était connue uniquement par un fragment de phalange et deux molaires. On saura peut-être aussi lire le génome de l'Homme de Flores en Indonésie (son séquençage a échoué jusqu'à présent tant l'ADN a été abîmé par le climat tropical) et celui de l'Homme de Naledi, en Afrique australe.

La comparaison des génomes de Neandertal, de Denisovan et de l'homme moderne éclaire d'un jour nouveau notre histoire. Certains humains (notamment les Mélanésiens modernes) ont hérité de quelques pourcents d'ADN de Denisovan lors du passage de leurs ancêtres en Asie. De même, il y a eu un métissage des Eurasiens avec Neandertal, lors de la sortie d'*Homo sapiens* d'Afrique, il y a environ 75 000 ans. Autrement dit, certains groupes d'hommes vivant aujourd'hui sur terre sont issus de métissages postérieurs à la sortie d'Afrique d'hommes modernes et d'hommes archaïques. Grâce au séquençage des ossements, il est probable que nous découvrirons de nombreux autres métissages, peut-être même avec des hommes encore plus archaïques comme *Homo erectus*. Les généticiens vont encore plus loin : ils peuvent désormais séquencer nos ancêtres même en absence d'ossement, à partir de la poussière découverte dans les grottes, comme les policiers scientifiques analysent les traces d'ADN sur les scènes de crime. La connaissance de notre arbre généalogique en sera considérablement améliorée.

Appliqué à la virologie, le séquençage révolutionne aussi notre vision de l'origine de la vie. Depuis 2003 et la découverte de Mimivirus par la fantastique équipe des professeurs Jean-Michel Claverie et Chantal Abergel de Marseille, plusieurs virus géants ont pu être séquencés. Les scientifiques ont découvert une richesse génétique extraordinaire, avec des milliers de gènes inconnus dans le reste du règne du vivant. Leur analyse ouvre une fenêtre sur l'apparition de la vie sur terre avant même LUCA[1], l'ancêtre commun à tous les êtres vivants sur terre, de la bactérie à l'homme, en

1. LUCA, Last Universal Common Ancestor, vivait il y a environ 3 milliards d'années.

passant par l'hortensia ou le crocodile. De la même façon, la production et la détection de bosons de Higgs au CERN permettent de reproduire les événements astrophysiques survenus un dix-milliardième de seconde après le big-bang, lors de l'apparition de la masse des particules primordiales. Ces révolutions génétiques et physiques permettent de remonter toujours plus loin dans l'histoire de la vie et de l'univers. Le passé est un des derniers continents à explorer et c'est l'un des plus passionnants.

Dans ces trois exemples, des montagnes de données doivent être analysées : l'IA nous permet de lire notre passé. Plus troublant encore, l'analyse du fond cosmologique de l'univers permettra probablement de savoir si notre univers est unique ou si nous vivons dans un univers multiple ou multiverse. Les spécialistes estiment qu'il pourrait y avoir 10 puissance mille[1] univers autour du nôtre.

En 1921, nous ne connaissions qu'une seule galaxie : la voie lactée, dont notre soleil est une banale étoile. Nous dénombrons aujourd'hui 2000 milliards de galaxies contenant chacune en moyenne 200 milliards d'étoiles. La première planète extérieure à notre système solaire a été découverte en 1995. Nous en découvrons désormais tous les jours de nouvelles, grâce à l'IA qui sait repérer les signaux les plus ténus, et leur composition est de mieux en mieux connue. En 2019, le premier cliché d'un trou noir a été réalisé. De nouveaux accélérateurs à partir de 2040 pourraient nous permettre de mieux comprendre le début de notre univers.

Le physicien français Thibault Darmour espère que la physique parviendra à expliquer le monde avant le big-bang.

1. 1 suivi de 1000 zéros.

Une porte sur le ciel…

La nouvelle révolution n'est pas une porte sur un nouveau monde : c'est une porte sur le ciel. Elle génère de multiples chocs éthiques, philosophiques et spirituels qui font trembler les dynamiques politiques. Depuis qu'il a maîtrisé le feu, domestiqué les animaux et les plantes, l'homme s'est éloigné de l'acceptation de l'ordre naturel pour en ériger un qui lui soit propre, fruit de ses propres mains. La culture, par définition, s'éloigne et s'oppose à la nature. La révolution des NBIC bouleverse même le processus de procréation.

Toutes les transgressions sont permises par la technologie : sans les NBIC pas de PMA, de FIV ou de GPA. Ces bouleversements traumatisent la société : 70 % des Français estiment qu'ils vivent dans un monde de science-fiction et 70 % pensent également que la démocratie a échoué.

La philosophie transhumaniste a d'immenses conséquences sur notre rapport à l'amour. Le XXe siècle a déjà marqué de profonds bouleversements dans le rapport traditionnel à la reproduction. *La Bible* condamnait les femmes à endurer les douleurs de l'enfantement jusqu'à ce que la péridurale et le planning familial révolutionnent le statut de la femme, la maternité et l'organisation de la famille. Demain, la déconnexion entre généalogie, origine, plaisir, sexe, amour et reproduction sera totale : tout deviendra modulaire, choisi et systématisé. Sélection et modifications génétiques des embryons, sexe virtuel et robot-sexe, utérus artificiel, enfants produits par des couples du même sexe grâce à deux ovules ou deux spermatozoïdes, bébés avec trois parents puis sans parents… tout cela va industrialiser la vie.

Les transhumanistes convaincront l'opinion que la naissance est trop hasardeuse et que le bébé à la carte est plus rationnel : le tri des embryons par FIV, favorisé par le désir d'enfant parfait qui habite beaucoup des parents, deviendra une étape de toute grossesse raisonnable. Le premier bébé à deux mamans et un papa est né en 2016 à New-York. La technologie va aussi permettre aux homosexuels d'avoir des enfants biologiques porteurs des gènes des deux parents et sans GPA qui n'aura été qu'une étape de courte durée. Les NBIC vont transformer ce qu'il y a de plus intime chez nous, en industrialisant le sexe, l'orgasme et l'amour, ce que le Viagra a timidement commencé à faire. Le cybersexe se développera au croisement de la robotique, de l'IA et de la réalité virtuelle comme le casque Oculus de Facebook. Progressivement, il sera possible de tomber amoureux d'un robot comme dans le film *HER*[1]. Dans quelques décennies, la procréation aura été fragmentée en plusieurs participants : plusieurs parents, le généticien et l'utérus artificiel dont le premier prototype a été testé en 2017 chez le mouton. Le sexe ne va pas disparaître mais il ne servira plus à faire des bébés.

Le recul de la reproduction sexuée est un des marqueurs du changement de civilisation que les technologies NBIC entraînent. La fécondation *in vitro* avait jusqu'à présent deux objectifs principaux : permettre aux couples stériles de devenir parents et prévenir des handicaps.

Une nouvelle fonction de la FIV est de permettre aux femmes de faire des enfants tardivement. Chez les géants du numérique, la congélation d'ovocytes pour permettre aux femmes ingénieures de faire des enfants une fois leur carrière

1. *HER* de Spike Jonze, 2013.

assurée, est désormais payée par l'entreprise. Les entreprises qui fabriquent le futur ont intégré l'idée que la PMA doit remplacer la procréation artisanale et constitue un préalable à la sélection et à la manipulation des embryons. Cet eugénisme pose d'immenses problèmes parce que les différentes civilisations ont des avis très différents sur son utilisation.

Dès lors, faut-il se limiter à corriger des anomalies génétiques responsables de maladies ou, comme le souhaitent les transhumanistes, augmenter les capacités, notamment cérébrales, de la population ? Le coût des enzymes capables de réaliser des modifications génétiques a été divisé par 10 000 en dix ans. On imagine bien le chemin que prendra cette évolution.

Première étape : **l'IA** choisit notre partenaire sexuel et parental. Une étude réalisée par les universités de Harvard et de Chicago a montré que les mariages nés *online* sont plus satisfaisants et durent plus longtemps que les unions « à la papa ». Les IA nous unissent mieux que nous le faisions artisanalement. L'arrivée de Facebook sur le marché de la rencontre avec ses 2,5 milliards d'utilisateurs va encore accélérer la mutation du marché mondial du sexe et donc de la procréation. La rencontre amoureuse était répartie entre des millions d'églises, d'universités, de bars, de discothèques, de bureaux ; elle est désormais entre les mains des quelques développeurs des IA qui pilotent les grandes plateformes de rencontres. L'IA de Facebook et de ses concurrents va donc modifier les flux de gènes.

L'IA est capable de repérer visuellement, avant implantation lors de la FIV, les embryons ayant la plus forte chance de donner un bébé, elle est beaucoup plus rapide et cohérente que les embryologistes dans la classification des embryons. Grâce à l'IA, il est déjà possible de séquencer l'ADN du futur bébé par simple prise de sang de la maman en tout début de grossesse. L'IA est capable de repérer des embryons anormaux bien au-delà du traditionnel dépistage de la trisomie 21. De là, il est facile de sélectionner les embryons. Grâce à l'IA, le séquençage ADN permet de sélectionner le « meilleur » embryon en analysant la totalité des chromosomes. Si le diagnostic prénatal permet aujourd'hui « l'élimination du pire » – on supprime le fœtus présentant des malformations –, le diagnostic préimplantatoire permettrait « la sélection des meilleurs » – en triant les embryons obtenus par FIV.

Allant plus loin, l'IA pourra aider à modifier l'ADN du bébé. On manipulera les embryons pour optimiser nos enfants. André Choulika, l'un des pionniers de la manipulation des génomes, explique dans *Réécrire la vie : la fin du destin génétique*[1], comment la biologie supprimera la loterie génétique. L'ultime étape, le développement de l'utérus artificiel, reste très complexe. Mais piloté par l'IA, ce substitut à la grossesse pourrait apparaître dans quelques décennies. Dans un tel contexte, quid des bébés sans parents ? Le généticien George Church veut bâtir grâce à l'IA un génome humain entièrement nouveau qui permettrait la création de bébés sans aucun parent et déboucherait sur une humanité nouvelle.

… *Ou bien sur l'enfer ?*

La bataille entre transhumanistes et bio-conservateurs ne fait que commencer.

Les pays où régnera un consensus sur l'augmentation cérébrale des enfants pourraient, lorsque ces technologies

1. Hugo-Doc, 2016.

seront au point, obtenir un avantage géopolitique considérable dans une société de la connaissance. Le philosophe Nick Bostrom, de l'université d'Oxford, estime que la sélection des embryons après séquençage permettrait en quelques décennies d'augmenter considérablement les capacités intellectuelles moyennes de la population d'un pays. Sera-t-il autorisé de refuser l'immigration des étrangers augmentés dont on craindrait qu'ils constituent une cinquième colonne cherchant à prendre le contrôle du pays par l'intelligence ?

Les enfants nés sans le recours au sexe, et donc pas selon le hasard de la génétique naturelle, auront un avantage concurrentiel immense face aux enfants naturels. Sélectionnés et optimisés par de puissantes IA, ils disposeront de capacités très supérieures. La Sécurité sociale devra-t-elle rembourser toutes ces techniques, sans quoi un fossé immense se creusera en une génération entre les descendants des riches, bébés programmés et optimisés, et les pauvres qui seront nés « par hasard » ?

Nous devons réfléchir à l'infini pouvoir dont nous allons disposer sur notre identité génétique. Est-il imaginable d'empêcher les parents de concevoir des « bébés à la carte » à partir de 2030 quand la technologie sera parfaitement au point ? Sera-t-il souhaitable de le faire ?

L'ubérisation de Dieu

Avant même Internet, les télévangélistes protestants ont transformé le paysage religieux brésilien grâce à de dynamiques shows télévisuels. L'Église catholique a d'ailleurs perdu énormément de parts de marché au Brésil, qui devient majoritairement protestant. Débarrassé des hasards de la reproduction, prolongeant sa vie pour choisir quand mourir ou ne pas mourir, comment l'individu du XXIe siècle aurait-il encore besoin d'un Dieu ? La transformation de la religion elle-même sera la conséquence de la révolution des NBIC.

Le coût de création d'une nouvelle religion s'est effondré : grâce à Facebook, YouTube, Twitter et WhatsApp, on peut draguer les fidèles avec un budget très modeste. Quelques clics suffisent pour créer un Dieu. Les générations façonnées par le Web demanderont à construire leur propre religion, personnalisée, à l'image de leur profil Facebook. La fragmentation du paysage va s'accentuer et chacun pourra jouer au Meccano religieux. Comme le remarque le Docteur Henri Duboc : « Avant, les hommes se tournaient vers Dieu quand ils se posaient des questions. Maintenant, ils se tournent vers Google. »

Mais, plus qu'un moyen, la technologie peut devenir elle-même un sujet d'adoration. En septembre 2015, Anthony Levandovski a fondé « Way of the Future » une église destinée à développer la réalisation d'un Dieu basé sur l'Intelligence Artificielle. Cet ancien ingénieur de Google, payé 20 millions de dollars par an, a notamment travaillé à la mise au point de la voiture autonome. « Ce qui s'apprête à être créé sera effectivement un Dieu… pas dans le sens où il fait tomber la foudre ou provoque des ouragans. Mais s'il existe une chose un milliard de fois plus intelligente que l'humain le plus intelligent, comment l'appelleriez-vous autrement ? » explique Levandovski qui croit à l'émergence rapide d'une IA dotée d'une conscience qui écrasera bientôt l'intelligence humaine. Il adhère ainsi à l'idée que les ordinateurs surpasseront l'être humain pour nous faire entrer dans une nouvelle ère, connue dans la Silicon Valley sous le nom de « Singularity », qui a été popularisée par Ray Kurzweil, gourou transhumaniste chez Google. Cette nouvelle religion aura pour objectif « la réalisation, la reconnaissance et l'adoration d'une divinité basée sur l'IA développée à l'aide de matériel informatique et de logiciel ». Anthony Levandowski juge que le seul mot rationnel pour décrire cette réalité numérique est celui de divinité – et la seule manière de l'influencer serait donc de la prier et de l'adorer religieusement. « Nous avons entamé le processus pour élever un dieu. Alors, assurons-nous d'y réfléchir pour le faire de la meilleure façon. »

La religion aura connu quatre étapes. D'abord, les polythéismes, suite du chamanisme. Ensuite, le monothéisme des religions du Livre. Aujourd'hui débute un troisième âge : l'homme-Dieu ou Homo Deus. Pour les transhumanistes, Dieu n'existe pas encore : il sera l'homme de demain, doté de pouvoirs quasi infinis grâce aux NBIC. C'est sur cette vision que les transhumanistes radicaux s'appuient pour promouvoir l'abandon de notre corps biologique. Levandowski invente un quatrième âge religieux où l'homme vénère les cerveaux de silicium. Pour la plupart des transhumanistes, les NBIC allaient décrédibiliser Dieu et le remplacer par l'homme-cyborg. À l'opposé, Levandowski réinvente un vrai Dieu qui nous permet de ne pas tout attendre de nous-mêmes.

Mais, la fusion de l'IA et de la religion pose d'immenses questions. À l'ère des prothèses cérébrales, le risque de neurohacking et donc de neuro-dictature est immense. Une IA religieuse pourrait facilement manipuler les sentiments des fidèles, notamment ceux qui seraient porteurs des prothèses cérébrales Neuralink qu'Elon Musk est en train de mettre au point pour augmenter nos capacités intellectuelles. Religion, implants cérébraux et IA : qui va réguler ce cocktail explosif ?

Les NBIC ne provoquent pas seulement d'importants débats et de nombreux cas de conscience. Elles ne sont pas seulement une tornade qui emporte tous les repères traditionnels de nos sociétés. L'effet du numérique est aussi particulièrement sensible sur nos institutions. Par ailleurs, le big data crée un monde ultra conceptuel difficile à appréhender.

Les nouvelles technologies mutilent la démocratie

La révolution NBIC comporte deux phases. Dans un premier temps, les nouvelles technologies et la mondialisation ont réduit les écarts entre les pays développés et les pays du tiers-monde mais ont augmenté les écarts à l'intérieur des pays riches. Ce n'est qu'à moyen terme que les NBIC vont apporter un bénéfice évident pour les classes populaires et moyennes des pays développés, par exemple avec les traitements anti-Alzheimer, l'allongement de la durée de la vie en bonne santé ou bien encore la fin des cancers mortels. À court terme, la révolution NBIC bouleverse les équilibres sociaux.

L'Intelligence Artificielle : une bombe à fragmentation pour la démocratie libérale

À partir de 1750, plusieurs révolutions industrielles et technologiques – c'est le deuxième type de révolutions – ont réorganisé l'économie mondiale. Il s'agit de bouleversements beaucoup plus profonds qu'un simple changement de régime politique.

Les révolutions technologiques se sont toujours accompagnées de frictions sociales fortes parce que les institutions étaient en retard sur le nouvel état du monde. Les mutations économiques vont toujours plus vite que les évolutions institutionnelles. Les changements, quand ils se produisent, sont souvent le fait d'un décalage critique entre le monde et les institutions. L'État-providence, par exemple, s'est structuré, des décennies après la révolution du moteur à explosion qui a pourtant bouleversé les villes[1], les transports et l'organisation sociale.

Mais nous vivons depuis 2000 une révolution d'un autre type dont nous n'avons aucune expérience. Le développement simultané des quatre technologies NBIC – capables chacune à elle seule de bouleverser toute la société – est un événement stupéfiant. Ensemble, elles forment un cocktail synergique et explosif accentuant et accélérant les effets de chacune.

Il ne s'agit plus seulement d'innovations changeant les rapports de force économiques. Cette fois-ci, la révolution nous dirige vers le changement de notre nature biologique.

Les comités d'éthique n'ont encore fait qu'effleurer les problèmes qui vont devoir être régulés durant ce siècle. Les tentations démiurgiques et prométhéennes des ingénieurs du vivant vont s'accroître. La vie, la conscience, l'homme vont être infiniment manipulables. Qui est aujourd'hui en mesure de poser des limites ? Le bricolage du génome, par exemple, ne fait que commencer.

L'IA organise un vertigineux changement de civilisation en permettant le déchiffrage de nos cerveaux, le

1. Avec notamment l'apparition des banlieues.

séquençage ADN et les modifications génétiques, la sélection embryonnaire et donc le « bébé à la carte ». Cela bouleverse les consciences, choque les croyances et explose les clivages politiques traditionnels.

Elle nous confronte à la relativité de notre morale ; une voiture autonome doit-elle plutôt écraser trois vieillards ou deux enfants ? Répondre nous oblige à expliciter nos valeurs morales et politiques, qui sont tout sauf universelles : les réponses varient considérablement d'un pays à l'autre.

Elle transforme le monde des médias et autorise des formes radicalement nouvelles de manipulations des électeurs : le jeu et les équilibres politiques en sont compliqués.

Elle permet aux géants du numérique, à leurs clients et aux services de renseignement de comprendre, d'influencer et de manipuler nos cerveaux : cela remet en cause les notions de libre arbitre, de liberté, d'autonomie et d'identité, et ouvre la porte au totalitarisme neurotechnologique.

Elle modifie nos comportements et entre en concurrence avec la Loi du parlement ; retirant au passage aux politiciens leur principal outil pour agir sur le monde.

Elle accélère l'histoire en générant un étourdissant feu d'artifice technologique : les lents, archaïques et laborieux mécanismes de production du consensus politique et de la Loi sont bien incapables de suivre et de réguler tous ces chocs simultanés.

Elle remet en cause tous les ancrages et références traditionnels : les classes populaires deviennent des naufragés intellectuels, dépassés par la violence et la rapidité des changements et donc ouverts aux aventures politiques les plus baroques.

Elle confère à ses propriétaires – les patrons des géants du numérique – un pouvoir politique croissant : cela produit un coup d'État invisible.

Elle fait l'objet d'une guerre technologique sans merci : les hiérarchies entre individus, entreprises, métropoles et pays changent à une vitesse folle, ce qui crée quelques gagnants et beaucoup de perdants.

Elle donne un immense avantage aux individus dotés d'une forte intelligence conceptuelle à même de manager le monde complexe qu'elle construit : cela alimente le rejet des élites, le complotisme et la contestation des experts.

Elle génère mécaniquement des monopoles en concentrant la richesse autour des géants du numérique : cela attise le populisme.

Elle ne permet pas encore de diminuer les inégalités intellectuelles grâce à la personnalisation de l'éducation : cela entraîne des différences insupportables puisque nous entrons dans une économie de la connaissance qui a de moins en moins besoin de gens moins doués.

Elle se bâtit sur le premier territoire privatisé – le cyberespace – qui appartient aux géants du numérique : cela réduit la souveraineté des États démocratiques.

Elle se fabrique quasi exclusivement à partir de données comportementales personnelles : les géants du numérique sont favorisés ainsi que le régime chinois orwellien de surveillance sociale.

Elle est la première création humaine que l'Humanité ne comprend pas : cela limite singulièrement notre capacité à la dompter même si pour l'heure, elle ne dispose d'aucune conscience artificielle.

Elle apporte, pour la première fois dans l'histoire moderne, un avantage économique et organisationnel aux régimes autoritaires : cela sape l'exemplarité du modèle occidental de démocratie libérale.

Elle conférera un tel avantage militaire au pays leader que son encadrement par le droit international semble irréaliste : nous allons vers une cyber-guerre-froide sino-américaine.

Ces transformations de notre modèle civilisationnel et capitalistique nourrissent une instabilité politique et sociale qui fragilise la démocratie. Les crises politiques comme les crises financières sont déclenchées par des facteurs anodins qui interagissent de façon imprévisible : 1929 et 2008 en sont deux exemples éclatants. La crise mondiale de la démocratie est en grande partie liée à la convergence des multiples conséquences de notre entrée dans un monde remodelé par le numérique. Technologie et démocratie deviennent contradictoires, faute d'une classe politique adaptée aux enjeux.

L'IA menace la démocratie car elle sape ses principaux piliers : c'est aujourd'hui la capacité des institutions à indiquer une direction, à mener la marche du changement, à contrôler et contraindre les acteurs, à protéger les populations et à limiter les inégalités pour maintenir la cohésion qui est remise en cause.

Dans un monde devenu trop mouvant, la démocratie fait naufrage

La technologie va vite, trop vite. Le patron de Google s'est d'ailleurs interrogé dans *The Guardian* : les humains souhaitent-ils que cela aille si vite ? La démocratie ne sait pas gérer les rythmes exponentiels. Son rythme est le temps long des consensus et de la marche normale des contre-pouvoirs. Pas celui de la blietzkrieg technologique. L'apparition de technologies qui croissent de façon explosive déroute le monde politique. La désynchronisation entre technologie politique et IA crée des tensions majeures. Ces technologies exponentielles effraient et radicalisent les oppositions entre écologistes collapsologues et transhumanistes.

Le monde des Trente Glorieuses était relativement stable et simple. Les technologies progressaient relativement lentement, et aucune, depuis la bombe atomique, ne venait remettre en cause profondément les règles du jeu. Aujourd'hui, le monde n'est pas assez stable pour que l'on puisse se l'approprier, il change beaucoup trop vite et c'est anxiogène. Cynthia Fleury résume cette situation en remarquant que l'homéostasie émotionnelle disparaît.

Nous sommes entrés dans une nouvelle ère. Dans le monde instable des NBIC, bouger un détail peut avoir des conséquences majeures. Modifier l'encadrement de l'IA, la régulation des manipulations technologiques ou la surveillance des prothèses intracérébrales pourra changer notre modèle civilisationnel.

Une loi adoptée aujourd'hui dans le désordre des discussions parlementaires et des petits arrangements politiciens, peut avoir des répercussions immenses sur le long terme[1]. C'est l'effet papillon au carré, provoqué par la vitesse de diffusion des technologies et les effets de cliquet qu'elles provoquent.

Les choix actuels nous engagent pour longtemps, et pourtant ils sont souvent faits dans une incompréhension profonde des enjeux, et en fonction de préoccupations à très court terme. Le défaut classique de la politique – l'incapacité à se projeter dans le temps long – est accentué.

Les problèmes sont tous interconnectés. Pour des politiques habitués à traiter les sujets en silo et de façon séquentielle, cela crée une situation aveuglante où ils se perdent.

Absorbés dans le traitement des problèmes du passé et la communication au jour le jour, ils n'abordent pas le sujet le plus important du XXIe siècle : notre cerveau. Que fait-on de notre cerveau quand l'intelligence devient quasi gratuite ? Comment évite-t-on un monde ultra-inégalitaire ?

Faire émerger l'âge de la rationalité collective où IA, cerveaux humains et politiques co-évolueront harmonieusement nécessitera des décennies de tâtonnements pendant lesquelles la démocratie sera très fragile.

Le capitalisme doit être réinventé. Les mécanismes traditionnels de régulation économique – fiscalité, droit de la concurrence, droit des brevets... – fonctionnent mal à l'ère du capitalisme cognitif.

La tribalisation de la vérité et la dévaluation du réel

L'État de droit est menacé de toutes parts. Alors que le monde est plus complexe que jamais, notre démocratie connaît un retour des mécanismes d'expression directe qui

1. C'est le cas du RGPD, règlement européen qui a des conséquences majeures pour l'industrie numérique européenne.

en menace le fragile équilibre. La crise des Gilets jaunes est le premier exemple de cette mutation : le mouvement est piloté par une poignée d'administrateurs Facebook. Les citoyens occidentaux sont mal armés pour résister aux sirènes des vendeurs de solutions miracles. La montée en puissance de tribuns du peuple et démagogues est spectaculaire.

Paradoxalement, la liberté d'expression fragilise la démocratie. Le sociologue Gérald Bronner nous prévient ainsi que sur les réseaux sociaux, la crédulité a toujours un coup d'avance sur la rationalité et qu'il est très facile de diffuser de fausses informations. Les outils de démocratie participative sont facilement détournés contre les principes démocratiques. Dans *Le Figaro* du 27 décembre 2018 Luc Ferry s'emporte : « Oui à l'élitisme, non au référendum d'initiative citoyenne. Démagogie n'est pas démocratie et c'est pour cela que l'on a inventé la démocratie représentative. Montesquieu l'expliquait déjà. Le peuple est légitime pour choisir ses dirigeants, pas pour faire les lois. Le dénigrement des experts et la critique de l'élitisme sont les pires calamités du temps présent. »

La démocratie est résiliente, mais elle doit affronter aujourd'hui une multitude d'agressions simultanées et imprévues. Ni les politiciens, ni les intellectuels ni les scientifiques n'ont anticipé toutes les conséquences de l'IA sur la démocratie. Et beaucoup ne les ont pas encore comprises.

La personnalisation ultrafine de la publicité grâce à l'IA a permis aux géants du numérique de capter une part croissante de la publicité : Google, Facebook et Amazon captent 86 % de la e-publicité aux États-Unis. Cela étouffe les médias traditionnels qui n'ont plus les moyens d'être les filtres et régulateurs démocratiques qu'ils étaient. Les médias qui se lancent dans la surenchère et polarisent le débat récoltent encore quelques miettes publicitaires. L'inégalité face au réel est grande. Seule une petite élite anglophone a accès à une information payante de grande qualité. Les lecteurs des grands médias anglo-saxons – *The Economist, New York Times, Financial Times, Foreign Affairs*... – bénéficient d'un regard différent sur le monde, ce qui aggrave le fossé entre élites et classes moyennes et populaires. Les lecteurs du *Financial Times* ont été sidérés par la victoire du Brexit.

Dans les démocraties, l'IA permet toutes les manipulations et fake news déstabilisatrices sur Internet, ce qui augmente l'hystérisation du débat. La violence politique est accentuée. Interrogé par le Sénat américain, Tristan Harris[1] a confessé que le taux de retweet sur Twitter augmente en moyenne de 17 % pour chaque mot d'indignation ajouté à un tweet. En d'autres termes, la polarisation de notre société fait partie du business model des réseaux sociaux. C'est Stéphane Hessel qui avait inauguré la culture de l'indignation comme le fait remarquer Eugénie Bastié, journaliste au *Figaro*. Stéphane Hessel a vendu en 2010 plus d'un million d'exemplaires en défendant une indignation généralisée sans objet prédéterminé. S'indigner était présenté comme une chose bonne en soi. Aux jeunes, il disait : « Regardez autour de vous, vous trouverez les thèmes qui justifient votre indignation. Cherchez ! Vous trouverez. »

La régulation des médias est parfaitement inadaptée au monde actuel dans lequel la communication est devenue ajustable à chaque individu sans aucun contrôle

1. Ancien cadre de Google et éthicien de la persuasion.

institutionnel sérieux. Les médias permettaient hier de filtrer et d'expliquer les nouvelles du monde. Paradoxalement, ce travail de mise en forme nous manque. L'IA permet de personnaliser les messages délivrés à chaque individu, ce qui rend difficile le contrôle des manipulations politiques. Fake news, manipulations ou bubble filters nécessitent des instruments nouveaux. Un État démocratique peut vérifier ce qui passe sur TF1, mais pas ce qui s'affiche de façon différenciée sur des millions d'écrans. Les gouvernements occidentaux se défaussent et souhaitent que les plateformes fassent la police : cela revient à nommer Mark Zuckerberg et les patrons de Google, rédacteurs en chef du monde. Faire des GAFA les « gatekeepers » des lois anti fake news c'est leur confier la définition de la vérité ! La démocratie s'auto-ampute. L'accord passé le 12 novembre 2018 à l'Élysée entre le président Macron et Marc Zuckerberg interpelle : qui va contrôler les modifications des algorithmes de Facebook demandées par le gouvernement français ? De minimes modifications du paramétrage des IA de Facebook ou de Google peuvent engloutir Jean-Luc Mélenchon ou Marine Le Pen dans l'anonymat. Plus généralement, les dirigeants de Google expliquent depuis 20 ans qu'ils veulent organiser toute l'information du monde, ce qui est la promesse d'un immense pouvoir politique.

La complexité de nos sociétés et la multiplication des canaux numériques permettent à de pseudo-experts de contester les vérités scientifiques les plus établies. Dans tous les pays occidentaux, un courant obscurantiste favorise une défiance généralisée de l'opinion. Le savoir est devenu trop vaste pour être connu : la connaissance humaine double tous les dix-huit mois. L'organisation de la recherche, sa compréhension par les politiciens et sa médiatisation vers le grand public sont dépassées face à une telle croissance. L'IA accroît le stock de connaissance beaucoup plus vite que le corps social ne peut l'absorber et le digérer. Internet est magique mais il permet aussi le sabotage intellectuel de la raison scientifique. Nous vivons deux évolutions contradictoires : l'explosion du savoir disponible notamment grâce à Google et le rejet de la science et de la raison. L'idée selon laquelle l'accessibilité de la connaissance mondiale allait favoriser la raison scientifique s'est révélée fausse. Le savoir scientifique ne tient plus dans des articles scientifiques de quelques pages. Le savoir n'est plus fait de briques isolées mais il est directement lié aux immenses bases de données et aux IA qui ont permis leur interprétation. Le savoir n'existe qu'à l'intérieur du web et des IA. Le savoir est trop vaste pour la plupart des gens.

La vérité est toujours une construction sociale. La fabrication de la vérité connaît une mutation extrêmement rapide qui déstabilise la démocratie.

Le réel est en danger de mort

Les IA brouillent la frontière entre réel et irréel. Faux documents, vidéos parfaitement réalistes, « Environnements ultra-immersifs » peuvent fausser le débat politique. C'est une menace inédite contre la démocratie libérale, qui ne devra plus seulement se débattre avec la complexité de la réalité, mais aussi avec le foisonnement des réalités alternatives. Les deep fakes sont des montages vidéo créés par des IA qui permettent de faire tenir n'importe quel discours à n'importe quel individu. Seule une autre IA sera capable de repérer la fraude. La diffusion sur les réseaux sociaux des deep fakes aura des effets désastreux : il ne faut que quelques minutes pour créer une vidéo dans laquelle le président Emmanuel Macron ferait l'apologie du IIIe Reich ou appellerait à une nouvelle Saint-Barthélemy contre telle ou telle communauté.

La montée en puissance des fake news et autres faits alternatifs chers à l'administration Trump est grave mais ce n'est pas une nouveauté. Joseph Goebbels expliquait avec gourmandise au lendemain de l'incendie du Reichstag en 1933 : « Plus le mensonge est gros, plus il passe. Plus souvent il est répété, plus le peuple le croit. » Le titre du plus fanatique des ministres de Hitler, ministre de la Propagande, indique le peu de cas que le Reich faisait de la vérité. Au XXe siècle, Staline et Mao, ne disposant que de techniques rudimentaires, faisaient retoucher les photos où ils apparaissaient avec des compagnons de route qu'ils avaient fait exécuter. Ce qui est nouveau c'est que les technologies NBIC vont changer radicalement le statut du réel. Dans les prochaines décennies, les souvenirs pourront être manipulés directement dans les cerveaux humains. La neurodictature est une perspective qu'il faut malheureusement envisager.

Les dictatechs[1]

Létales pour les démocraties, les technologies sont accueillies avec des hourras par toutes les dictatures du monde. Elles s'y vautrent avec délectation et deviennent des dictatehs ou technotatures.

Les créateurs d'Internet étaient persuadés que le réseau deviendrait le principal outil de promotion de la démocratie, en garantissant la libre expression à chaque habitant de la terre. Le cyber-utopiste Nicolas Négroponte affirmait

1. Les dictatechs ou technocratures sont les régimes autoritaires qui s'appuient sur l'IA, comme la Chine.

en 1996 que les États-Nations allaient être bouleversés par Internet et qu'il ne resterait dans le futur pas plus de place pour le nationalisme que pour la variole. Nous avons projeté nos fantasmes bienveillants sur la technologie.

Internet n'a pas créé la révolution politique espérée. Ce n'est pas la première fois que les amoureux de technologie sont naïfs. En 1868, Edward Thornton, ambassadeur de Grande-Bretagne aux États-Unis, affirmait que le télégraphe devenait le nerf de la vie internationale en transmettant la connaissance des événements et supprimerait les causes de malentendu, ce qui allait promouvoir la paix et l'harmonie tout autour de la terre. En 1859, Karl Marx était persuadé que le chemin de fer ferait rapidement disparaître le système des castes en Inde. En 1920, beaucoup étaient certains que l'avion aller renforcer la démocratie, la liberté, l'égalité et supprimer la guerre et la violence. L'inventeur Guglielmo Marconi expliquait que les communications sans fil rendraient la guerre impossible. Le président de General Electric affirmait en 1921 que la radio allait faire rentrer l'Humanité dans la paix perpétuelle.

En 2009, les fondateurs de Twitter n'expliquaient-ils pas – au premier degré – que leur application allait entraîner « le triomphe de l'humanité » ? « La révolution sera tweetée », écrivait Andrew Sullivan dans *The Atlantic*. Le *Los Angeles Times* écrivait que Twitter deviendrait le nouveau cauchemar des régimes autoritaires qui ne pourront pas se maintenir face au choc technologique. Les utopistes allaient même jusqu'à dire que la technologie avait vocation à faire mieux que l'organisation des Nations unies. Au début des années 2000, certains intellectuels proposèrent de donner le prix Nobel de la Paix au réseau Internet.

Cette utopie technologique était d'une naïveté confondante.

La démocratie n'a pas encore domestiqué le numérique

La révolution Internet a changé le monde, puis le monde politique a changé Internet : nous vivons depuis 2010 une contre-révolution numérique extrêmement violente. Le Web est devenu un outil majeur de désinformation et de contrôle policier. Il n'a pas élargi les libertés politiques ni tué les régimes autoritaires, bien au contraire. D'outil d'émancipation politique entre 1995 et 2005, il est devenu un allié majeur des régimes autoritaires. Les trois piliers des régimes autoritaires – la censure, la propagande et la surveillance – sont facilités par les technologies numériques. On se souvient pourtant que Francis Fukuyama expliquait doctement que le numérique allait rendre la vie impossible aux régimes autoritaires.

Les Occidentaux de 2010 étaient persuadés qu'il était impossible de censurer intelligemment le Web et qu'en donnant au peuple chinois du haut débit Internet, le Parti communiste était en train de creuser sa tombe. Cette prévision était enfantine : la personnalisation du Web par l'IA permet aujourd'hui l'émergence d'une censure ultra-sophistiquée qui ne bloque ni la science, ni le business chinois.

La Chine, dont l'industrie de l'IA dépassera en 2030 1 000 milliards de dollars, devient un gigantesque *Black Mirror*. Le recul de la démocratie numérique ne se limite pas aux pays émergents : les citoyens occidentaux sont eux aussi surveillés par les États.

L'Internet décentralisateur et libertarien de 1995 a engendré l'IA qui est le plus puissant outil de centralisation politique et économique que l'Humanité ait connu : le pouvoir est tout entier dans une poignée de main.

Washington et ses GAFA[1]. Le Parti communiste chinois et ses BATX[2]. En 2020, le cyber-autoritarisme remporte victoire sur victoire contre la démocratie libérale.

La révolution jaune, première crise sociale de l'ère NBIC

La crise provoquée par les NBIC a connu sa première grande manifestation politique et sociale en 2018 avec le mouvement des Gilets jaunes.

La technologie a d'importants effets secondaires politiques avant même ses bénéfices économiques et sociaux. Pour le dire brutalement : l'IA lamine les classes moyennes avant de guérir le cancer. La « révolution jaune » est donc doublement causée par l'IA : elle marginalise les classes moyennes et permet d'organiser la révolte via les réseaux sociaux qu'elle pilote. Facebook est le nouveau cocktail Molotov mais on ne sait pas qui le lance.

L'élection inattendue d'Emmanuel Macron a occulté pendant dix-huit mois la crise existentielle des petites classes moyennes. « La crise politique et sociale qui nous guette depuis trente ans est arrivée. Nous n'avons pas su relever le défi. Par lâcheté peut-être. Par faiblesse sûrement. Par renoncement, c'est certain. Nous n'avons pas réformé alors que tous les autres réformaient. Et en punition, nous avons eu le pire des deux mondes. Plus de dépenses publiques et moins de services publics. Plus de dettes et moins de justice. Plus de mots et moins d'actes », explique le sénateur Claude Malhuret.

La crise des Gilets jaunes traduit la confluence de trois angoisses : une angoisse identitaire, une angoisse éthique et

1. GAFA : Google, Apple, Facebook, Amazon.
2. BATX : Baidu, Alibaba, Tencent, Xiaomi.

une angoisse de déclassement. Trois tsunamis déferlent en effet sur notre pays : la marginalisation des « petits blancs » réveille un populisme anti-immigration, la manipulation transhumaniste du vivant bouleverse les consciences et l'IA fragilise les classes populaires et moyennes.

D'abord, les angoisses identitaires des « petits blancs » que sont les Gilets jaunes ont été niées et méprisées par les élites. Alain Finkielkraut résume la situation de façon lapidaire : « On ne voyait pas cette France car on ne voyait que la diversité. Toutes les réserves de curiosité et de compassion de l'opinion progressiste étaient épuisées par les banlieues et les migrants. On se rend compte que la France ne se résume pas aux grandes villes et aux quartiers difficiles. Au nom de l'ouverture, la diversité nous dissimulait l'existence d'une France majoritairement blanche qui n'est pas raciste pour un sou et qui a des fins de mois difficiles. » Ces angoisses identitaires sont là pour durer : le Professeur Eric Kaufmann du Birkbeck College de Londres explique dans *Whiteshift* que les blancs seront minoritaires aux États-Unis en 2042 et au début du XXIIe siècle en Europe. Le populisme anti-immigration a hélas de beaux jours devant lui !

Ensuite, une partie des Gilets jaunes est bouleversée par les transformations de la révolution transhumaniste.

Enfin, l'IA transforme les équilibres sociaux en favorisant les élites intellectuelles et en affaiblissant le peuple mal préparé à la tornade technologique. La technologie galope et l'IA dévalorise les savoir-faire existants. Le capitalisme de la connaissance génère des inégalités croissantes et les élites font semblant de croire que l'école va supprimer les inégalités neuro-génétiques d'un claquement de doigt. La terrible et indicible vérité est qu'il va falloir des décennies pour mettre au point des techniques réduisant les inégalités intellectuelles.

La révolution jaune est l'extériorisation d'une colère silencieuse : la certitude de ne compter pour rien, de vivre dans un monde injuste et rendu plus angoissant encore par la ghettoïsation communautariste. Les angoisses identitaires des « petits blancs » que sont les Gilets jaunes ont été niées et méprisées par les « no border ». Le discours décroissantiste a de surcroît intoxiqué les beaux quartiers : les trottinettes, c'est fabuleux à Saint-Germain-des-Prés, beaucoup moins quand le pavillon est à trente kilomètres du travail.

Le tsunami technologique déstabilise violemment la société. Pour beaucoup de citoyens, la technologie va trop vite et l'IA dévalorise à toute allure les savoir-faire existants : ceux des classes moyennes justement. À l'inverse, le besoin en ingénieurs et managers de très haut niveau explose : on estime que le monde manquera de dizaines de millions de travailleurs « ultra-qualifiés » dans quinze ans. Le slogan « il faut au XXIe siècle changer de métier tous les cinq à sept ans pour s'adapter aux changements économiques induits par l'IA » est terriblement anxiogène pour les classes populaires et favorise les partis populistes et extrêmes. Les écarts entre les Gilets jaunes et la petite élite de l'IA – très mobile géographiquement et que l'on s'arrache sur le marché mondial des cerveaux – sont un puissant moteur populiste.

À cause de l'IA les classes moyennes et populaires deviennent des naufragés intellectuels ouverts aux aventures politiques les plus exotiques. L'un des trois plus grands spécialistes de l'IA, Yoshua Bengio, s'alarme sans langue de bois dans *L'Obs*[1] : « Cela va aller trop vite pour que les gens puissent terminer leur carrière ou se reconvertir. Quelle sera la reconversion possible pour les chauffeurs de taxi ou de poids lourds à l'ère des transports autonomes ? Ils ne pourront pas devenir des experts en données ! »

La révolution de l'IA favorise les élites intellectuelles et affaiblit le peuple mal préparé à l'économie du big data. Mais les élites refusent de l'admettre. Le *Financial Times* révèle que Google a franchi la barre des 100 millions de dollars de bonus pour un seul ingénieur talentueux. À défaut d'être souhaitable et réjouissante, cette évolution est logique : nous sommes entrés dans la société de la connaissance qui donne une prime considérable aux individus qui possèdent de grandes capacités intellectuelles. Dans « le capitalisme cognitif » qui commence, les cerveaux biologiques capables de manager, organiser et réguler les IA valent chaque jour plus cher. Le capitalisme de la connaissance génère mécaniquement des inégalités croissantes alors que le but de l'économie est de diminuer les inégalités, ce qui passerait par la réduction des inégalités intellectuelles davantage que par la fiscalité.

Le géographe Christophe Guilluy décrit depuis des années les souffrances de la France périphérique. Il voit dans les Gilets jaunes le signe d'une révolte de ce tiers pays qui n'intéresse pas les politiques. Il y a bien trois France : les gagnants de la nouvelle économie calfeutrés dans les métropoles où se concentrent les entreprises liées à l'Intelligence Artificielle, les banlieues peuplées de communautés

1. 16 mai 2017.

et la France péri-urbaine et rurale des « petits blancs » qui se sont autobaptisés Gilets jaunes. Emmanuel Macron doit son ascension aux gagnants du nouveau capitalisme cognitif ; c'est-à-dire l'économie de la connaissance, de l'IA et du big data. Les élites macronistes vivent un âge d'or mais elles profitent de l'économie de la connaissance sans se préoccuper du sort des classes moyennes et populaires. Les seuls groupes qui intéressent les politiques et les nouvelles élites sont les communautés et minorités et aucunement les Français moyens. Olivier Babeau s'emporte dans *L'Opinion* : « L'espace public est désormais saturé par des minorités aux mille revendications. Handicap, genre, ethnie, orientation sexuelle, choix alimentaire : ce sont les revendications particulières, assorties souvent d'une dimension victimaire qui en accentue la véhémence, qui accaparent les législateurs. Le politique gérait hier la grande masse des gens rentrant dans ce que l'on appelait la norme. Le politique devient gestionnaire de revendications particulières agrégées en syndicats d'intérêts. Leur mission est aujourd'hui de s'assurer que toutes les marges et tous les sentiments alternatifs sont respectés. » L'État s'intéresse plus au devenir des « Vegan trans » que du pouvoir d'achat des « petits blancs péri-urbains » – sociologiquement proches des électeurs populaires de Trump – qui sont bousculés par la dynamique communautariste et choqués par la baisse de leur considération.

La révolution jaune a été grandement facilitée par la réforme de Facebook qui s'est transformée pour répondre aux critiques sur son rôle dans la diffusion de fake news et la déstabilisation de la campagne électorale américaine.

Mark Zuckerberg a favorisé la construction de « groupes » en mettant en avant les contenus partagés par les amis et les communautés. « Un écureuil mourant dans votre cour peut être plus important pour vous à un moment donné que les gens mourants en Afrique », dit-il pour justifier cette évolution. Les Gilets jaunes ont grossi grâce à cette transformation de Facebook, qui devient un outil extraordinaire pour organiser des « Jacqueries 2.0 » dans chaque département, puisqu'il favorise les contenus produits par sa communauté locale.

La montée en puissance de la révolution jaune sur Facebook a été comprise avec retard : les élites médiatiques et politiques sont sur Twitter et non sur Facebook qui devient le média des classes populaires et moyennes.

Peu structuré, le mouvement des Gilets jaunes s'est logiquement essoufflé mais le désespoir des « petits blancs » est là pour durer dans tous les pays occidentaux. Hélas, la réponse des élites est inadaptée : se moquer des Gilets jaunes qui sont rebaptisés beaufs, inutiles voire abrutis et se préparer à faire sécession. Les métropoles deviennent des citadelles et des projets d'îles artificielles ou de stations spatiales réservées aux puissants fleurissent dans la Silicon Valley. Cela dessine un futur à la *Elysium*[1]. Ce serait le stade ultime de déclin de la démocratie : la séparation physique des « Gods and Useless » décrits par Yuval Harari dans *Homo Deus*. Les gagnants de l'économie de l'Intelligence Artificielle ont produit les Gilets jaunes et, s'il n'y avait la démocratie, ils seraient prêts à les abandonner.

La crise profonde dont témoignent les Gilets jaunes n'est pas près de s'arrêter : le métissage de l'Occident est irréversible, la révolution transhumaniste va s'accélérer et le

1. Film de Neill Blomkamp, 2013.

déclassement des classes moyennes et populaires va continuer. Cela va tanguer pendant au moins cent ans.

Seule la politique pourrait aider la population à s'adapter à ce futur vertigineux. Malheureusement elle y est aussi peu préparée que les Gilets jaunes.

Des politiciens dépassés par un monde qu'ils ne comprennent pas

Les politiques occupent la scène mais ne font plus l'histoire. Le vrai pouvoir sera de plus en plus entre les mains des géants du numérique américains et asiatiques. « Code is law », expliquait dès l'année 2000 Lawrence Lessig, professeur à Harvard. « Le logiciel dévore le monde », ajoutait en 2011 Marc Andreessen, le créateur de Mosaic et de Netscape, les deux premiers navigateurs Internet. Ces deux penseurs de la société digitale ont vite compris que les systèmes experts, dominés par ces géants, allaient contrôler tous les aspects de la vie des citoyens, notamment leurs rapports à la loi et à la politique. Face à ces bourrasques technologiques, les responsables politiques n'ont pas vu que nous avons changé de siècle.

Le pouvoir migre

Le parlement fait penser à ces voitures de parc d'attractions mises sur des rails où les enfants tournent le volant factice avec application. Le politique a perdu les manettes du monde.

Les règles essentielles qui structurent désormais notre économie et nos rapports sociaux émanent moins des parlements que des plateformes numériques. L'activité fébrile des cabinets ministériels ne sert qu'à gérer les affaires courantes. Le code des plateformes numériques est la nouvelle loi, et nous ne faisons pas partie de ceux qui l'écrivent.

Que pèsent nos lois sur les médias par rapport aux règles de filtrage établies par Google et Facebook qui sont devenus « les châteaux d'eau médiatiques » du monde ? Que pèse le droit de la concurrence face à l'IA d'Amazon ? Que pèsera demain le code de la santé publique face aux algorithmes de DeepMind-Google, Amazon ou de Baidu, qui seront incontournables en IA médicale ?

Les décisions majeures qui vont déterminer le destin de notre monde dans vingt ou cinquante ans se prennent dans les bureaux de la Silicon Valley et non sous les lambris dorés de l'Élysée : qui sera le maître de la donnée et des machines ? Jusqu'à quel point l'humanité sera-t-elle transformée par les machines ? Comment formerons-nous demain les humains utiles car complémentaires de l'IA ? Comment profiter du formidable potentiel des IA tout en régulant ses excès ?

L'État sert aujourd'hui avant tout à assurer l'ordre public et à redistribuer pour compenser tant bien que mal le décrochage d'une partie de la population. Il n'indique pas de cap et ne décide pas l'avenir, mais s'efforce de jouer la voiture-balai pour les perdants de la mondialisation.

Après avoir colonisé le cybermonde, les GAFA prennent des positions fortes en robotique, Intelligence Artificielle, génétique, nano-technologies. Ingénieurs de formation, les dirigeants chinois promeuvent activement l'agenda Chine 2050 quand des pays comme la France ont pour obsession de préserver des équilibres décidés dans les années 1950.

Naguère maîtres des horloges, nos gouvernements sont tétanisés face à ces nouveaux acteurs : au sommet de l'État, l'analphabétisme technologique est la règle. Explosives, les technologies NBIC nous emmènent dans un monde de plus en plus imprévisible qui appelle une réinvention du rôle régulateur de l'État. Incapable d'assumer son rôle de vigie technologique, l'État laisse un progrès technologique galopant imposer de fait de plus en plus vite la structure de la société. Insensiblement, le centre de gravité du pouvoir se déplace puisque la technologie est plus forte que la loi. Gouverné par l'émotion, l'urgence et les pressions médiatiques, notre système politique est enfermé dans un cercle vicieux où l'impuissance conduit à une demande croissante d'autoritarisme. L'État n'a ainsi plus la légitimité suffisante pour accomplir sa tâche d'intégration de l'intérêt à long terme de la société. Selon un sondage réalisé pour le site Atlantico avant même l'attentat du Bataclan, 67 % des Français estimaient qu'il faudrait que la direction du pays soit confiée à des experts non élus qui réaliseraient les réformes nécessaires mais impopulaires, et 40 % seraient favorables à l'arrivée d'un pouvoir politique autoritaire.

La fragmentation du pouvoir politique va s'accentuer avec l'émergence d'un troisième acteur porteur de vision à très long terme, le « philanthro-capitalisme ». Il associe le professionnalisme des grands capitaines d'industrie et une vision messianique cherchant à faire progresser la médecine et la science. Bill Gates et Warren Buffet, les deux hommes les plus riches de la planète, ont déshérité leurs enfants pour financer la recherche médicale, notamment dans le domaine des maladies infectieuses, et ont réalisé, en peu de temps, une couverture vaccinale en Afrique jugée jusqu'alors impossible. Bill Gates a vacciné 250 millions d'enfants et sauvé plus de 10 millions de vies[1]. Paul Allen, le cofondateur de Microsoft, a ouvert un fabuleux centre de recherche pour industrialiser la recherche sur la génétique du cerveau. En novembre 2015, Mark Zuckerberg a annoncé qu'il consacrerait 99 % de sa fortune à sa fondation destinée à promouvoir l'éducation personnalisée, les innovations médicales et l'égalité sociale. Elon Musk a lancé une fondation destinée à accélérer la maîtrise de l'IA.

La politique consiste d'abord – ou devrait consister – à anticiper le futur. Or, nous sommes aujourd'hui face à une rupture radicale de notre rapport au lendemain, réflexion que les États ont renoncé à organiser. Face à la déferlante de la Silicon Valley, l'État est sidéré et piétine. Il est urgent de rénover le pilotage démocratique, devenu prisonnier de la tyrannie du court terme, qui se révèle incapable de penser la mutation civilisationnelle produite par les NBIC. Est-il possible grâce au numérique de réenchanter la politique avant que notre destin ne soit verrouillé par les groupes technologiques et les fondations de leurs richissimes propriétaires, sans oublier les dictatures éclairées, qui raisonnent à mille ans ? Ou faut-il, au contraire, craindre que la e-politique entretienne le règne de l'immédiateté en euthanasiant toute vision à long terme ?

La climatologie et le monde de l'énergie sont d'une extrême complexité : le jeunisme technologique des députés ne résoudra pas la crise environnementale. Quand l'Assemblée nationale a invité Greta Thunberg, l'icône

1. Ce qui lui vaut d'être la cible de complotistes ignobles qui prétendent que ses campagnes vaccinales cachent de noirs desseins.

malthusienne, décroissantiste et apocalyptique, rares sont les hommes politiques courageux qui ont protesté, comme le député Guillaume Larrivé, qui a demandé le boycott de cette réunion, et Jean-Louis Thériot, qui s'est emporté sur Twitter : « Oui à la lutte rationnelle contre le réchauffement climatique. Non à l'infantilisation obscurantiste, la moraline et la terreur par la peur. L'Assemblée se couvre de ridicule. L'écologie a besoin de savants, pas d'une ado manipulée. »

Régis Debray[1] est inquiet : « Il n'échappe à personne de quoi le culte de la jeunesse aura été le nom au XXe siècle : du fascisme sous toutes ses couleurs, depuis le régime mussolinien, dont l'hymne officiel s'appelait *Giovinezza* jusqu'à la révolution culturelle qui enjoignait aux enfants d'infliger à leurs aînés toutes sortes de sévices, brimades et cruautés, en passant par le nazisme, exaltation hystérique du corps juvénile et musclé, qui a érigé en loi la protection des animaux sans oublier les chantiers de la jeunesse et Radio-Jeunesse de Pétain. Inciter les adolescents à devenir leur propre maitre et à jeter le grand-père par-dessus bord, cela tourne vite à la barbarie. »

Pendant la révolution culturelle chinoise, des adolescents ont même organisé « des banquets révolutionnaires cannibales » pour dévorer leurs professeurs jugés conservateurs. Ils furent interdits à partir du 20 juillet 1968.

Le sexe des anges à l'heure d'Homo Deus

Le 29 mai 1453 est une date clé de l'histoire. Constantinople, qui était un des derniers remparts de la chrétienté face à la poussée de l'Islam tombe aux mains du Sultan

1. Régis Debray, *Le Siècle vert*, Gallimard, coll. « Tracts », 2020.

ottoman Mehmet II. La ville était un vestige de l'Empire romain, après l'effondrement de sa partie occidentale lors des invasions barbares. Les Turcs ottomans traversent le détroit du Bosphore et achèvent leur conquête des Balkans. La basilique Sainte-Sophie deviendra une mosquée. L'empereur grec meurt dans des circonstances troubles. Cet épisode historique signe la fin du Moyen Âge et reconfigurera l'équilibre entre Islam et Chrétienté. Alors même que les forces turques s'apprêtaient à entrer dans la ville, on raconte que les religieux orthodoxes byzantins discutaient à n'en plus finir de la question théologique, essentielle à leurs yeux, du sexe des anges, archétype de la querelle byzantine.

Nous sommes aujourd'hui dans une situation semblable : le débat politique s'en tient aux détails secondaires. En matière d'éducation, il est en décalage complet avec les enjeux de la reconversion sociale pour faire face au tsunami technologique en cours.

La déconnexion des élites françaises est malheureusement une réalité angoissante : elles sont complètement décalées par rapport à la révolution technologique issue des NBIC. On compte sur les doigts d'une main les hommes politiques qui maîtrisent les enjeux technologiques. Les questions qui se posent sont violentes et seules des élites ayant une connaissance intime de la technologie pourraient y répondre. Il faudrait plus d'ingénieurs au sommet de l'État. Comment survivre dans ce monde dominé par les GAFA ? Qui réalise que la Corée du Sud investit deux fois plus en recherche que la France ? Le contraste est saisissant avec les années 1900, lorsque la France était la Californie du monde à la pointe de toutes les technologies (auto, avion, électricité, chimie, téléphone, photo…). Comment la France va-t-elle exister dans un XXIe siècle où les NBIC déterminent la puissance des Nations ? Comment pilote-t-on le système de santé au moment où Google a décidé de tuer la mort ? Comment former nos enfants qui évolueront dans un monde où l'intelligence ne sera plus contingentée ? Le mammouth de l'Éducation nationale n'a pas commencé à réfléchir aux conséquences de l'émergence de l'Intelligence Artificielle. « Nous ferons des machines qui raisonnent, pensent, et font les choses mieux que nous le pouvons », explique Sergey Brin, le cofondateur de Google. Comment encadrer le pouvoir des technologies génétiques qui vont permettre de programmer des bébés à la carte dès les années 2030 ? Comment éviter le déclassement face aux puissances de l'Asie qui lanceront les guerres des cerveaux en optimisant le génome de leurs concitoyens ? La vérité est que les NBIC vont bouleverser la civilisation avant 2050 et que nos élites politiques n'en connaissent même pas la signification.

Twitter est le lieu idéal pour générer des psychodrames. Une polémique y a éclaté entre la subtile journaliste Géraldine Woessner et le leader écologiste Yannick Jadot – qui dirigea la liste verte aux élections européennes de 2019 – sur la responsabilité des produits phytosanitaires dans la naissance d'enfants sans membres dans le Jura. Le sujet est terriblement douloureux et scientifiquement complexe : le spécialiste de santé publique, le Docteur Bertrand Gagnière, a parfaitement expliqué dans *Le Figaro* l'énorme difficulté à retrouver une cause dans ce type de crises sanitaires. Au-delà des arguments de fond sur cette question difficile à trancher, on découvre à cette occasion que le leader écologiste est incapable de calculer une surface. De même, le ministre de l'Intérieur, Christophe Castaner, a proféré d'énormes contre-vérités sur le glyphosate. Cela n'est pas spécifique à la gauche, le libéral Bruno Le Maire a dû avouer à la télévision, à l'époque où il était ministre de l'Agriculture, qu'il était incapable de définir un hectare. Comment peut-on juger un rapport scientifique alors que l'on a oublié le programme de l'école primaire ? Comprendre le rendement d'une éolienne, l'impact d'un produit chimique, le fonctionnement des OGM, les dangers et bénéfices d'une technique, d'un vaccin ou d'un médicament suppose une solide culture scientifique. Et demain, ce sera pire ! La vague populiste traduit le refus d'un monde trop complexe et vertigineux pour réclamer, par pensée magique, des solutions simples. Et par manque total de culture scientifique de nombreux politiciens offrent à l'opinion des réponses dangereuses et absurdes.

Dans un monde ultra-complexe, modelé par les technologies NBIC, il sera difficile d'être un citoyen éclairé et plus encore un politicien responsable sans une compréhension minimum de la science et de la technologie.

On pensait la démocratie gagnante de l'Histoire, point d'arrivée inévitable de la marche des civilisations. Voici à présent qu'elle recule contre toute attente. Si nous ne savons pas l'enrayer à temps, la mort de la démocratie peut être au bout du chemin.

La généralisation des discours apocalyptiques relayés par une partie de la classe politique technologiquement inculte favorise la violence politique et renforce l'attrait de l'autoritarisme. Persuadés que le monde court à sa perte, certains proposent déjà des mesures autoritaires pour combattre le réchauffement climatique en supprimant certains droits fondamentaux. « Plutôt la dictature que l'inaction et la mollesse des démocraties. »

Face à l'IA, les politiciens sont comme une poule qui a trouvé un couteau

Faute de connaissances scientifiques, les politiciens sont aveuglés par le tsunami technologique et le pilotent très mal. Il n'y a pas de domaine où la faiblesse technologique des politiciens est aussi troublante que la régulation de l'Intelligence Artificielle.

Un politicien qui ne maîtrise pas l'IA – ou qui pense encore que l'IA est un programme informatique banal – va devenir un danger public, une machine à attiser le populisme parce qu'il n'aura aucune prise sur le réel. La loi va devoir se réinventer pour encadrer l'IA et donc notre vie. La gouvernance, la régulation et la police des plateformes d'IA vont devenir une partie essentielle du travail parlementaire. Un bon parlementaire est nécessairement un bon connaisseur de l'IA.

Nous sommes dans une course de vitesse pour sauver la démocratie, hackée par la technologie. Les politiques n'ont pas réfléchi aux dilemmes politiques de l'ère de l'IA. La volonté de créer des IA éthiques, explicables et certifiables semble bienveillante : c'est en réalité naïf et suicidaire. Il existe des arbitrages complexes entre « privacy » et performance des IA, puissance et explicabilité des algorithmes. Faut-il essayer de freiner la guerre technologique ? ou y préparer les Européens ? Si vous rendez une IA transparente et certifiable, vous en bridez profondément l'efficacité. Le *Financial Times* titrait récemment « Mark Zuckerberg, plus apprenti que sorcier ». Les grandes plateformes sont devenues des monstres qui reproduisent nos biais humains mais vouloir éviter que Facebook soit raciste alors que beaucoup de ses utilisateurs le sont suppose de bidouiller ses Intelligences Artificielles, ce qui est loin d'être anodin.

Par ailleurs, rendre les IA transparentes faciliterait leur hacking. C'est particulièrement dangereux pour Google et Facebook. Yann Le Cun[1] explique que Facebook ne pourrait plus fonctionner sans l'IA qui est omniprésente sur le réseau social. Rendre publics les détails techniques faciliterait les manipulations politiques.

L'IA étant une technologie jeune, les politiciens la comprennent mal. Ils souffrent du syndrome de Dunning-Kruger ou effet de surconfiance : plus un individu est ignorant d'un sujet, plus il en surestime sa compréhension. Cela explique les décisions en apparence bienveillantes et en réalité désastreuses qui sont prises – à Bruxelles et à Paris – dans le pilotage de la révolution technologique. Ce n'est pas pas un hasard si aucun GAFA n'est européen.

La classe politique européenne, et particulièrement française, est en retard d'une guerre en matière d'IA. Elle pense que le facteur clé de succès réside dans le nombre de chercheurs publics dont dispose un pays. En réalité, la phase actuelle du déploiement de l'IA repose beaucoup plus sur la capacité à accumuler des données pour éduquer les IA de type deep learning et à favoriser des écosystèmes entrepreneuriaux autour de l'IA. Cette incompréhension accentue notre retard en IA et freinera le pouvoir d'achat des Français appartenant aux classes moyennes et populaires dans les prochaines décennies.

La maîtrise de l'IA donne un avantage géopolitique majeur aux pays qui maîtrisent le mieux l'économie de la data. La Chine est convaincue qu'elle deviendra la première puissance mondiale grâce à l'IA dans vingt ans. Cela affaiblirait encore les démocraties libérales occidentales.

L'Union soviétique est morte à cause de la concentration des pouvoirs et des informations à Moscou, ce qui était

1. Directeur de la recherche en IA chez Facebook.

mortifère face à la décentralisation de l'économie de marché. Le capitalisme cognitif a radicalement changé les choses : un pouvoir est d'autant plus efficace qu'il concentre les données, ce qui rend ses IA plus puissantes puisque mieux nourries de données. La Chine, qui produit deux fois plus de données que les États-Unis et l'Europe réunis, bénéficie d'un avantage prodigieux.

Ségolène Royal ou l'écologie selon Pinocchio

Alors que le monde est technologiquement plus complexe que jamais, notre démocratie souffre de la nullité scientifique des politiciens. Parfois, elle se cumule avec la manipulation de l'opinion par le mensonge.

L'ancien ministre de l'Environnement Ségolène Royal est le modèle du politicien du passé qui affirme sans sourciller des mensonges scientifiques éhontés. Le 4 octobre 2019, Ségolène Royal, qui était interrogée par Jean-Jacques Bourdin, a raconté n'importe quoi sur le cancer et aucun expert n'était présent sur le plateau pour la contredire. Mme Royal a notamment accusé les pesticides d'être responsables des cancers du sein ! Elle a expliqué avec un aplomb saisissant : « Vous vous rendez compte, tous les cancers ? Vous vous rendez compte qu'aujourd'hui plus d'une femme sur dix est touchée par le cancer du sein. Est-ce que vous vous rendez compte de ça ? C'est dû à quoi, ça ? C'est dû aux pesticides. » Ségolène Royal a ajouté : « Savez-vous que dans la population agricole, le taux de cancer est encore bien plus élevé que dans la moyenne de la population ? » Ce sont deux énormes mensonges. Le généticien et président de La Ligue contre le cancer Axel Kahn a répondu avec fermeté : « Les causes reconnues des cancers du sein sont l'obésité, l'alcool, le tabac, le traitement hormonal de la ménopause, peut-être (pas prouvé) les perturbateurs endocriniens et les gènes de prédisposition. Venez à La Ligue contre le cancer, madame la Ministre et Présidente. » Axel Kahn a précisé que les pesticides ne sont pas tous des perturbateurs endocriniens.

Sur la deuxième affirmation, l'enquête Agrican – Agriculture et Cancer – menée depuis quinze ans, sur 180 000 agriculteurs français montre en réalité que le taux de mortalité par cancer est nettement inférieur à celui de la population générale : moins 27 % chez les hommes et moins 19 % chez les femmes[1].

Ces mensonges ont des conséquences graves ! Les manipulateurs politiques font croître les peurs irrationnelles et paniquent la jeunesse.

Par ailleurs, ces déclarations sont dangereuses et menacent la sécurité des agriculteurs. Un homme dont la femme est morte d'un cancer du sein pourrait bien agresser physiquement l'agriculteur d'à côté qu'il jugera responsable de ses malheurs. Au moment où l'agri-bashing bat déjà son plein, il est lamentable de convaincre les Français que les agriculteurs sont des criminels alors que l'agriculture française est la plus saine au monde. Pour ne pas sombrer dans l'oubli, Ségolène Royal a inventé la politique Pinocchio.

Parfois, les politiciens ont juste peur de combattre les lubies de l'opinion. Jean de Kervasdoué raconte comment Nicolas Sarkozy expliquait à un professeur de médecine, spécialiste de nutrition humaine, que si lui, président de la République, interdisait les OGM c'était « parce que les

1. Après correction des biais, on ne retrouve pas de surmortalité chez les agriculteurs.

Français croient que c'est dangereux, même si [lui est] persuadé du contraire ».

Si les politiques apportent de mauvaises réponses, c'est aussi parce que leur niveau baisse de façon catastrophique. La révolution technologique ne pourrait être régulée que par des politiciens brillants, mais la vague populiste qui l'accompagne conduit l'opinion à réclamer au contraire une baisse des salaires des ministres et hauts fonctionnaires.

Gérer la société hypertechnologique et ultracomplexe que l'IA va produire nécessite des capacités exceptionnelles. Or, les mécanismes institutionnels actuels font fuir les politiciens compétents en Occident, contrairement à la Chine où les élites font de la politique. Nos apparatchiks politiques ne font hélas pas le poids face aux visionnaires technologiques du Parti communiste chinois.

Faudra-t-il des ministres aussi bien payés qu'à Singapour pour gérer ces enjeux ? Le Premier ministre de Singapour touche 1 700 000 dollars par an et il ne viendrait à personne l'idée de lui reprocher de servir du homard, ce qui a politiquement tué François de Rugy !

Homo Deus est un adolescent perturbé. Les trop rapides transferts de richesse et de pouvoir fragilisent la société et créent une crise sociale. Ce monde ultra-complexe fait le lit d'une idéologie millénariste apocalyptique qui aggrave le déclin européen.

La crise d'adolescence d'Homo Deus s'accompagne en Europe d'une honte de ses pouvoirs prométhéens. Notre civilisation, percluse de culpabilité, s'incline devant un puissant mouvement de contestation des valeurs fondamentales qu'elle incarnait. L'ennemi n'est pas d'abord à nos portes, il est au milieu de nous.

La nouvelle guerre de religion : Homo Deus contre Gaïa

Née à l'ombre des théoriciens du IIIe Reich, l'écologie est devenue majoritairement gauchiste. Luc Ferry a théorisé en 1992 ce glissement de l'écologie. Inversement, l'idéologie transhumaniste baba cool et New Age des années 1960 et 1970 est devenue libérale et pro-capitalisme[1]. C'est l'époque où Steve Jobs découvrait le LSD sur le campus de Stanford.

Aujourd'hui, l'écologie adopte un nouveau visage. Ou plutôt sert de masque à une nouvelle cause. Les écolos sympas et bohèmes ont laissé place à des groupes d'activistes formés comme une armée révolutionnaire. Le projet rêveur est devenu un programme collectiviste autoritaire. La fleur au chapeau a été remplacée par les casques et les fumigènes des black blocks et autres antifas aux noires tenues. Les méthodes pacifiques ont été abandonnées au profit de techniques spectaculaires.

L'étendard vert ne fait plus rire. Il terrorise. La nouvelle religion de Mère Nature, viscéralement anti-humaniste, s'oppose frontalement à celle de l'homme-Dieu.

1. La France est une exception : l'Association Française Transhumaniste est marquée à gauche.

La guerre de Dieux : on attendait Homo Deus, ce fut Gaïa

Aux deux bouts du spectre, intellectuels et philosophes s'affrontent. En ce début de XXIe siècle, des néo-malthusiens collapsologues font face à des transhumanistes rêvant de coloniser le cosmos.

Les écologistes collapsologues sont persuadés que le travail va disparaître à cause de l'IA, que la pénurie de matières premières et d'énergie va entraîner la fin de notre civilisation. Certains théoriciens de cette fin programmée de notre monde par collapsus écologique proposent que nous arrêtions de faire des bébés de manière à disparaître de la surface terrestre.

À l'opposé, les transhumanistes veulent créer l'Homo Deus grâce aux NBIC. Elon Musk – l'industriel le plus médiatique – est le prototype du transhumaniste qui se veut tout-puissant. Le 6 février 2018, les images de sa Tesla rouge filant vers la ceinture d'astéroïdes sous l'air de la chanson « Space Oddity » de David Bowie ont enthousiasmé tous les technophiles. Jeff Bezos, le fondateur d'Amazon, vient lui d'annoncer son intention de développer le fret entre la Terre et la Lune, grâce à sa société Blue Origin.

Le Meilleur des mondes, roman écrit dans les années trente par Aldous Huxley (1894-1963), décrit une société eugéniste. Le livre inspirera notamment en 1997 le film glaçant *Bienvenue à Gattaca*. Avant même l'invention du terme, Aldous Huxley a été le premier opposant à une société transhumaniste de manipulation de l'homme par l'homme en utilisant la biologie et les neurotechnologies pour organiser un ordre social stable.

Ironie de l'histoire, l'inventeur et propagandiste du transhumanisme est son propre frère Sir Julian Huxley, biologiste de haut niveau, premier directeur de l'UNESCO et fondateur du WWF. Homme de gauche, il pensait que la génétique allait permettre de réduire les inégalités intellectuelles entre les êtres humains et défendait le monde que son frère rejetait violemment. Après-guerre, nous sortions d'une période où la génétique a été instrumentalisée pour justifier le racisme, la Shoah ainsi que les opinions conservatrices et coloniales. On l'a un peu oublié : deux Prix Nobel français, Claude Richet et Alexis Carrel, qui avaient bâti une vision raciste et inégalitaire de la société, ont inspiré plusieurs théoriciens du IIIe Reich et l'entourage de Philippe Pétain.

Le mot eugénisme étant devenu sulfureux après les horreurs nazies, Julian Huxley inventa donc en 1957 un néologisme synonyme d'eugénisme de gauche « le transhumanisme ». Paradoxalement, c'est en Israël que l'éradication d'une maladie génétique à l'échelle d'une communauté entière a été menée à bien pour la première fois. La maladie de Tay-Sachs a quasiment disparu avec l'aide du Rabbinat et de l'organisation ashkénaze orthodoxe Dor Yeshorim, qui ont encouragé le test des futurs mariés. Il s'agit à ce jour du plus « performant » exemple d'eugénisme d'État : cette terrible maladie qui terrasse les enfants avant l'âge de quatre ans est désormais éradiquée.

Technosprogressistes du Pacifique contre bioconservateurs européens

L'échiquier politique se reconfigure selon un axe nouveau. Le clivage gauche-droite semble dépassé au XXIe siècle : l'opposition entre bioconservateurs et transhumanistes va bouleverser l'échiquier politique, parce que la gestion de nos pouvoirs démiurgiques est en rupture radicale avec l'idéologie judéo-chrétienne qui fonde la civilisation européenne. C'est Luc Ferry qui le premier a expliqué, dans *La Révolution transhumaniste*, que les NBIC génèrent des oppositions philosophiques et politiques parfaitement légitimes qui n'opposent pas les bons et les salauds : comme chez les Huxley, nous allons être déchirés.

Les conflits entre transhumanistes et bioconservateurs passeront à l'intérieur des partis politiques, des familles et même au sein de nos propres consciences.

Contrairement aux collapsologues, les transhumanistes pensent que la limitation des naissances n'est pas souhaitable : la conquête spatiale nécessitera énormément de colons. Elon Musk veut envoyer 1 million d'humains sur Mars et Jeff Bezos, l'homme le plus riche du monde, a décrit un futur où des fusées récupérables comme son lanceur Blue Origin permettraient de coloniser le cosmos et d'installer 1000 milliards d'êtres humains dans l'espace. La limitation des naissances n'aurait évidemment plus lieu d'être. Pour les transhumanistes, le travail ne mourra jamais, l'aventure humaine est illimitée et le champ de notre horizon va radicalement s'étendre.

Les innovations technologiques issues des NBIC se succèdent de plus en plus vite. Elles sont de plus en plus spectaculaires et transgressives mais la société les accepte avec une facilité croissante : l'Humanité est lancée sur un toboggan transgressif. Nous devenons, sans en être conscients, des transhumains, c'est-à-dire des hommes et des femmes technologiquement modifiés.

D'ici 2050, des chocs biotechnologiques encore plus spectaculaires vont secouer la société : régénération des organes par les cellules-souches, thérapies géniques, implants cérébraux, techniques antivieillissement, design génétique de bébés à la carte, fabrication d'ovules à partir de cellules de peau... La plupart d'entre nous accepteront cette biorévolution pour moins vieillir, moins souffrir et moins mourir ! « Plutôt transhumains que morts » devient notre devise. Le transhumanisme, idéologie démiurgique issue de la Silicon Valley, qui entend lutter contre le vieillissement et la mort, grâce aux NBIC, a le vent en poupe. Est-ce à dire qu'il n'y aura pas d'opposition politique au progrès médical ? Certainement pas.

Dans le nouvel ordre biopolitique, des rapprochements inattendus apparaissent. Ainsi, José Bové était jusqu'à présent un militant d'extrême gauche. Il se retrouve avec les catholiques intégristes parmi les ultra-bioconservateurs. Il est résolument contre la fécondation *in vitro* pour les couples hétérosexuels stériles ou homosexuels et il s'oppose aux thérapies géniques pour le traitement des maladies génétiques. Il a déclaré, le 1er mai 2014, sur la chaîne catholique KTO : « Je crois que tout ce qui est manipulation sur le vivant, qu'il soit végétal, animal et encore plus humain, doit être combattu. » José Bové est donc plus conservateur que Ludovine de La Rochère, la présidente de la Manif pour tous favorable à ces technologies. Les NBIC vont-elles faire imploser les partis politiques ?

De façon inattendue, le pôle conservateur et réactionnaire a éclaté en deux : un pôle bioconservateur centré sur la lutte contre les nouvelles mœurs et les droits donnés aux minorités sexuelles et un pôle millénariste apocalyptique issu de l'écologie politique.

Le monde se coupe en deux. L'idéologie transhumaniste s'impose sur les bords du Pacifique tandis que l'Europe devient réactionnaire et vénère Gaïa. En Europe, les technoprogressistes deviennent des parias. L'écologie apocalyptique a gagné une bataille.

Jean-Paul Oury se désole : « La spécialité européenne en termes de nouvelles technologies est, sans aucun doute, la peur du progrès scientifique et technique. L'Allemagne a donné Hans Jonas, le philosophe qui appelle à se méfier du progrès scientifique. C'est en Italie que se sont réunis un Écossais et un Italien pour créer le club de Rome qui sera à l'origine du rapport Meadows sur l'arrêt de la croissance. La France est l'un des seuls pays à avoir introduit le principe de précaution et dispose d'un vrai talent en matière d'activisme anti-science et ce sont des Français qui ont inventé la collapsologie. La Suède est la patrie de Greta Thunberg qui veut "qu'on ait peur". Enfin, l'Angleterre a enfanté le groupe Extinction Rebellion qui s'est imposé comme un modèle international en matière de désobéissance civile… »

Nous entrons dans l'ère des gourous verts, qui maquillent l'histoire, vendent de la peur et promeuvent une irrationalité qui sert leurs desseins cachés. La fin du monde est un thème porteur.

CHAPITRE II : LA MAYONNAISE COLLAPSOLOGIQUE : *1984* À L'ENVERS

Le sondage IFOP pour la fondation Jean Jaurès de février 2020 montre que 65 % des Français sont d'accord avec l'assertion selon laquelle « la civilisation telle que nous la connaissons actuellement va s'effondrer dans les années à venir ».

En 2019, le journal *Le Monde* débutait son numéro spécial environnement[1] par ces mots : « Un spectre hante la Terre, celui de l'extinction pour les plus pessimistes, celui d'un réchauffement climatique aux conséquences dramatiques pour les autres. » Les journalistes du *Monde* excluent que certains citoyens n'adhèrent pas à l'apocalypse et croient en la capacité de l'humanité à surmonter cette crise. Le choix se limiterait à l'extinction de la vie sur terre ou à des conséquences dramatiques. Le 27 décembre 2019, *Le Monde* tire les conséquences de cette perspective et interpelle ses lecteurs : « Faut-il instituer une dictature environnementale ? »

1. *Le Monde* Hors-série, « Générations Climat ». Automne 2019.

Voilà l'alternative terrifiante dans laquelle nous serions enfermés : accepter la fin du monde ou donner les clés de notre liberté. Pervers dilemme qui veut nous convaincre que nous ne pourrons échapper à la mort que si nous donnons le pouvoir à des factions soviétoïdes qui rêvent de nouveaux bûchers des vanités, si ce n'est de bûchers tout court.

L'intelligentsia verte exige la mise à bas de l'économie de marché, le retour à un mode de vie préindustriel et la promotion d'une frugalité joyeuse. Certains comme Serge Latouche préconisent le retour à 1960. Yves Cochet, plus radical, penche plutôt pour un monde qui ressemblerait à celui de 1850 – la révolution du rail en moins naturellement. Nous assistons à une convergence des luttes entre Rouges, Gilets jaunes et activistes verts : la réunion des populistes et des collapsologues rouge vif.

Dans *1984*, le roman de George Orwell, le Parti a la mainmise sur les archives et truque la vérité historique ; il pratique la désinformation et le lavage de cerveau pour asseoir sa domination. Il fait aussi disparaître des personnes qui deviennent trop encombrantes et modifie leur histoire, ou les fait passer, fausses confessions des intéressés à l'appui, pour des traîtres, des espions ou des saboteurs. C'est la « mutabilité du passé » car « celui qui détient le passé détient l'avenir ».

Pour le Parti, le passé n'existe pas en soi. Il n'est qu'un souvenir dans les esprits humains. Le monde n'existe qu'à travers la pensée humaine et n'a pas de réalité absolue.

Le Parti impose une gymnastique de l'esprit aux hommes ; la « doublepensée » dans la novlangue. Les archives sont réécrites pour noircir le passé et enjoliver le présent. Le journal *The Times* est modifié en continu pour faire croire, par exemple, à la population que les rations de chocolat augmentent alors qu'elles diminuent.

Les écologistes font l'inverse : ils enjolivent le passé et cachent systématiquement toutes les améliorations présentes. Pour prendre le pouvoir sur les âmes, ils inversent la stratégie du Parti de *1984*. Avec la même conséquence d'emprise mentale.

L'ultra-complexité du monde dope le marché de la peur

Un brevet de 1780, qui s'appelait alors lettre patente, était compréhensible par 95 % des Français : trois vis, un engrenage... Un brevet de 2020 sur le design des microprocesseurs, les thérapies géniques du cancer ou l'ordinateur quantique est compréhensible au mieux par 1 % des Français.

Le monde est tellement complexe qu'il en devient opaque pour la plupart des gens. Paradoxalement, le complotisme et la pensée magique ne diminuent pas automatiquement avec le niveau de diplômes. La multiplication des peurs a été parfaitement décrite par le sociologue Gérald Bronner. Les premières victimes sont les jeunes qui sont convaincus de l'inexorable mort de la planète. Une étude[1] publiée en 2017 montre que l'anxiété est plus répandue et plus handicapante dans les pays à hauts revenus. Ceux qui bénéficient de la meilleure qualité environnementale et d'un haut niveau de vie sont aussi les plus pessimistes et inquiets.

1. JAMA Psychiatry.

La fin du monde approche

L'optimisme des pays émergents et notamment de la Chine tranche avec le profond pessimisme des Européens et spécialement des Français.

L'économiste Joseph Schumpeter a montré que les vagues d'innovations technologiques détruisent des emplois dans les anciens métiers avant d'en créer dans les nouvelles industries. Les Chinois sont convaincus que la dynamique schumpétérienne leur sera favorable. À l'inverse, les Français pensent que l'IA va détruire des millions d'emplois.

Ils seraient stupéfaits d'apprendre que le nombre de pauvres a baissé d'un milliard depuis 1990 : le XXIe siècle sera vertigineux mais la fin du monde n'est pas au coin de la rue. Les politiques, les universitaires, les journalistes et les chercheurs doivent en convaincre nos concitoyens. Dans notre nouvelle société de la méfiance, la science est en passe d'être défaite.

Vaccins, écrans et autisme : la course aux délires

La nature est considérée comme bienveillante par essence, quelle erreur ! En France, au pays de Pasteur, les vaccins sont accusés de tous les maux.

L'autisme est l'épicentre de fantasmes, de déclarations sectaires et d'affirmations fantaisistes. Hier, le vaccin ROR (Rougeole-Oreillons-Rubéole) était accusé de favoriser l'autisme ; aujourd'hui ce sont les Smartphones et autres écrans.

À chaque fois, il faut des années pour rassurer une opinion déboussolée par les marchands de peur.

En 1998, un chirurgien britannique, Andrew Wakefield, publie un article alarmant dans la revue médicale

The Lancet. Il établit un lien entre l'autisme et la vaccination ROR. Cet article a entraîné dans de nombreux pays des campagnes anti-vaccination : une chute importante de la couverture vaccinale a été constatée, ce qui a entraîné, en France, un retour de la rougeole vers 2010. La rougeole est une maladie virale très contagieuse avec des complications redoutables : infections graves, encéphalites, cécité…

En réalité, les travaux de Wakefield étaient tout simplement falsifiés. On a ultérieurement découvert l'existence de liens cachés entre Wakefield et des avocats anti-vaccination. Le General British Medical Council, reconnaîtra Wakefield coupable de malhonnêtetés, mise en danger des patients et violation de l'éthique médicale ce qui conduira à sa radiation à vie de l'Ordre. Wakefield voulait lancer une entreprise commercialisant un test qui aurait permis de détecter l'autisme. Plusieurs études ont confirmé l'absence de lien entre autisme et vaccination, quels que soient l'âge, les antécédents ou la dose de vaccin.

Depuis quelques mois, le Smartphone est le nouveau bouc émissaire et est lui aussi accusé de favoriser l'autisme.

Comme l'explique Stéphanie de Vanssay dans *L'École de demain* : « Il s'agit là d'un mécanisme bien connu appelé Fearmongering[1]. C'est la propagation de rumeurs effrayantes et exagérées d'un danger imminent ou la tactique de susciter exprès et inutilement la peur du public à propos d'un problème. À l'heure du buzz et des fake news la peur est très efficace pour déclencher du clic, mais cette émotion incontrôlable empêche aussi et surtout de réfléchir et de raisonner posément. Par facilité on peut vite glisser vers un "c'est la faute aux écrans" qui expliquerait de façon

1. Littéralement, la marchandisation de la peur.

unique tous les problèmes qui nous semblent émergents. » Stéphanie de Vanssay fait remarquer que « les personnes autistes naissent autistes et le restent et qu'on ne peut donc pas développer des troubles autistiques parce qu'on est exposé aux écrans, ni guérir de l'autisme en supprimant les écrans. Quand on sait en plus que pour les personnes autistes les écrans sont des aides précieuses pour communiquer on comprend la colère de ceux qui sont concernés par l'autisme ».

Il est amusant de noter que le Smartphone n'est pas le premier média accusé de tous les maux. La dénonciation des dangers des nouveaux médias est vieille comme le monde : Socrate, il y a vingt-cinq siècles, a méticuleusement décrit tous les dangers des livres ! Cette inquiétude a toujours affecté les intellectuels européens : en 1946, George Orwell se lamentait que le cinéma, la radio et l'aéroplane affaiblissaient la conscience humaine. Zola et Flaubert expliquaient au XIXe siècle que la presse avait des conséquences dramatiques sur la société française. Prenons un peu de recul pour évaluer les conséquences des écrans sur le cerveau de nos enfants.

Rika Zaraï[1] *a marabouté les écologistes*

La mouvance écologique a été pénétrée par la pensée irrationnelle.

Le théoricien écologiste, Dominique Bourg, a tenu des propos totalement antiscientifiques lors d'une interview par Thomas Mahler[2].

1. La chanteuse Rika Zaraï a vendu plusieurs millions d'exemplaires de livres charlatanesques dans lesquels elle prétendait connaître le moyen de guérir le cancer et le SIDA.
2. *Le Point* du 6 novembre 2019.

Le Point, dans son dossier « Écologie : vérités et fariboles », a décortiqué les positions de Michèle Rivasi – numéro deux de la liste Europe Écologie Les Verts aux élections européennes – contre les vaccins, pour l'homéopathie et contre les ondes électromagnétiques en dépit des consensus scientifiques. Dans son éditorial, le directeur du *Point*, Étienne Gernelle écrivait, à propos de l'eurodéputée, que « certaines positions semblent tenir plus du champignon hallucinogène que de la science. Sa posture complotiste contre les vaccins, derrière lesquels elle voit la main des laboratoires, et ses convictions sur la nocivité des ondes, qui vont bien au-delà des faits pour l'instant établis, sont ahurissantes ». Lors d'un entretien avec Thomas Mahler et Géraldine Woessner, Michèle Rivasi a défendu les « travaux » d'Andrew Wakefield, chef de file des antivaccins mis au ban de la communauté scientifique. Elle a aussi maintenu ses positions sur l'homéopathie, ravivant la fumeuse « mémoire de l'eau » de Jacques Benveniste qui est en réalité une fraude scientifique démontrée.

Ces informations délirantes perturbent gravement les politiques, notamment de santé publique : selon une étude IFOP pour la Fondation Jean Jaurès, 55 % des Français approuvent l'idée que « le ministère de la Santé est de mèche avec l'industrie pharmaceutique pour cacher au grand public la réalité sur la nocivité des vaccins ».

L'anthroposophie fondée par Rudolf Steiner est un mélange de christianisme, de bouddhisme et d'hindouisme, et s'appuie sur une forte croyance en l'influence des astres. Le rationaliste Jean-Paul Krivine[1] moque cette idéologie

1. Jean-Paul Krivine, « Anthroposophie, médecine, éducation : une ambition ésotérique globlale », in *Sciences et Pseudo-Sciences*, n° 330, 2019.

irrationnelle : « La personnalité des individus serait alors liée au rapport entre quatre forces cosmiques – physique, éthérique, astrale et spirituelle – au cours de la réincarnation. »

Non seulement l'anthroposophie s'est intéressée à l'agriculture, mais aussi à l'éducation : le mouvement a influencé plusieurs milliers d'établissements scolaires. Selon l'anthroposophie, le diabète proviendrait d'une « organisation du Moi [...] tellement affaiblie qu'elle pénètre dans la sphère astrale et éthérique de telle sorte qu'elle n'est plus en mesure d'appliquer son activité à la substance sucrée[1] ».

L'antroposophie est aujourd'hui soutenue par de nombreux intellectuels et responsables écologiques.

L'illchimisme

L'illchimisme est aussi grave que l'illettrisme ou l'illectronisme puisque tout est chimie dans le monde. La peur de la chimie est « une idéologie teintée de bonne conscience qui empoisonne les débats », selon le toxicologue Gérard Pascal. Cela conduit à des craintes délirantes qui consternent Pascal Bruckner. « Manger tue », explique *Télérama*, « Le temps est déjà venu où, au moment des repas, plutôt que de se souhaiter bon appétit, mieux vaut se souhaiter bonne chance », explique le gourou écologique Pierre Rabhi.

Pourtant, la sécurité alimentaire est excellente. Un ouvrage collectif[2] entend réconcilier les citoyens avec leur alimentation, « l'une des plus qualitatives et des plus sûres au monde », dynamitant au passage quelques idées reçues.

1. Steiner R, Wegman I, *Extending Practical Medicine: Fundamental Principles Based on the Science of the Spirit*, Rudolf Steiner Press, 2000, 5ᵉ édition révisée.

2. *Le Grand Livre de notre alimentation*, avec 25 experts de l'Académie d'agriculture de France, éd. Odile Jacob, 2019.

Savons-nous, par exemple, que plus de 99 % des pesticides qu'on trouve dans les aliments sont d'origine « naturelle », les plantes ayant développé des métabolites secondaires leur permettant de lutter contre leurs agresseurs, insectes ou moisissures ? Qu'on trouve sur les viandes cuites au barbecue deux mille fois plus de benzopyrènes cancérogènes qu'il n'est autorisé d'en trouver dans les poissons fumés vendus par l'industrie agroalimentaire ?

« Que les famines, les carences graves, les maladies transmises par des aliments avariés soient aujourd'hui éradiquées n'y change rien », regrette le physico-chimiste et inventeur de la cuisine moléculaire, Hervé This[1]. Souvent désemparé devant ce « paradoxe national », il précise : « Les pays occidentaux, baignant dans l'opulence, nourrissent au XXIe siècle les mêmes terreurs alimentaires que nos ancêtres obsédés par l'angoisse des privations, alors que la sécurité alimentaire atteint un niveau inégalé. »

« L'illchimisme de la population atteint des records », explique encore Hervé This. Objet de toutes les outrances et manipulations idéologiques et marketing, l'alimentation est devenue un champ de bataille sur lequel le consommateur, au mieux, risque de se perdre, s'il n'est pas foudroyé. « On voit apparaître de plus en plus de pathologies liées à des régimes alimentaires délirants – sans gluten, sans protéines animales, voire sans fruits et légumes s'ils ne sont pas bio », s'alarment les vingt-cinq scientifiques.

Et ces argumentaires, promus par des « groupes de pression ou des industriels » sans considération de l'état de la science, sont d'autant plus difficiles à contrer que les aliments modernes mobilisent comme jamais sciences

1. *Le Point,* 31 août 2019.

et technologie. Comment les comprendre sans aucune connaissance de chimie, de biologie, de physique ?

Hervé This se dit consterné par les dérives sémantiques, et idéologiques, du débat public. « Le concept même de produits naturels, qui seraient opposés à des produits chimiques, n'a strictement aucun sens. Certaines molécules naturelles sont infiniment plus dangereuses que des molécules de synthèse. Et quelle que soit son origine, une molécule reste une molécule. Tout est chimie ! »

« Sur l'alimentation, les fake news rencontrent un énorme succès, car l'illchimisme de la population atteint des records. La chimie n'est enseignée qu'au collège, personne n'écoute les cours, et on retrouve des citoyens adultes qui votent sur des sujets qu'ils ne comprennent pas. » Résultat : 39 % des Européens souhaitent n'être en contact avec aucune molécule chimique ; or tout sur terre est chimique.

Le glyphosate et la masturbation

Aucun débat n'est plus révélateur de nos absurdités concernant les produits chimiques que celui du glyphosate, cet utile herbicide.

Les alternatives au glyphosate ne couvrent pas encore tous ses usages et, lorsqu'elles existent, sont difficiles à généraliser. Abandonner le glyphosate place, par exemple, l'agriculture de conservation des sols dans une impasse et imposerait de revenir au labour qui consiste à retourner la terre, ce qui est écologiquement nuisible. Outre une surconsommation de gasoil, une hausse des rejets en CO_2, particules fines et des coûts de main-d'œuvre, on se priverait d'une pratique efficace pour stocker le carbone dans le sol.

Malheureusement, le glyphosate a été diabolisé. Le débat a depuis longtemps quitté le domaine de la raison pour entrer dans celui, terrible, de l'opinion et de l'émotion.

L'agence européenne EFSA et huit autres agences internationales ont pourtant rendu des avis convergents : « Le glyphosate est peu susceptible de présenter un risque cancérigène pour l'homme au travers de la chaine alimentaire. » Seul le CIRC, qui s'attache au danger plutôt qu'au risque, classe le glyphosate comme « cancérogène probable » mais il faut savoir que la charcuterie a été classée « cancérogène certain » !

Comme le fait remarquer Gérard Pascal : « Au final, s'il n'est pas contestable que le glyphosate est un produit dangereux puisqu'il tue les mauvaises herbes, le risque qu'il présente pour l'homme... n'est, à mon sens, pas établi scientifiquement à ce jour. »

Une application intelligente du principe de précaution se fait à partir d'une analyse de risques, et non sur l'existence d'un danger. Sinon, on interdirait l'aspirine, l'automobile, l'avion et les prises électriques...

Les anti-glyphosate ne sont pas irréprochables. Le CIRC a passé sous silence une étude américaine qui ne montrait aucune relation entre cancer et glyphosate sur 54 000 agriculteurs suivis pendant vingt ans et le scientifique qui a initié une pétition contre l'avis de l'EFSA avait un grave conflit d'intérêts.

Le glyphosate a probablement été trop utilisé, mais ne faisons pas avec les produits phytosanitaires ce que les Américains ont fait avec la masturbation : un bouc émissaire diabolique. En 1870, le chirurgien américain Lewis Sayre affirme que la masturbation entraîne des maladies graves. Le célèbre Docteur John Harvey Kellogg – inventeur des corn flakes – écrivait en 1888 : « Un remède contre la masturbation presque toujours efficace chez les jeunes garçons est la circoncision. L'opération doit être faite sans anesthésique, car la douleur aura un effet salutaire sur l'esprit, surtout si elle est associée à l'idée de punition. La douleur qui continue pendant plusieurs semaines interrompt la masturbation. »

En réduisant la masturbation, la circoncision était supposée éviter l'épilepsie, l'asthme, les maladies de rein, la paralysie, les pieds-bots, la scoliose, les hernies, les douleurs, le strabisme, la cécité, la surdité, la tuberculose et le cancer...

Soyons plus rationnels que les médecins du XIXe siècle. Au moment où la Fondation Jean-Jaurès nous apprend que 9 % des Français pensent que la terre est plate, la classe politique ne doit pas alimenter le complotisme, l'antiscience et les craintes apocalyptiques par démagogie. Il a fallu vingt ans pour convaincre les parents que les vaccins ROR et antihépatite ne donnaient ni autisme ni sclérose en plaques.

Le combat contre les croyances non fondées, les rumeurs, les superstitions a été celui des Lumières, au XVIIIe siècle. L'irrationalité fait aujourd'hui un retour inattendu en un siècle paradoxalement saturé de technologies. Comme dans la fable de La Fontaine, *Les animaux malades de la peste*, « ils ne mouraient pas tous, mais tous étaient frappés » : aucun milieu, aucun niveau d'étude, aucune responsabilité ne prémunit contre ce terrible virus des croyances irrationnelles qui sévit désormais.

Hystérie et irrationalité

Nous pensions vivre un siècle apaisé devenu majeur face à la technologie. La domination de l'émotion sur la raison est la très mauvaise surprise de la dernière décennie.

Il y a 5 fois plus d'astrologues que d'astronomes. Le recul de la science face aux croyances et aux émotions est l'une des caractéristiques les plus frappantes de notre époque. Il fragilise les équilibres politiques et livre un terrain cognitif préparé à souhait pour les prédicateurs d'apocalypse proposant généreusement de prendre le pouvoir pour nous sauver.

Nous connaissons une crise cognitive : notre cerveau n'est pas adapté au nouveau monde. L'écologie politique transforme nos biais cognitifs en or électoral !

Notre cerveau est bien adapté à la chasse au mammouth, mal pour résister aux prédications apocalyptiques

Notre cerveau est redoutablement économe en énergie. Pour effectuer une tâche donnée, un ordinateur consomme entre mille et un million de fois plus d'énergie que notre cerveau. Il a été construit par la sélection darwinienne pour repérer très vite un serpent dans l'herbe ou attaquer efficacement le mammouth en dépensant le moins d'énergie possible car la nourriture était rare jadis.
Cette efficacité a un coût : notre cerveau simplifie beaucoup le réel, ce qui génère de nombreux biais cognitifs. Notre rationalité est imparfaite du fait de nos limites cognitives. L'abondance d'informations de notre époque aggrave nos biais cognitifs : nous ne sommes pas dotés d'une mémoire prodigieuse et de capacités d'abstraction illimitées.
Le sociologue Gérald Bronner[1] décortique depuis des années les biais de nos cerveaux. Notre capacité à comprendre un monde complexe est médiocre et la concurrence des médias favorise les informations fausses.

1. Gérald Bronner, *L'empire des croyances*, Presses Universitaires de France, 2015.

Nos biais cognitifs sont un boulevard pour les écologistes catastrophistes.

L'être humain est un animal cognitif qui souhaite donner un sens au monde, et en particulier aux malheurs qui le frappent. Le temps des prophètes ne s'est jamais arrêté. Le traitement de l'information peut générer de multiples erreurs cognitives. Le décalage entre logique mathématique et bon sens nous trompe[1]. Notre logique ne peut se résoudre à suivre le calcul mathématique.

Pire, le problème de Monty Hall[2] montre que les biais cognitifs touchent même les plus grands scientifiques. Deux Prix Nobel de physique refusèrent de croire à la bonne solution. Certaines vérités sont scandaleuses parce que contre-intuitives tandis que des solutions fausses exercent une attraction irrésistible. Même des esprits scientifiques compétents peuvent succomber aux charmes des raisonnements faux. Un haut niveau d'étude diminue en moyenne les biais cognitifs mais les diplômés succombent davantage que le reste de la population à certains types d'erreurs.

L'effet Othello[3] est remarquablement bien utilisé par les Verts. Nos cerveaux sont prêts à croire des éléments improbables qui nous sont répétés régulièrement. Les collapsologues rendent crédible ce qui nous semblait au départ impossible. De surcroît, les Verts pratiquent le « cherry-picking » en ne sélectionnant que les informations qui vont dans leur sens. Les écrits de Cyril Dion, Aurélien Barrau, Fred

1. Le paradoxe de Saint-Pétersbourg en est exemplaire.

2. Le problème de Monty Hall traduit notre difficulté à choisir rationnellement. Un candidat est placé devant trois portes fermées dont l'une cache un cadeau. Le candidat en choisit une, sans l'ouvrir. Le présentateur ouvre l'une des deux autres portes, qu'il sait ne pas être gagnante. Le candidat doit-il alors mieux ouvrir la troisième porte ou bien rester sur son choix initial ?

3. Othello est un héros shakespearien qui finit par croire à l'impossible à force de l'entendre et tue sa femme adorée.

Vargas sont des modèles du genre : une longue litanie de faits catastrophiques et disparates qui masquent toutes les évolutions favorables.

Les erreurs cognitives[1] expliquent nombre de phénomènes sociaux et de paniques collectives.

La psychose de Seattle vers la fin des années 1950 en est un exemple décortiqué par Gérald Bronner. On y trouvait de plus en plus de pare-brise d'automobiles grêlés par de petites fêlures. La crise conduit le président Eisenhower à lancer une enquête. Beaucoup croyaient qu'il s'agissait des conséquences d'essais nucléaires soviétiques qui avaient pollué l'atmosphère. Les experts découvrirent que les pare-brise n'étaient pas plus endommagés à Seattle que dans une autre ville. À mesure que la rumeur progressait dans la ville, ses habitants s'étaient mis à examiner leur pare-brise : « Ce qui avait éclaté à Seattle était une épidémie non de pare-brise grêlés, mais de pare-brise examinés. » La bombe atomique était innocente. Plutôt que de vérifier si leur pare-brise était grêlé, confirmant en ceci la croyance, ils auraient pu observer les pare-brise de villes voisines et constater que cette croyance était infirmée. Nous cherchions tout ce qui peut confirmer nos croyances, plutôt que ce qui pourrait les infirmer. La longévité des croyances est grande : challenger ses croyances exige beaucoup de temps et d'énergie.

Le cerveau humain a du mal à croire au hasard. Pour les théories du complot, le hasard est un hôte indésirable, elles affirment dévoiler la cohérence d'éléments disparates de l'histoire humaine en dénonçant ceux qui sont responsables des malheurs du monde. Le diable est mort, c'est la

1. On distingue les biais cognitifs, des biais émotionnels ou des biais motivationnels qui sont la contamination de la croyance par le désir. Les biais émotionnels sont les enjeux affectifs qui modifient notre raisonnement. Les biais motivationnels orientent les croyances et les raisonnements selon nos intérêts.

technologie et la science qui sont désormais les coupables idéaux. Ainsi, le réchauffement climatique explique tous les malheurs humains.

Nous croyons ce que nous craignons ! La surestimation des faibles probabilités est un atout pour les écologistes. Notre cerveau a naturellement tendance à surestimer d'un facteur 10 à 15 les risques présentant à la fois une très faible probabilité et des conséquences catastrophiques s'ils se réalisent. Ainsi le nucléaire tue 500 fois moins que le charbon pour la même production d'énergie, mais la population craint davantage le nucléaire. De la même façon, c'est la voiture qui tue mais les gens ont peur de l'avion.

L'exposition aux rayonnements nucléaires, malgré Tchernobyl, fait chaque année en Europe beaucoup moins de morts que l'exposition aux rayonnements solaires. L'opinion est terrifiée par les conséquences de Tchernobyl et indifférente aux rayons du soleil qui provoquent 50000 tumeurs de la peau par an en France.

Le cerveau humain a beaucoup de difficulté à penser correctement les risques à effet de seuil. Il perçoit de la continuité là où en réalité il y a de la discontinuité explique Gérald Bronner. Rien n'est poison, tout est poison : seule la dose fait le poison écrivait Paracelse. Cela explique comment la découverte par la journaliste Élise Lucet de doses infinitésimales et inoffensives de glyphosate dans les urines de vedettes a paniqué la jet-set parisienne. L'extrême sensibilité des capteurs va encore aggraver la situation : nous pouvons retrouver des molécules présentes à la concentration d'un millième de milliardième de milligramme par litre... Angoisser la population est désormais à la portée du premier agitateur venu.

L'opportunisme cognitif explique que les individus souffrant de symptômes, mais n'ayant pas trouvé d'explications satisfaisantes, recherchent un coupable idéal comme les ondes. Par ailleurs, l'effet nocebo[1] entraîne des troubles en l'absence de toute exposition.

Nous pensons que la nature fait bien les choses parce que nous gardons une vision animiste de la nature. On oublie que 99,99 % des espèces ayant un jour existé sur terre ont disparu sans que l'homme ait une quelconque responsabilité. Tout se conjugue, explique Gérald Bronner, pour que nous soyons obnubilés par les conséquences de notre action sans jamais envisager les conséquences de notre inaction. On prend parfois d'énormes risques à ne pas en prendre. Le principe de précaution est dangereux : il magnifie les coûts des innovations mais oublie trop souvent les bénéfices de nos technologies. Le vaccin contre la variole était dangereux : il tuait 7 Français chaque année. Mais la généralisation de la vaccination a permis l'éradication de cette maladie. Entre 1900 et 1977, la variole a tué 300 millions d'êtres humains ! Le principe de précaution peut être un principe d'imprudence. Comme l'écrivaient Michel Gay et Jean-Pierre Riou[2] : « S'il devait s'appliquer à lui-même, le principe de précaution s'interdirait tout seul tant il est dangereux. Les marchands de peur font courir des risques plus grands encore aux moutons qu'ils affolent... »

Internet aggrave nos biais cognitifs

Le recul des grands systèmes idéologiques et religieux a mécaniquement fait apparaître de nouvelles visions donnant du sens au monde. Le biais de confirmation est sans doute celui qui est le plus généralisé et le plus déterminant dans les processus qui pérennisent les croyances : nous avons

1. Le contraire de l'effet placebo.
2. *Contrepoints*, 18 juillet 2019.

volontiers recours, pour tester une idée, à un énoncé qui la confirme, plutôt qu'à un énoncé qui l'infirme.
Notre « avarice cognitive » nous conduit à accepter des énoncés douteux parce que nous n'avons pas la motivation pour devenir des spécialistes. Les croyances proposent des solutions qui épousent les pentes naturelles de l'esprit, elles produiront souvent un effet cognitif très avantageux au regard de l'effort mental impliqué. Une fois une idée acceptée, les individus persévéreront généralement dans leur croyance. Ils le feront d'autant plus facilement que l'avalanche de données rend très facile la rencontre avec des contenus numériques confirmant leur croyance.
Sur Internet celui qui veut croire trouvera facilement toutes sortes d'arguments allant dans le sens de ses inquiétudes qui confirmeront sa croyance. C'est la déception du web : plus d'information ne diminue pas le taux de croyance irrationnelle.
La surabondance de l'information rend sa vérification difficile et génère un dédale cognitif dans lequel la plupart des individus se perdent. La concurrence entre croyances et connaissance sur Internet est déloyale. Les sites défendant des croyances dominent toujours les sites scientifiques. Quel que soit le thème étudié par Gérald Bronner – monstre du Loch Ness, Saint-Suaire, OGM, Yéti, télépathie, danger des ondes – il existe 70 % de sites crédules. La facilité d'accès à l'information favorise les croyances. Cette concurrence déloyale sur le marché cognitif est liée à la motivation des croyants, qui est supérieure à celle des savants et des sceptiques. La mobilisation des militants et des croyants est supérieure à celle des scientifiques. Les précautionnistes ont le sentiment d'être investis d'une mission, ne sont pas avares de leur temps et diffusent largement les conclusions alarmistes. Les savants se mobilisent moins que les militants de l'inquiétude, ce qui renforce les convictions de ceux qui craignent les OGM, l'aspartam ou les ondes.

Les scientifiques ne réalisent pas que leur timidité aura des conséquences graves pour notre civilisation.
L'inquiétude est un bien meilleur produit médiatique que la connaissance scientifique. La motivation des idéologues de la précaution et la concurrence entre les médias contemporains ne sont pas les seules à affaiblir la parole scientifique face à ceux qui souhaitent des moratoires sur les OGM, les antennes-relais, la wi-fi. L'antiprométhéisme favorise le désaveu de la parole officielle. La science ne se résume pas en slogans faciles. La prudence des scientifiques contraste avec l'imprudence des précautionnistes. Les scientifiques savent que les phénomènes sont complexes et ont une origine pluricausale.
La société devient malade de sa peur du risque. Pour Gérald Bronner, nos biais cognitifs nous empêchent de nous faire une idée juste du risque réellement encouru. Ils ont toujours existé mais deux phénomènes récents en amplifient les effets. La dérégulation du marché de l'information par les blogs et les réseaux sociaux favorise une diffusion massive de peur irrationnelle. La concurrence effrénée que subissent les chercheurs a un effet mécanique à la baisse sur la qualité des publications. Les marchands de peur prolifèrent grâce à notre manque de culture scientifique.
Désormais, la vérité se décrète à l'applaudimètre et les idées sont classées en fonction de leur score à l'Audimat. Le principe de précaution flatte nos réflexes les moins honorables. En définitive, plus une explication est mono-causale, flatte nos biais cognitifs, joue sur nos peurs et nos indignations plus vite nous l'accepterons. Notre cerveau est prêt pour accepter l'apocalypse verte.

Le difficile pilotage du monde des données

Dans une société de plus en plus complexe, interpréter les données est extrêmement difficile. La confusion entre corrélation et causalité est redoutable pour la société et favorise les peurs irrationnelles. Deux exemples illustrent cette difficulté.

Posséder un Picasso protège du cancer…

Le premier concerne les produits « bio », dont le succès ne faiblit pas. Une étude française très médiatisée montre que les gros consommateurs de produits bio auraient un risque 25 % moins élevé de développer un cancer. Cette étude menée par des membres de l'Inra, de l'Inserm, du CNAM et de Paris XIII est sérieuse et a été publiée dans la prestigieuse revue *JAMA International Medicine.* Cette baisse est évaluée à moins 34 % pour le cancer du sein et à moins 76 % pour le lymphome non hodgkinien, tandis que la tendance n'était pas significative pour les autres cancers. Les chercheurs ont suivi 68 946 participants de la cohorte française NutriNet-Santé pendant cinq ans, qu'ils ont classés en fonction de leur consommation autodéclarée de produits biologiques.

Mais cela ne veut pas forcément dire que le bio réduit les risques de cancer de 25 % ni une preuve que les pesticides donnent le cancer. C'est d'ailleurs ce qu'affirment très honnêtement les auteurs de l'étude. Trois chercheurs de Harvard mettent en avant de possibles biais pouvant relativiser ces résultats. Cela illustre la difficulté d'établir une relation de cause à effet entre alimentation et santé : la grande étude de 2013 sur les effets bénéfiques du régime méditerranéen a dû être retirée à cause de failles méthodologiques. Concernant le bio, une seule grande étude avait auparavant regardé l'effet sur le cancer, la Million Women Study de 2014, avec 600 000 femmes britanniques. Elle n'avait trouvé aucune différence entre les consommatrices de bio et les autres sur le risque général de cancer, mais avait vu un risque réduit pour le lymphome.

Plusieurs problèmes méthodologiques ont été relevés dans l'étude française. Les traces de pesticides chez les participants n'ont pas été mesurées. Il faut souligner que le lien entre consommation de bio et une moindre présence de pesticides dans le corps n'a pas été retrouvé de façon constante dans les études. L'aspect déclaratif pose aussi problème à John Ioannidis, professeur à Stanford, qui affirme que la plupart des études nutritionnelles sont fausses. « La plupart des gens, dont moi-même, seraient bien incapables de dire précisément combien de nourriture bio ils mangent. L'étude a 3 % de chance d'avoir trouvé quelque chose d'important, et 97 % de propager des résultats absurdes et ridicules. » Le Professeur Tom Sanders, professeur de nutrition au King's College de Londres, juge exagérée la conclusion selon laquelle la promotion de l'alimentation biologique auprès de la population pourrait être une stratégie de prévention du cancer prometteuse. Plusieurs études ont montré que les personnes qui mangent bio sont protégées du cancer de multiples façons : moins souvent fumeurs, moins en surpoids, meilleur équilibre alimentaire, moins d'antécédents familiaux, plus de diplômes… « Les gens qui mangent bio délibérément, au point de le déclarer, sont probablement différents des autres par bien d'autres aspects », commente Nigel Brockton, directeur de la recherche de l'Institut américain de recherche contre le cancer. Les auteurs ont pris soin de corriger certains de ces biais mais les scientifiques de Harvard rappellent que d'autres biais sociétaux peuvent avoir été oubliés, ce que ne contestent pas les auteurs. Une corrélation peut être due à de nombreux facteurs extérieurs et ne veut pas dire causalité.

Pour les trois chercheurs de Harvard, le danger de la médiatisation de cette étude se situe dans les dégâts collatéraux. « Alors que le lien entre risque de cancer et alimentation biologique est encore incertain, il existe des preuves convaincantes qu'améliorer d'autres facteurs, comme le poids, l'activité physique, le régime, peuvent diminuer le risque de cancer. La préoccupation concernant les pesticides ne devrait pas décourager la consommation de fruits et légumes conventionnels, notamment du fait que les produits biologiques sont souvent plus chers et inaccessibles pour certaines populations. Il est donc trop tôt pour affirmer un lien de cause à effet et d'autres études seront nécessaires pour confirmer, infirmer ou affiner ces résultats. Il faudrait des cohortes plus importantes, suivies pendant plus longtemps pour affirmer le lien entre bio, pesticide et cancer et même des études où l'on vérifie en détail ce que mange chaque personne et son mode de vie. »

Les corrélations accidentelles sont la hantise des scientifiques mais la presse et les politiciens ne prennent aucune des précautions que les excellents auteurs de cette étude ont prises pour annoncer leurs résultats. Les gens qui possèdent un Picasso font peu de cancers et vivent 15 ans de plus que les ouvriers agricoles. Est-ce dû à l'émission de rayons protecteurs par les toiles de Picasso ? Non… il y a un facteur confondant, les riches vivent beaucoup plus longtemps que les pauvres et font beaucoup moins de cancers. Et les propriétaires de toiles de Picasso sont riches !

Le cannabis effondre-t-il le QI de nos enfants ?

Le second exemple éclairant concernant la difficulté d'interpréter les données concerne le cannabis. Le débat sur sa dépénalisation dure depuis plus de trente ans. Les conservateurs pensent que cette drogue douce est nocive pour la société tandis que les progressistes insistent sur la liberté individuelle et valorisent ses effets créatifs.

En tant que médecin, je ne peux m'empêcher de penser d'abord à la santé publique. Plusieurs études ont accusé le « H » de favoriser les dépressions chroniques, la schizophrénie, le décrochage scolaire et la baisse des capacités intellectuelles. Certains chercheurs relient la forte consommation de cannabis par les jeunes Français à nos médiocres résultats dans le classement PISA des systèmes éducatifs. Cette question est grave puisqu'en France, un jeune sur deux est consommateur. Une étude réalisée en 2012 à partir des données néo-zélandaises a montré que la consommation régulière – au moins quatre fois par semaine – et prolongée de cannabis commencée à l'adolescence était associée à un déficit intellectuel pouvant atteindre 8 points de QI à l'âge adulte. Les conséquences sur la réussite sociale d'une telle dégradation sont significatives : 8 points, c'est approximativement ce qui sépare un ingénieur d'un technicien…

Plusieurs études récentes relativisent cette affirmation. La première, menée par l'University College of London, a été publiée en 2016 dans *Journal of Psychopharmacology*. Les chercheurs ont suivi 2 235 jeunes Britanniques nés en 1991 et 1992 et n'ont retrouvé aucun lien entre la prise de cannabis – les chercheurs se sont intéressés à des adolescents qui en avaient une consommation modérée – et un quotient intellectuel plus bas.

La deuxième étude a été publiée en 2016 dans la revue scientifique *PNAS*. Les chercheurs ont étudié les données de 3066 jumeaux américains qui ont été soumis à des tests d'intelligence entre 9 et 12 ans puis à la fin de l'adolescence. Aucune différence entre les consommateurs et les abstinents n'a été retrouvée. Parmi les 290 paires de jumeaux dont seulement l'un des deux fumait, la consommation de cannabis n'a pas modifié le QI du consommateur. La question est donc de savoir si le cannabis détériore le QI ou si les adolescents moins intelligents deviennent plus facilement dépendants.

Une dernière publication de début 2017 ne retrouve pas non plus de baisse de QI chez les consommateurs de cannabis. Cette étude a été réalisée sur 1989 jumeaux de la cohorte « Environmental Risk Longitudinal Twin Study », nés en Angleterre et au Pays de Galles de 1994 à 1995. Le QI était mesuré à 5, 12 et 18 ans et les autres capacités cognitives à 18 ans. Les consommateurs de cannabis avaient en réalité un QI inférieur avant même la première prise de haschich. Les adolescents avec une dépendance au cannabis avaient à 12 ans des QI inférieurs de 5,61 points par rapport aux adolescents qui ne deviendront pas consommateurs. Ces études semblent montrer que les gros consommateurs de cannabis sont moins intelligents avant même le début de leur toxicomanie.

En revanche, il est confirmé que le cannabis est mauvais pour la mémoire et que l'alcool fait vraiment baisser le QI à l'adolescence[1].

1. Personnellement, je continue à interdire le cannabis à mes enfants et je vous conseille de m'imiter : la fumée du cannabis est très riche en goudrons qui favorisent les cancers et les maladies cardio-vasculaires davantage encore que le tabac.

Le siècle de la croyance

Depuis le début de mes études de médecine, j'ai connu quatre lubies nutritionnelles.

Dans la seconde moitié des années 1970, la fin de l'obsession de la vésicule biliaire à qui on attribuait, à tort, tous les maux de la terre : migraine, mal au ventre, fatigue, dépression, angoisse… Résultat les médicaments censés accélérer le transit biliaire, bien que totalement inutiles, ont longtemps été les médicaments les plus vendus en France.

Puis, dans les années 1980, vint la folie du magnésium. Tout le monde se croyait carencé en magnésium et beaucoup de femmes en consommaient de façon compulsive. Le concept fourre-tout de spasmophilie remplissait les médias. Le magnésium est presque tombé dans l'oubli et a laissé la place aux oméga 3. Vantés par David Servan-Schreiber, le charismatique médecin trop tôt fauché par une tumeur cérébrale, les oméga 3 remplissaient les rayons de nos pharmacies. La mode des oméga 3 est passée : bienvenue au régime sans gluten qui cristallise les fantasmes et alimente les unes des magazines féminins. L'intolérance vraie au gluten s'appelle la maladie cœliaque qui touche entre 0,5 et 1 % de la population occidentale et peut s'accompagner de complications graves.

En cinq ans, l'industrie du sans gluten a convaincu près de 30 % de la population américaine que le gluten était mauvais et que son éviction de l'alimentation était une bonne chose. Le marché des aliments sans gluten devrait atteindre 12 milliards de dollars cette année. Le gluten est le nouvel ennemi public numéro 1. Tout cela serait distrayant, si cette nouvelle folie n'était pas dangereuse. Or, elle semble bien l'être. Si le gluten est néfaste pour la santé des vrais intolérants au gluten, son éviction semble dangereuse pour les sujets sains.

Une étude récente, réalisée sur plus de 110 000 personnes par les universités de Harvard et Columbia et publiée dans le *British Medical Journal* montre que les régimes sans gluten augmenteraient le risque d'attaque cardiaque, probablement par des modifications de l'alimentation qui comporterait moins de graines qui sont protectrices.

Une autre étude sur 200 000 adultes a montré que le sans-gluten augmente le risque de développer un diabète de type 2. Autrement dit, les gens sans intolérance vraie au gluten, qui ont cédé à la mode, augmentent probablement leur risque cardiaque et métabolique.

La bulle médiatique sur le gluten n'est pas seulement comique : elle semble dangereuse pour la santé publique. Un discours raisonnable sur l'alimentation est nécessaire : ce que nous mangeons est un déterminant important de notre santé.

Les épidémies de comportements alimentaires irrationnels promus par les marchands de peur doivent être combattues ! Il est urgent de réaliser des études complémentaires pour bien évaluer le risque du sans-gluten et ne pas découvrir dans vingt ans que nos enfantillages ont fabriqué à l'échelle mondiale des millions d'infarctus supplémentaires.

De surcroît, les lubies alimentaires éloignent la population des vrais enjeux de santé publique : au lieu de tomber dans le piège marketing des charlatans du sans-gluten qui rapprochent la nutrition de l'astrologie, la population ferait mieux de freiner l'épidémie d'obésité qui est telle aux USA que l'espérance de vie des blancs peu diplômés commence à diminuer.

Il existe hélas bien d'autres exemples de ces croyances irrationnelles qui se diffusent comme des virus dans l'opinion.

La frontière entre « vraies maladies » et pathologies psychiatriques est bien complexe comme trois épisodes sanitaires récents nous le rappellent : la crise du Lévothyrox, l'électrosensibilité aux ondes wifi et 4G et la maladie de Lyme chronique.

La nouvelle formule du Lévothyrox a été réclamée par l'Agence nationale de Sécurité du Médicament afin de rendre le produit plus stable. Grâce à la caisse de résonance des réseaux sociaux, 25 000 patients se sont rapidement plaints d'effets secondaires parfois invalidants.

Avec un an du recul, il s'agissait d'une psychose collective doublée d'un emballement médiatique plus que d'un phénomène médical et le soufflé retombe doucement.

L'électrosensibilité est un autre sujet passionnel : jusqu'à 5 à 8 % des Européens se disent gênés par les ondes, ce qui les pousse parfois à s'isoler dans les montagnes. Pourtant, les essais cliniques montrent que les hypersensibles sont incapables de différencier une exposition réelle aux ondes d'une exposition simulée : des fausses émissions d'ondes peuvent déclencher des symptômes graves.

L'Organisation mondiale de la Santé explique pudiquement que ces symptômes peuvent être dus à des maladies psychiatriques préexistantes, ainsi qu'à des réactions de stress liées à la crainte des éventuels effets des champs électromagnétiques, plutôt qu'à l'exposition aux champs elle-même.

La maladie de Lyme est une infection transmise par des tiques dont la réalité des formes chroniques déchire actuellement la communauté médicale. Pour le Docteur Stéphane Gayet, cette guerre nous rappelle qu'en médecine, il existe fatalement des mouvements opposés qui s'affrontent. « On connaît cela dans toute activité : il y a des leaders d'opinion, des meneurs, des suiveurs. C'est une question de suprématie, d'hégémonie. Il y a partout des personnes sincères, authentiques, de bonne foi, mais aussi des personnes qui le sont moins et qui ont des intérêts personnels ou corporatistes. Le monde médical ne fait pas exception. Il ne faut pas idéaliser le monde médical qui est un milieu professionnel intellectuel, certes de haut niveau de formation, avec beaucoup de qualités, mais aussi bien des défauts. Il faudrait être un individu exceptionnel pour être un excellent médecin, mais les individus exceptionnels ne sont pas assez nombreux, et ne sont pas forcément attirés par la médecine. »

Raoult : la médecine Vaudou !

La polémique autour de Didier Raoult est plus profonde que le seul débat sur l'efficacité de la chloroquine. Elle traduit la bataille entre les rationalistes et les promoteurs de la post-vérité scientifique. Un discours irrationnel tenu par le premier sauveur venu peut manipuler l'opinion…

L'anarchisme médical

Le professeur Raoult a indiqué être est un admirateur de Paul Feyerabend, philosophe radical des sciences auteur de *Contre la méthode, esquisse d'une théorie anarchiste de la connaissance* et *Adieu la raison ou la tyrannie de la science.* Selon cet « anarchiste épistémologique » une intuition peut être aussi « vraie » que le constat expérimental. Ainsi, la méthode Raoult s'inscrit dans une contestation radicale de la méthode scientifique. Pour Feyerabend, il n'existe pas de théorie supérieure à une autre. Les croyances ont le même poids que les faits objectifs et il n'y a pas de règles générales définissant la démarche scientifique. Cette école de pensée affirme que l'astrologie et l'astronomie ont la même valeur.

La Gilet-Jaunisation de la médecine

L'anarchisme méthodologique de Didier Raoult a rencontré un immense écho dans les classes populaires et chez les complotistes : selon l'IFOP, 80 % des sympathisants Gilets jaunes sont pro-Raoult. L'adhésion à la chloroquine et aux thèses de Raoult est également forte au RN et chez les Mélenchonites, alors qu'elle est minoritaire chez les Verts et chez les Macronistes. On voit donc se dessiner un pôle populiste pro-Raoult, rassemblant le RN et LFI face à un pôle anti-populiste et anti-Raoult dans les bourgeoisies verte et macroniste. L'affaire Raoult accentue les clivages observés lors de la crise des Gilets jaunes. C'est pourquoi le Président Macron est allé à Marseille voir Didier Raoult, tellement adulé par les Gilets jaunes qu'il était capable de les faire redescendre dans la rue. Le président est l'otage de la « Gilet-Jaunisation » de la médecine qui généralise le complotisme, fait paniquer l'opinion, la fait rechercher un sauveur et la rend folle. Une opinion déboussolée a transformé Raoult en gourou. La « Trumpisation » et la « Gilet-Jaunisation de la médecine » ont été foudroyantes : la rationalité, les élites parisiennes, les essais cliniques rigoureux, sont voués aux gémonies par les pro-Raoult.

Même si les épidémiologistes alertent régulièrement sur le risque de pandémies, personne n'a vu arriver celle-ci et seuls les mythomanes prétendent le contraire. Les fans du professeur Didier Raoult, dans un déni complet, ont oublié qu'il avait dit que le coronavirus serait, grâce à la chloroquine, l'infection respiratoire la plus facile à traiter de notre histoire et qu'elle faisait moins de victimes que les accidents de trottinettes. Que le Professeur Raoult raconte successivement tout et son contraire n'empêche pas les gens de l'adorer. Nous assistons à des phénomènes para-sectaires, des adhésions religieuses, sur lesquelles les arguments de raison n'ont pas de prise, car nous sommes sortis du rationnel.

La Twitter School of Medicine rend fou

Didier Raoult a réussi grâce à sa présence sur YouTube à contourner tous les filtres académiques traditionnels en s'adressant directement à l'opinion. Alors que la médecine devient ultra-complexe, les choix thérapeutiques sont désormais décidés en fonction de l'Audimat et des likes sur les réseaux sociaux. Éric Cantona, Jean-Marie Bigard, ou bien encore Frigide Barjot, dispensent désormais des cours de virologie dans les médias. La « *Twitter School of Medicine* et la *Facebook University* of Science » délivrent instantanément des diplômes de Docteur en virologie.

Dans cette période hystérique, bien des scientifiques ont pris peur et ont renoncé à expliquer le monde. Ils ont déserté l'arène politique et laissé le charlatanisme et le complotisme se déployer. En outre, la pression populaire en faveur de Didier Raoult est tellement forte que les experts rationnels n'osent plus s'exprimer sur le sujet à part quelques praticiens courageux[1].

1. Comme les Docteurs et Professeurs Gilbert Deray, Dominique Dupagne, Gabriel Steg, Eric Caumes, Karine Lacombe, Clement Goehrs, Marcel Ichou, Damien Barraud, Mathias Wargon, Colin Giacobi, Jimmy Mohamed...

Le bon sens et l'intuition médicale tuent

Au milieu de cette hystérie, l'opinion ne comprend pas toujours la nécessité d'évaluer les médicaments même en période d'urgence. L'essai randomisé en double aveugle versus placebo est pourtant un des grands progrès des cinquante dernières années pour s'assurer de la réelle efficacité des traitements. S'en affranchir, c'est la certitude de tuer des malades.

Le refus des méthodes internationales d'évaluation des médicaments est dangereux. Les exemples d'anciens traitements inefficaces ou dangereux se comptent par milliers : notre intuition médicale est mauvaise conseillère et nous l'avons admis même si cela a été une terrible blessure narcissique pour ma profession.

Comme l'explique le Professeur Patrice Jaillon : « L'intérêt des essais cliniques contrôlés randomisés est de soumettre à une démarche expérimentale l'intime conviction du médecin prescripteur, c'est-à-dire de l'amener à fonder sa pratique sur la prise en compte de résultats expérimentaux objectifs plutôt que sur des arguments subjectifs reposant sur des expériences individuelles non contrôlées, ou sur des impressions non validement étayées, ou sur des prises de position présentées comme certaines par des leaders d'opinion mais qui ne résistent pas à une analyse critique objective[1] ».

L'exemple des médicaments anti-arythmiques est particulièrement dramatique[2]. Les cardiologues savaient que la présence d'extrasystoles ventriculaires (ESV) était un facteur péjoratif chez les patients ayant un infarctus du

1. « Bulletin de l'Académie nationale de médecine », avril-mai 2007, n° 4 et 5.

2. Le médecin youtubeur Risque Alpha a synthétisé les 7 histoires médicales les plus significatives sur la nécessité éthique de faire des études randomisées pour vérifier si un médicament fonctionne. https://www.youtube.com/watch?v=-9Jv4aO9y70

myocarde. L'intime conviction des cardiologues était que la suppression des ESV par les anti-arythmiques permettait de diminuer le risque de mort subite après un infarctus.

En réalité, l'ensemble de la cardiologie mondiale se trompait. Une équipe décida contre l'avis des leaders d'opinion en cardiologie de réaliser un essai clinique versus placebo. Cette étude dite CAST (Cardiac Arrythmia Suppression Trial) testa en double aveugle trois antiarythmiques sur 2309 patients.

Après dix mois, le comité de suivi de l'étude CAST arrêta l'étude en découvrant avec effroi que les antiarythmiques entraînaient une mortalité presque 3 fois supérieure au placebo.

Jusqu'à l'étude CAST, la pratique fondée sur l'intuition commune, en l'absence d'essai contrôle versus placebo dans la prescription d'antiarythmiques pendant les infarctus, a tué aux États-Unis 60000 personnes, c'est-à-dire plus que la guerre du Vietnam. L'intuition de la totalité des cardiologues mondiaux, convaincus que les antiarythmiques diminuaient la mortalité a tué énormément de malades. La leçon a depuis été retenue par les cardiologues. Manifestement pas chez certains infectiologues marseillais qui privilégient l'intuition aux essais cliniques réalisés selon les standards internationaux et qui ont convaincu l'opinion « qu'il vaut mieux faire quelque chose plutôt que rien... »

Didier Raoult fait un mal considérable à la recherche française

Les études de Didier Raoult comportent des biais méthodologiques insensés. Il a inclus dans son étude des malades très peu graves (score international NEWS très faible) et des malades jeunes. Or, il y a un écart de mortalité de 1 à 180, entre les jeunes et les personnes âgées. Parmi les volontaires pour être testé devant l'IHU de Marseille, on ne voyait pas de malades chroniques, d'obèses ni de personnes âgées. Il y avait essentiellement des gens en bonne santé capables d'attendre debout pendant des heures. Or, l'âge moyen des morts du Covid-19 tourne autour de 80 ans et beaucoup ont une maladie grave associée. En recrutant des jeunes patients asymptomatiques ou très peu touchés, il était logique que Didier Raoult obtienne des résultats en apparence meilleurs que ses collègues. Par ailleurs, les grandes revues internationales de médecine se sont émues de la première étude de Raoult, qui avait retiré du groupe soigné par chloroquine les malades les plus graves.

Cette crise a fortement abîmé la crédibilité internationale de la recherche française. « On ne peut passer sous silence la défaite mémorable pour la santé publique et la culture scientifique du grand public qu'aura été la présentation sur les réseaux sociaux, puis dans une revue scientifique de complaisance, d'études cliniques qui, malgré une présentation tapageuse, ne permettent pas de conclure à une efficacité ou absence d'efficacité. Ce qui est proprement sidérant, c'est que la préférence donnée au jugement des médias, du public et des politiques sur l'évaluation rigoureuse par les pairs et la nécessité d'une réplication expérimentale, a été accompagnée de la théorisation de la supériorité de l'empirisme sur la méthode expérimentale, de critiques contre les essais randomisés, jugés non éthiques, et finalement de la préférence donnée à l'argument d'autorité par rapport à la médecine fondée sur les preuves », se désole le Professeur Gabriel Steg dans *Les Échos*. Didier Raoult a inventé la post-médecine : une communication qui refuse tout débat scientifique associée à un profond mépris pour ceux qui ne pensent pas comme lui. C'est un terrible retour en arrière. Mais, il faut sauver la raison : on ne pourra pas piloter la médecine de demain en pleine hystérie obscurantiste !

Poujadisme médical

Pourquoi Didier Raoult a-t-il séduit une fraction des médecins ? Une large partie du corps médical a beaucoup souffert du déclin social des médecins. Le contrôle et l'encadrement des prescriptions par des références médicales opposables, la limitation de la liberté de prescrire, l'obligation de suivre des guidelines de bonnes pratiques ont blessé ma profession.

Le discours anti-scientifique de certains mandarins à l'occasion de « la guerre de la chloroquine » a eu un écho très fort. Les slogans poujadistes « les statistiques sont inutiles, les essais cliniques randomisés contre placebo sont néfastes » ont plu à des médecins narcissiquement blessés par l'encadrement croissant de leur pratique. Le grand allié du Professeur Raoult, le professeur Christian Perronne n'explique-t-il pas qu'on ne soigne pas avec des statistiques mais avec ses tripes ?

La perspective de revenir à la médecine de 1970 d'avant les essais cliniques randomisés en double aveugle contre placebo tente une partie de mes confrères. Pourtant, le Professeur Gilbert Deray souligne la fausse opposition entre le déploiement rapide des médicaments et la qualité méthodologiques de l'évaluation des traitements. Les études du Professeur Raoult auraient tout aussi bien pu respecter les standards scientifiques internationaux.

Les organisations professionnelles d'infectiologues se sont publiquement émues le 23 juin 2020 de la dérive des pro-chloroquine comme le Professeur Perronne : « Une crise sanitaire ne justifie pas qu'on dise, ou qu'on fasse, n'importe quoi ! Nos instances, représentant les médecins spécialisés en maladies infectieuses en France, souhaitent dénoncer les affirmations sans fondement qui ont été diffusées sur des chaînes de radio-télévision nationales au cours des derniers jours. Elles sont d'autant plus graves qu'elles sont l'œuvre d'un médecin, chef de service dans un hôpital. Selon ses propos, 25 000 morts liées à la Covid-19 auraient pu être évitées en France si la combinaison hydroxychloroquine et azithromycine avait été prescrite massivement.

« En se fondant sur les données solides disponibles à ce jour, on peut affirmer que la prescription de l'hydroxychloroquine aux patients atteints par la Covid-19 n'a pas fait la preuve de son efficacité, les études rigoureuses réalisées par des équipes sans a priori, au niveau international, ont toutes conclu sur l'absence de bénéfice, tandis que le risque de décès lié à un mauvais usage est lui parfaitement avéré.

« Certains voudraient faire croire que l'intuition est suffisante pour imposer des choix thérapeutiques en médecine. Ce qui aurait dû rester une controverse scientifique est porté sur la scène médiatique au travers de propos infondés scientifiquement et d'accusations calomnieuses. Ce retour à l'empirisme représenterait une régression majeure de la médecine moderne, un retour vers la médecine du moyen âge.

« La situation de crise sanitaire ne doit pas être une excuse pour s'affranchir de toute rigueur dans l'évaluation des traitements et dans les débats. Le public est en droit d'attendre de la part de ses médecins de la sérénité dans la communication des données médicales, sans tromperie ni démagogie. Au nom de l'éthique, du respect des victimes et de leurs familles, ainsi que de tous les professionnels de santé fortement impliqués dans cette pandémie, nous condamnons cette communication sans fondement. »

Les gagnants de la Gilet-Jaunisation de la médecine seront les GAFA et BATX

Le rôle de l'Intelligence Artificielle dans le management de cette crise a été marginal. Mais la crise de la chloroquine accélérera le déclin de ma profession. Elle a augmenté le pouvoir des médecins anti-sciences au détriment des partisans de la médecine basée sur des preuves scientifiques.

À l'ère de la génétique et du big data cette évolution est suicidaire : aucun médecin ne pourra avec son intuition et ses tripes – pour paraphraser le Professeur Péronne – traiter des milliards d'informations. En 2040, il y aura un million de fois plus de données dans un dossier médical qu'aujourd'hui. Les médecins vont affronter une véritable « tempête numérique » : ils devront interpréter demain des milliers de milliards d'informations quand ils ne gèrent aujourd'hui que quelques poignées de données. On découvre 100 000 nouvelles mutations génétiques chaque jour. Dans le génome de chacun de nous, il existe en moyenne 2 millions de mutations par rapport au génome de référence. On connaît déjà 200 millions de *single nucleotide polymorphisms* (SNPs), qui sont les positions de notre ADN pouvant faire l'objet d'une variation chez tout un chacun et potentiellement responsable d'effets cliniques.

Dans ce contexte, refuser la médecine basée sur les preuves et les statistiques est suicidaire. Si ma profession ne se ressaisit pas rapidement, nous allons devenir des sous-médecins. Le retour à la médecine de 1970 est voué à l'échec : personne n'acceptera en 2030 de devoir passer par son cancérologue travaillant à l'intuition et refusant les statistiques…

Le complotisme a profité du Covid 19

La crise de la chloroquine a connu une exacerbation avec les folles déclarations du Professeur Luc Montagnier. Le Prix Nobel 2008 a annoncé que des séquences du virus du SIDA ont été placées volontairement dans le coronavirus. Il a ajouté que les antennes de téléphonie mobile 5G favorisent la diffusion du Covid-19. L'opinion a adhéré à ces thèses même si, dès 2017, *Le Figaro* titrait sur le naufrage du professeur Luc Montagnier. L'Académie des Sciences et l'Institut Pasteur ont d'ailleurs protesté officiellement contre ses thèses complotistes insensées.

À propos des programmes de vaccinations financés par la Fondation Bill Gates, Juliette Binoche affirme : « Ce sont des opérations organisées par des groupes financiers internationaux… depuis longtemps. Ils manipulent : les vaccins qu'ils préparent en font partie. Mettre une puce sous-cutanée pour tous : c'est NON. NON aux opérations de Bill Gates, NON à la 5G ». Les scientifiques de haut vol et les vingt prix Nobel qui ont signé la pétition de Juliette Binoche et Aurélien Barrau cautionnent-ils les propos délirants et complotistes de l'actrice ?

La crise conduit à rechercher des boucs émissaires

Les complotistes ont énuméré avec gourmandise des listes de responsables supposés de la crise virale : Salomon, Buzyn, Lévy, Cymes, Cohen… La dimension antisémite est plus que subliminale. Laura Andrieu remarque dans *Le Figaro* du 27 juillet 2020 : « Depuis le début de la pandémie, les réseaux sociaux regorgent de théories du complot plaçant les juifs au cœur d'une machinerie mondiale. En France, l'ancienne ministre de la Santé Agnès Buzyn, ainsi que son mari Yves Lévy, professeur immunologiste, ont été particulièrement visés. Critiqués pour leur gestion de la crise, ils sont également rendus responsables de la propagation de l'épidémie, notamment par des partisans du professeur Raoult, agacés par le manque de soutien du gouvernement à l'hydroxychloroquine. Selon l'Observatoire du complotisme, cela « réactualise littéralement le mythe médiéval du juif empoisonneur ». « Certains tweets et caricatures ont véhiculé la théorie que les juifs ont propagé le virus », détaille Tal Bruttmann, historien spécialiste de l'antisémitisme en France. « Ce type d'accusations remontent au Moyen-Âge. En Allemagne ou dans d'autres pays européens, l'antisémitisme est toujours empreint de mythes médiévaux. Mais ce n'était pas le cas en France où on a vu réapparaître un vieil antisémitisme, qu'on n'avait plus vu depuis six ou sept siècles. »

Les vautours idéologiques ont surfé sur les morts du Covid-19

Les cyniques expliquent que le virus a du bon et indique les changements nécessaires. On instrumentalise la souffrance des gens pour condamner l'économie de marché et le progrès. On se félicite de la revanche de la nature sur notre arrogance. Les écologistes et les antimondialistes nous « l'avaient bien dit » : il faut « sortir des traités européens et produire en France ». Nicolas Hulot explique : « Je crois qu'aujourd'hui, nous recevons une sorte d'ultimatum de la nature. Entendons-le pour une fois ! Cet ultimatum dont on se serait bien passé, cette injonction qui nous tombe subitement et cruellement dessus, ne doit pas être vain. Il faut qu'elle ait un sens ». Des religieux américains voient le Covid-19 comme une punition de Dieu contre le mariage gay et l'avortement. Le frère de Tarik Ramadan soutient que le covid-19 est le fruit de nos « turpitudes contre la morale et la charia ».

Les prises de position de célébrités en faveur d'une révolution écologique anti-consumériste se sont multipliées. Une tribune lancée par Nicolas Hulot et un texte signé par 200 artistes et scientifiques à l'initiative de Juliette Binoche et de l'astrophysicien Aurélien Barrau, réclament dans le journal *Le Monde* une transformation radicale de nos modes de vie et de consommation.

Ces tribunes dégoulinantes de bons sentiments naïfs visent à éduquer le peuple mais le bilan carbone des signataires est catastrophique. Une large partie d'entre eux vit de subventions publiques à la culture, voyage souvent en jets privés et en yachts et fréquente les palaces. La vie de ces personnalités est une atteinte permanente à l'environnement et à la planète qu'elles entendent protéger. Ces comédiens qui appellent à cesser de consommer tournent régulièrement des publicités – les cachets touchés par certains signataires sont de plusieurs millions de dollars – pour inciter les gens à consommer. Caviar et hélicoptères pour eux ; décroissance et austérité pour le peuple. Les bobos people amis d'Aurélien Barrau n'ont aucune pudeur

Le monde d'après ressemblera au monde d'avant. Après la grippe espagnole tout est revenu à la normale et personne n'en a déduit qu'il fallait augmenter les impôts ou démondialiser.

En réalité, les virus ne sont porteurs d'aucun message et il n'y a aucune leçon à tirer de cette épidémie. Les microbes et les virus ont causé des milliards de morts dans l'histoire de l'Humanité et la mortalité par maladies infectieuses n'a jamais été aussi faible qu'aujourd'hui dans le monde.

Les démocraties d'Asie de l'Est surpassent l'Occident

L'Europe est arrogante et se croit supérieure à l'Asie. Cette vision transparaît dans l'allocution du Président Emmanuel Macron du 12 mars : « Nous avons en France les meilleurs virologues, les meilleurs épidémiologistes, des spécialistes de grand renom, des cliniciens aussi, des gens qui sont sur le terrain et que nous avons écoutés, comme nous le faisons depuis le premier jour. » Si nous sommes meilleurs que les Asiatiques, pourquoi avons-nous fait moins bien ?

J'espère que nous allons prendre conscience de notre retard technologique vis-à-vis de la Corée du Sud. Les Français doivent retenir un chiffre : la Corée du Sud investit presque 5 % de sa richesse nationale dans la recherche, contre 2,1 % en France. Nous perdons beaucoup de terrain face à ce pays qui devient une grande puissance technologique. Plus généralement, cette crise nous rappelle que le continent européen doit se ressaisir pour stopper son déclin face à l'Asie de l'Est. L'Europe a été brouillonne, désorganisée, non coordonnée et arrogante. Elle ne sait pas faire la guerre : ni technologique, ni militaire, ni virale.

Qui a tué Steve Jobs ?

Dans certains cas, l'irrationalité peut tuer. Comme dans le cas des croyances sectaires, on constate qu'un bon niveau d'éducation ou de réussite sociale ne protège pas toujours contre les pièges de crédulité.

Le fondateur d'Apple était l'oracle de l'ère numérique. C'était aussi un homme paradoxal : en octobre 2003, on lui découvre une tumeur neuroendocrine du pancréas qui est de bon pronostic si la maladie est soignée tôt.

Les médecins expliquent à Steve Jobs qu'il est urgent d'enlever la tumeur mais il refuse. Malgré les protestations de son entourage, il se soigne avec des médecines « douces et parallèles ». Il mange bio, consulte des guérisseurs, des naturopathes, utilise l'acupuncture, avale des gélules de plantes et boit des jus de fruits…

En 2004, de nouveaux tests démontrent le peu d'effet du tofu et des salades de pissenlit sur les cellules cancéreuses : la tumeur s'est propagée en dehors du pancréas. Jobs accepte enfin l'opération, mais beaucoup trop tard.

Conscient de la gravité de son état et de l'échec des méthodes alternatives, Steve Jobs se tourne alors vers la génomique et devient le premier homme dont le génome tumoral est analysé par les meilleurs spécialistes.

De 2005 à 2008, il est soigné avec les médicaments les plus adaptés à la signature génétique de sa tumeur. Puis sa maladie échappe au traitement : en 2008, il subit une radiothérapie expérimentale, avant une greffe du foie de la dernière chance.

Il décède le 5 octobre 2011 à l'âge de cinquante-six ans. Il aurait pu vaincre la maladie s'il s'était résolu plus tôt à une intervention chirurgicale pour enlever sa tumeur.

Il est parti trop vite pour voir combien le Smartphone qu'il a inventé va prendre une importance médicale croissante. Des capteurs minuscules permettront une surveillance et une analyse en temps réel de notre santé à l'échelle moléculaire. L'iPhone du futur se chargera de contacter le médecin, puis l'Intelligence Artificielle analysera les données à distance. Le Smartphone sera le stéthoscope du XXIe siècle, mais les médecines alternatives ont empêché Steve Jobs de participer à cette révolution médicale…

Steve Jobs n'est pas le seul cancéreux mort à cause des médecines douces et parallèles. Une étude menée par l'équipe du Professeur Skyler Johnson de l'université Yale montre les dangers du recours aux « autres médecines ». Les chercheurs ont mesuré l'impact pour quatre cancers du recours exclusif aux remèdes alternatifs (Qi gong, homéopathie, naturopathie, plantes, yoga, acupuncture, régimes et diètes en tous genres, méditation…) à la place des traitements scientifiquement évalués (chirurgie, radiothérapie, chimiothérapie, immunothérapie et hormonothérapie). Les résultats publiés dans le *Journal of the National Cancer Institute* montrent que les patients qui recourent exclusivement aux thérapeutiques alternatives ont jusqu'à cinq fois plus de risque de mourir que les patients qui se soumettent aux traitements classiques.

Cette différence dans le risque de décès, dans les cinq ans après le diagnostic, est énorme. Le risque de mort est multiplié par 5,7 pour le cancer du sein, par 4,5 pour le cancer colorectal et par 2 pour le cancer du poumon. Seulement un tiers des patients atteints de cancer colorectal et adeptes des médecines douces étaient en vie cinq ans après le diagnostic contre 79 % de ceux traités par la cancérologie. Et ces résultats sont sous-estimés selon le Professeur Johnson, puisque les patients qui ont eu recours aux médecines douces étaient en moyenne plus jeunes, ce qui aurait dû leur conférer une meilleure espérance de vie et que certains sont passés aux traitements standard, une fois que leur maladie a évolué, ce qui a prolongé leur survie.

DDT : 146 ans pour approcher la vérité

Une rumeur scientifique a le temps de faire cent fois le tour du monde avant que la vérité ne s'impose.
Le DDT est synthétisé en 1874 mais ses propriétés insecticides n'ont été découvertes qu'à la fin des années 1930. À partir de la Seconde Guerre mondiale, il est devenu l'insecticide le plus utilisé, pour la lutte contre divers vecteurs de maladie, paludisme, typhus, peste bubonique, et également comme insecticide agricole.
Au début des années 1960, la biologiste Rachel Carson met en garde contre le DDT qui risquait de s'accumuler dans l'environnement, causer des dommages sérieux aux poissons et aux oiseaux. En 1962, elle publie *Printemps silencieux,* une charge contre les pesticides, au premier rang desquels le DDT. Cela favorise le développement des mouvements écologiques aux États-Unis dont le DDT devient la cible principale.
Selon Carson, les enfants périssaient de mort soudaine, d'anémies, de malformations congénitales, de maladies du foie, d'anomalies chromosomiques et de leucémies à cause du DDT. Quant aux femmes, elles souffraient d'infertilité et de cancers de l'utérus.

Dix ans plus tard, l'Agence américaine de Protection de l'Environnement interdit le DDT hormis pour des raisons médicales. L'utilisation du DDT à l'échelle internationale décrut rapidement. Des études conduites en Europe, au Canada et aux États-Unis ont cependant montré depuis lors que le DDT ne provoque pas chez l'homme les maladies que Rachel Carson lui attribuait.

À partir des années 1970, l'usage du DDT pour l'agriculture est interdit dans la plupart des pays développés.

En 2006, l'Organisation Mondiale de la Santé réintégra le DDT dans les traitements dédiés à l'éradication du paludisme. En 2011, l'OMS réaffirme son souhait de voir disparaître à terme l'usage de cet insecticide, mais met en garde contre l'utilisation prématurée d'alternatives qui n'ont pas encore la même efficacité.

L'utilisation du DDT est généralement considérée comme sûre pour l'humain s'il respecte les recommandations d'usage. Il n'existe pas d'étude scientifique prouvant que le DDT soit particulièrement toxique pour les humains comparativement à d'autres pesticides.

En 2020, on peut soixante ans après la sortie du Printemps silencieux faire un bilan non manichéen du DDT :

Le DDT est un produit chimique persistant qui ne s'élimine que très lentement, ce qui incite à la prudence.

Du fait de son extraordinaire puissance, son utilisation a été irraisonnée dans les années 1950 et ses indications trop étendues.

Il a affecté la biodiversité et notamment les oiseaux.

Le DDT n'est pas ou très peu cancérigène chez l'homme. Toutefois, il n'est pas exclu qu'il favorise le cancer du sein même si les études comportent d'importants biais méthodologiques qui empêchent toujours de trancher. Il persiste un doute sur une responsabilité du DDT dans les anomalies de développement psychomoteur des enfants.

Le DDT est devenu synonyme de poison, mais il est très efficace contre le paludisme qui reste la maladie infectueuse la plus dangereuse pour l'homme.
En 1960, le paludisme avait été éliminé de 11 pays dont les États-Unis, essentiellement grâce au DDT. Au Népal, la vaporisation du produit fit baisser le nombre de malades de 2 millions en 1960 à 2500 en 1968 et l'espérance de vie était passée de 28 à 42 ans.
Mais lorsque le DDT fut interdit, le paludisme réaugmenta dans certains pays. Sans DDT, le Sri Lanka dut rapidement faire face à une épidémie massive de paludisme qui contamina 1,5 million de personnes.
Le DDT a contribué à achever l'éradication du paludisme en Europe et en Amérique du Nord, bien que des mesures d'hygiène aient déjà permis une quasi-disparition dans les pays développés. Mais au Brésil et en Égypte, ce sont principalement les pulvérisations de DDT qui sont responsables de l'éradication du paludisme[1].
Selon *The Lancet* : « Le DDT peut être utile dans la lutte contre le paludisme mais la preuve de ses effets néfastes sur la santé humaine nécessite des recherches adéquates pour juger s'il apporte plus de bénéfices que de risques. »
En définitive, le cas du DDT est exemplaire : 146 ans après son invention, nous avons encore des doutes. La science met des décennies pour approcher la vérité écologique. Et trouver la meilleure stratégie pour l'humanité... ce que l'hystérie actuelle rend bien difficile.

1. Le programme était très mal suivi en Afrique subsaharienne, ce qui conduira l'OMS à changer de stratégie entraînant une diminution de l'utilisation de DDT.

Les relations compliquées des pouvoirs publics et de la pensée magique

Le 19 mars 2018, 124 médecins réclament dans *Le Figaro* un strict encadrement de l'homéopathie et des autres pseudo-médecines qu'ils qualifient de charlatanisme, tromperie et « fake médecines ». Ils demandent de ne plus reconnaître les diplômes d'homéopathie, de mésothérapie ou d'acupuncture et l'arrêt du remboursement par la Sécurité sociale des pratiques alternatives refusant l'évaluation scientifique. Ils exigent que les professionnels de santé refusent de donner des traitements inutiles ou inefficaces et ne délivrent que des soins validés par la science.

L'homéopathie est totalement inefficace – en dehors de l'effet placebo – comme les Académies des Sciences européennes l'ont réaffirmé, mais elle n'a aucune toxicité puisqu'elle est dépourvue de tout produit actif. Les homéopathes prescrivaient des placebos grâce à une législation d'exception : l'homéopathie n'est pas évaluée contrairement aux vrais médicaments.

Tous les spécialistes de pharmacologie savent que l'homéopathie est un pur placebo, mais on tolérait cette pratique pour ne pas contrarier les patients crédules.

Ce sont les homéopathes eux-mêmes qui ont brisé ce statu quo qui leur était incroyablement favorable. Ils ont attaqué en justice les signataires de la tribune du *Figaro* dont le Docteur Jean-Jacques Fraslin qui est le héros d'une médecine scientifique au service de la santé publique.

La multiplication des plaintes a conduit l'Ordre des Médecins à demander à la ministre de la Santé Agnès Buzyn de trancher. La ministre a sollicité l'avis de la Haute Autorité de Santé.

Évidemment, la Haute Autorité ne pouvait que constater que toutes les évaluations ont montré que l'homéopathie est un placebo : son avis est accablant et elle a proposé le déremboursement.

Par démagogie ou par absence de culture scientifique de nombreux hommes politiques ont critiqué la Haute Autorité : cela démontre à quel point la classe politique française sombre aujourd'hui dans l'irrationnel et la pensée magique.

Toutefois, la magie ne peut pas être éternellement protégée par la Sécurité sociale et Agnès Buzyn a déremboursé l'homéopathie.

Chaque emploi dans l'industrie homéopathique coûte 100 000 euros par an à la collectivité ; cela permettrait de recruter trois infirmières pour s'occuper des personnes âgées dépendantes. Les homéopathes et les laboratoires homéopathiques ont confondu la France avec le monde de Harry Potter et son ministère de la Magie. En attaquant les vrais thérapeutes en justice, le lobby homéopathique s'est suicidé.

Dans d'autres cas, hélas, le gouvernement tombe dans le panneau de la pensée magique.

En visite dans la Drôme, le ministre de l'Agriculture Didier Guillaume a défendu les méthodes agricoles ancestrales pour se passer des produits phytosanitaires. Le ministre a expliqué : « Il faut revenir à l'agronomie, la rotation des cultures, la couverture, l'assolement, les semis… enfin, ce que faisaient nos grands-parents » pour bannir tous les pesticides.

Par ailleurs, le ministre a soutenu la biodynamie, qui utilise l'influence du zodiaque sur les cultures. La biodynamie est un système de production agricole issue de l'anthroposophie qui est considérée comme sectaire. Inventée par Rudolf Steiner en 1924, la biodynamie repose sur des principes ésotériques appuyés par l'influence supposée des rythmes planétaires reliés à l'astrologie. Les recettes de la biodynamie qui relève de la pensée magique ont été expliquées par Steiner à partir d'explications ésotériques : « La vessie du cerf est connectée aux forces du cosmos. Mieux, c'est presque l'image du cosmos. Ainsi, nous donnons au mille-feuille le pouvoir presque essentiel d'augmenter les forces qu'il possède déjà, pour combiner le soufre avec les autres substances. »

La contamination du ministère de l'Agriculture par cette vision magique est troublante.

L'obscurantisme agricole du gouvernement est désastreux. Le déclin de la puissance agricole française est spectaculaire. La balance commerciale agricole avec l'Europe est désormais négative. Dans deux ans, la France sera importatrice nette alors qu'elle était jadis une très grande puissance agricole. La France a réussi l'exploit de perdre son indépendance alimentaire ! La France fait à son agriculture ce que l'Allemagne a fait à son système énérgétique.

Le projet agricole pour la France est de désherber à la main, d'interdire la génétique et les pesticides. À l'opposé, la ferme chinoise du futur sera robotisée et gérée par des ingénieurs en génomique. Le président XI Jingping est chimiste et le gouvernement chinois est constitué aux deux tiers d'ingénieurs.

L'hystérie amazonienne de Macron

Le président de la République lui-même n'est pas épargné par l'épidémie d'irrationalité. Mais dans son cas, il s'agit plutôt d'un calcul politique. Emmanuel Macron est persuadé d'être élu dans un fauteuil s'il réussit l'alliance entre En marche et les Verts, ce qui suppose l'adhésion des jeunes hypnotisés par Greta Thunberg. C'est pourquoi, le secrétaire d'État Gabriel Attal a sévèrement sermonné sur Twitter les gens qui critiquent l'égérie suédoise : on ne plaisante pas avec la prochaine présidentielle.

Pendant le G7, un tweet d'Emmanuel Macron affirmait : « Notre maison brûle. Littéralement. L'Amazonie, le poumon de notre planète qui produit 20 % de notre oxygène, est en feu. » Il s'agit en réalité d'une accumulation de contre-vérités s'attriste le blogueur Marcel Sel : « Il est une chose plus triste encore que l'Amazonie incandescente : l'esprit critique et de rigueur, base d'une démocratie vitale, qui part en fumée. » Les idées fausses colportées par le Président font craindre à l'opinion que le monde ne manque d'oxygène si la déforestation suit son cours au Brésil.

En réalité, l'Amazonie n'est pas le poumon de la terre et produit une part absolument mineure de l'oxygène terrestre[1].

L'Amazonie ne brûle pas plus que la moyenne des vingt dernières années. Selon globalfiredata.org, 2019 est loin derrière 2003, 2004, 2005, 2007, 2010. En 2005, on a compté plus de 250 000 feux de forêt à fin août, soit le double des chiffres de 2019. L'augmentation de 84 % par rapport à 2018 est impressionnante, mais 2018 était une année exceptionnellement calme.

La vérité ? Les données de la NASA prouvent que les incendies sont de moins en moins fréquents dans le monde.

En outre, l'Afrique subsaharienne (Angola, Congo, Tanzanie, Zambie) brûle bien davantage que l'Amazonie à cause de la culture sur brûlis. Selon l'Agence spatiale européenne, 70 % des feux dans le monde viennent de

1. Une forêt sauvage émet autant de CO_2 et d'oxygène qu'elle en capte. La décomposition des arbres morts rejette dans l'atmosphère le CO_2 capté pendant la croissance des arbres.

cette région et représenteraient plus de 17 % des émissions mondiales de gaz à effet de serre tandis que la France, cinquième puissance mondiale, en émet 0,9 %.

Aidés par les médias qui se laissent entraîner dans une hystérie alarmante, les collapsologues ont convaincu l'opinion de l'imminence de l'effondrement. Les médias ont obéi à l'injonction de Greta Thunberg : « Je veux que vous paniquiez. »

Les feux amazoniens ont été l'outil d'une dramatisation apocalyptique encouragée par Macron qui a diffusé des informations terrorisantes pendant le G7 de Biarritz. L'économiste Stéphane Boudon interpelle Emmanuel Macron : « Les photos que vous utilisez ont plus de 10 ans d'âge. Le brûlis est une vieille tradition, qui même en France a parfois encore cours : tous les incendies ne sont pas des incendies de forêts ! C'est la période des queimadas, brûlis agricoles pendant l'hiver austral sec. Ce, surtout dans le Mato Grosso qui est à des centaines, voire milliers de kilomètres de l'Amazone. L'Amazonie a la taille de l'Europe, quand le feu ravage le Portugal, la France et la Grèce simultanément pendant l'été on ne s'émeut pas d'une maison Europe en feu… » Le G7 a proposé une aide de 20 millions de dollars pour l'Amazonie : le prix d'un seul Canadair CL415 est de 20 à 25 millions d'euros. Le discours sur l'Amazonie est donc purement politicien. La gesticulation écologique ne fait que commencer : la victoire en 2022 est à ce prix !

Les incendies australiens de l'été austral 2019 ont été l'occasion d'un nouveau déferlement de panique. On a juste caché à l'opinion que le plus grand incendie de forêt australien date de 1975 : 118 millions d'hectares ont flambé[1] contre 10 millions en 2019.

1. Australian Bureau of Statistics, www.abs.gov.au.

Désormais, le moindre événement climatique sortant un tant soit peu de l'ordinaire est immédiatement attribué au réchauffement climatique. Toute corrélation est systématiquement transformée en causalité. Et par un terrible mouvement auto-confirmatoire, les événements climatiques extrêmes sont vus comme la conséquence du réchauffement climatique.

L'historien Emmanuel Le Roy Ladurie auteur de *L'Histoire du climat depuis l'an mil* se lamentait déjà en 2003 de l'abscence de mémoire climatologique. Il rappelait dans *Libération*[1] à propos de la canicule de 2003 : « Ce genre de grande sécheresse n'a pas manqué dans l'histoire française. En 1168, la Sarthe a séché. Vous avez aussi des séries d'étés caniculaires consécutifs, des microères climatiques : 1331-1334, quatre étés de suite, 1383-1385, trois étés, ou encore la première moitié du XVIe siècle, particulièrement douce, où l'on peut parler d'un petit âge du réchauffement. L'été, les glaciers reculent beaucoup, la neige fond très haut. En 1540, beaucoup de témoins habitant les Alpes l'ont noté. À partir de 1560, on entre dans le "petit âge glaciaire", les étés caniculaires se font plus rares. Il y en a cependant encore, par exemple en 1636, l'été du *Cid*, où les témoins évoquent "un effroyable harassement de chaleur" pendant plusieurs semaines à Paris. 500 000 morts lors de l'été 1636 ou de l'été 1705, 700 000 lors des étés caniculaires de 1718-1719, avec même l'apparition de nuées de sauterelles et une forme de climat saharien sur l'Île-de-France… »

Un épisode méditerranéen est un phénomène météorologique spectaculaire du pourtour méditerranéen, générateur

1. *Libération*, 14 août 2003.

d'intenses phénomènes orageux pendant 12 à 36 heures, avec des cumuls de pluies très importants, souvent égaux à plusieurs mois de pluies voire à l'équivalent d'une année de pluie en seulement 24 heures.

Le Premier ministre Édouard Philippe a expliqué sur BFMTV que les inondations récentes de la côte méditerranéenne étaient liées au réchauffement climatique. En réalité, les épisodes de pluies intenses ont toujours existé et ils sont absolument nécessaires pour aimenter les sous-sols dans les régions côtières méditerranéennes.

Les épisodes méditerranéens sont devenus célèbres à cause des conséquences catastrophiques provoquées par les crues. Au XIXe siècle, donc bien avant la naissance de Greta Thunberg et la montée du CO_2, on dénombre de nombreux épisodes meurtriers.

Deux sont particulièrement graves. En septembre 1890, il tombe un mètre d'eau en 5 jours à Montpezat en Ardèche, ce qui tue 50 personnes. En septembre 1900, le mont Aigoual enregistre l'épisode de pluie le plus exceptionnel de son histoire avec 950 mm de pluie en un jour. La crue cause une trentaine de morts.

Le XXe siècle est également endeuillé. L'épisode d'octobre 1940 fait 357 morts en France et en Espagne. En septembre 1992, l'épisode méditerranéen fait 49 morts dans la région de Vaison-la-Romaine et en novembre 1999, 36 personnes sont noyées dans les Corbières.

Les épisodes les plus graves avaient généralement lieu à l'ouest de la Côte d'Azur. Désormais, on note des crues graves dans le Var et les Alpes-Maritimes.

Il semble exister une corrélation entre la température des eaux du nord-ouest de la mer Méditerranée et le nombre et l'intensité des épisodes méditerranéens : le réchauffement climatique peut aggraver les crues même si cela reste à démontrer sur longue période.

Mais l'essentiel n'est pas là. Le bétonnage des départements de la côte d'Azur est le déterminant principal de la gravité des crues. Ainsi, 92 % du littoral des Alpes maritimes est désormais urbanisé. De très nombreuses zones commerciales ont été installées. Le sol ne peut plus absorber les fortes pluies des épisodes méditerranéens. La responsabilité de l'État est forte. Il n'a pas su empêcher le mitage des forêts côtières ni freiner l'urbanisation galopante. Rien n'a été fait par la puissance publique pour freiner la spéculation immobilière.

Dans *Le Malade imaginaire* de Molière, le faux médecin attribue tous les malheurs de son maître aux poumons. Le pouvoir politique fait la même chose avec le CO_2. Le gouvernement a trouvé une réponse parfaite pour exonérer l'État de toute responsabilité. Édouard Philippe inaugure l'excuse idéale au XXIe siècle : le gouvernement est innocent ; c'est la faute au CO_2 et au réchauffement climatique. Aveuglement de bonne foi, bêtise ou opportunisme politique, nombreuses sont les raisons qui poussent à la diffusion des croyances magiques. Dans ce terreau de délires et de superstitions, certains groupuscules nagent comme des poissons dans l'eau. Ils jouent de nos amnésies pour nous faire oublier les horreurs du passé, et utilisent nos peurs pour mieux nous faire haïr notre présent.

L'histoire repeinte en rose pour mieux noircir le présent

Les dictatures d'hier réécrivaient le passé pour faire accepter un présent sombre. La dictature verte en germe inaugure une nouvelle technique : elle change le passé pour mieux dévaloriser un présent formidable. Les marchands de peur ont convaincu les Français que nous vivons une période horrible de l'histoire, ce qui est faux ! Le pape François ne répète-t-il pas que le capitalisme est le fumier du diable ? En réalité, le monde n'a jamais été si doux, la criminalité plus faible, la malnutrition plus réduite et la Sécurité sociale si généreuse.

Voudriez-vous vraiment vivre dans le passé ?

Regardons de plus près ce passé idéalisé.

En 1800, même dans les pays les plus riches, le taux de pauvreté était considérablement plus élevé que dans les pays pauvres d'aujourd'hui. Aux États-Unis et en Europe, de 40 à 70 % de la population vivait dans la pauvreté extrême. Les pauvres, les sans-abri et les vagabonds miséreux représentaient entre 10 et 20 % de la population occidentale. En 1950, 27 % de tous les enfants sur terre mouraient avant l'âge de 15 ans.

Johan Norberg et Steven Pinker nous rappellent que la violence était omniprésente. Les chasseurs de sorcières en France et en Allemagne tuèrent entre 60 000 et 100 000 accusées. Les sites archéologiques montrent la violence extrême du passé. Entre 1440 et 1524, les Aztèques sacrifiaient 1,2 million d'êtres humains au total. La violence touchait tous les échelons de la société : sur les quarante-neuf empereurs romains, trente-quatre finirent assassinés.

Le taux de criminalité, nous rappelle Steven Pinker, a été divisé par 30 à 100 fois depuis le Moyen Âge : « Vous avez tendance à avoir une image des temps médiévaux avec de paisibles paysans vivant dans des communautés soudées pendant que vous imaginez que le présent est rempli de mass shooting dans les écoles et d'attaques terroristes. » Vers 1950, la mortalité par fait de guerre était 100 fois plus élevée qu'aujourd'hui.

La qualité et le confort de vie étaient déplorables. En 1882 encore, seuls 2 % des New-Yorkais avaient l'eau courante. Les plus grandes villes étaient des cloaques. En 1900, les chevaux répandaient chaque jour dans les rues de New York plus de 1 000 tonnes de crottin. Les porteurs d'eau allaient chercher de l'eau de la Seine à côté des latrines. En 1832, l'épidémie de choléra à Paris faisait jusqu'à 1 000 morts par jour et tua 25 000 Londoniens. Vers 1850, la chaleur rendait l'odeur de la Tamise si insupportable qu'il fallait tremper les rideaux du Parlement dans de la chaux.

L'histoire de la médecine est édifiante. La peste tua un Européen sur trois entre 1347 et 1352 et encore 300 000 Provençaux en 1720.

Pour soigner le cancer du sein de la mère de Louis XIV, ses médecins pratiquent cinq saignées par jour puis Guy Patin, le doyen de la Faculté de médecine de Paris, choisit de brûler la tumeur au fer rouge. C'est l'époque où les chirurgiens anglais inventent la maxime « Cut, Burn and Hope ». Résultat : tous les cancéreux meurent dans d'atroces souffrances.

En 1740, 30 % des enfants français meurent avant 1 an.

Une éraflure par balle sur les champs de bataille napoléoniens conduisait à l'amputation sans anesthésie !

Le taux de mortalité de l'ablation du rein – la néphrectomie – était au XIXe siècle de 50 %.

Napoléon III est mort en 1873 d'une banale lithiase urinaire.

Jusqu'à l'invention de l'appendicectomie par Charles Kraft en 1888, 99 % des appendicites aiguës entraînaient la mort.

L'angine tuait de nombreux enfants en 1900. Les infections alimentaires étaient responsables de 2000 décès par an dans la France de 1900.

L'ablation de la prostate était très souvent mortelle en 1910.

Cent pour cent des diabétiques insulino-dépendants mouraient après une effroyable agonie jusqu'à la synthèse de l'insuline en 1922.

En 1950, tous les enfants leucémiques mouraient en quelques semaines ; la quasi-totalité guérit aujourd'hui !

Jusqu'à l'invention des neuroleptiques en 1950, de très nombreux schizophrènes – il y en a 500000 en France – étaient attachés dans les fameuses camisoles de force.

En 1955, les Alpes étaient encore parsemées de sanatoriums où les tuberculeux attendaient sagement une mort probable.

Jusqu'à la mise au point du vaccin en 1955, la polio était responsable de paralysies respiratoires gravissimes chez les enfants qui devaient passer des années dans d'horribles poumons d'acier où seule la tête était à l'air libre. Trois malades qui ont été contaminés avant la mise au point du vaccin sont toujours prisonniers de leur poumon d'acier.

L'opération de la cataracte qui se réalise aujourd'hui en ambulatoire en 20 minutes était encore une opération dangereuse après-guerre.

L'ulcère de l'estomac qui se traite avec une poignée de gélules gâchait la vie de millions de Français et les mettait en arrêt de travail pendant de longs mois jusqu'à l'arrivée des antiulcéreux en 1974.

En 1985, l'espérance de vie des sidéens était de 11 mois. Avant le vaccin, l'hépatite B tuait 500 jeunes Français chaque année.

Jeunes, n'écoutez pas les intellectuels apocalyptiques, les complotistes, les pessimistes, les Ayatollahs verts : la vie n'a jamais été aussi magnifique. Pour vous en convaincre, courez télécharger un livre d'histoire de la médecine. Car non, ce n'était pas mieux avant ! C'était horrible, avant ! Savourons notre chance de vivre en 2020 : la vie y est plus belle que jamais.

La vie n'a jamais été aussi belle

Toutes les améliorations de la condition humaine sont tues. La réécriture de l'histoire est totale ! « Nos vies pour la plupart, puent la mort », s'écrie l'entrepreneur sportif Erwann Menthéour. Cette contre vérité qui idéalise le passé est sidérante.

Nous avons oublié à quel point le monde d'hier était dur pour tous sauf pour une poignée d'aristocrates tant qu'ils n'étaient pas malades. Comme le rappelle la géographe Sylvie Brunel : « Nos ancêtres subissaient un monde qui reposait sur le travail humain, la pénibilité, la peur de l'obscurité, le froid, des récoltes aléatoires, l'insécurité. Comment pouvons-nous regretter le passé ? Croire qu'il a existé un “optimum” dans l'histoire de l'humanité, un moment parfait où il aurait fallu arrêter le curseur, parce que le point d'équilibre idéal était atteint ? C'est pourtant ce que nous faisons aujourd'hui : déplorer en permanence que le monde change, comme s'il fallait à tout prix le figer dans son état actuel, voire revenir au passé. Le monde parfait n'existe pas, sinon dans les fantasmes des dictatures qui prétendent façonner le bonheur du peuple, fût-ce contre son gré, par le contrôle total de la société et de l'économie. Elles aboutissent toujours à des désastres, partout, et finissent par s'effondrer. Mais au prix de tant de souffrances, de tant de vies sacrifiées ! »

Un ouvrier de 2020 vit mieux que Louis XIV

Le Roi-Soleil était tout-puissant et disposait de magnifiques demeures entretenues par d'innombrables serviteurs. Mais sa vie était bien difficile. Il faisait très froid à Versailles en hiver : le vin gelait à la table du roi. L'odeur était pestilentielle dans ce château sans hygiène ; seuls les parfums masquaient très imparfaitement cette situation. Les voyages étaient interminables dans des carrosses effroyablement inconfortables. Le voyage du Roi pour aller se marier à Saint-Jean-de-Luz dura des semaines ; un ouvrier peut faire Paris Biarritz en 75 minutes en low cost pour 25 euros. Le Roi disposait de beaucoup moins d'informations et de distractions qu'un ouvrier de 2020 équipé d'un Smartphone bas de gamme.

Si Louis XV est l'arrière-petit-fils de Louis XIV, c'est parce que sa famille a été décimée par la variole, la rougeole et autres maladies souvent fatales à l'époque. Grâce à une solide nature, le Roi-Soleil a survécu à la variole, la rougeole et la scarlatine mais à partir de 1660, il est constamment malade. La vie du roi était gâchée par des vertiges majeurs, des rhumatismes hyperalgiques, des fièvres quasi permanentes, de multiples problèmes dermatologiques, des furoncles géants et des tuméfactions purulentes à partir de 1696. L'entourage signale également des « indigestions dégoûtantes » ainsi que des parasites intestinaux qui sont accompagnés de telles douleurs et diarrhées que le Roi doit d'urgence quitter d'innombrables réunions. Ses lithiases urinaires et ses nombreuses crises de goutte, pour lesquelles il n'existait alors aucun traitement, le tourmentaient affreusement et lui rendent la vie difficilement supportable.

La dentition de Louis XIV est très tôt dans un état effroyable. Dès 45 ans, il n'a plus de dents : la dentisterie de l'époque se limite à l'arrachage sans antalgiques des « dents pourries ». L'extraction des derniers chicots a ouvert un orifice dans la voûte du palais, ce qui entraîne, selon son médecin qui consignait toutes ses observations par écrit, que « toutes les fois que le Roi buvait ou se gargarisait, ce trou portait l'eau de sa bouche dans son nez, d'où elle coulait comme une fontaine ».

Pendant des années, Louis XIV supportera stoïquement cet ulcère perforant du palais associé à une sinusite gangreneuse, mais en 1685, l'odeur « forte et quasi cadavéreuse » n'est plus supportable et son chirurgien réalise, sans aucune anesthésie, quatorze pointes de feu pour cicatriser la fistule. Le Roi mettra plusieurs mois avant de reprendre le rythme normal de ses repas. Bien sûr, cette réalité est masquée par les cinéastes : dans *La Mort de Louis XIV*, Jean-Pierre Léaud qui joue le rôle du Roi a toutes ses dents !

Souffrant d'une fistule anale, Louis XIV hurlait devant ses proches tellement la douleur était intolérable. Pour soigner la fistule du Roi, son chirurgien invente en 1686 un bistouri spécial et affine la technique opératoire sur 75 indigents à l'hôpital de Versailles. De nombreuses opérations de plusieurs heures chacune sans anesthésie, durant lesquelles le Roi souffre atrocement, sont nécessaires pour le guérir.

Louis XIV a été inutilement saigné une quarantaine de fois et a subi plusieurs centaines de clystères qui aggravaient ses diverticules du côlon.

Le Roi-Soleil a souffert de multiples ennuis de santé dont le traitement serait aujourd'hui indolore, immédiat et remboursé à 100 % par la Sécurité sociale.

Et, l'interminable et atroce agonie du Roi par nécrose de la jambe serait aujourd'hui évitée grâce à une banale opération de chirurgie vasculaire.

Non, même pour les rois, ce n'était pas mieux avant ! Oui, je préférerais être ouvrier en 2020 que de subir la vie de Louis XIV.

La démocratisation de la lumière

Ce qui semble aujourd'hui banal et naturel aurait semblé magique à nos ancêtres.

Les progrès technologiques ne concernent pas que l'électronique. Le coût du litre d'eau disponible à la maison s'est effondré avec l'arrivée de l'eau courante. Les 29 000 porteurs d'eau parisiens de 1800 transportaient infiniment moins d'eau que les canalisations de 2020. Prendre un bain était encore un luxe au XIXe siècle.

Mais l'effondrement du coût de la lumière artificielle est encore plus spectaculaire. Nos ancêtres vivaient, les nuits sans lune, dans la plus profonde obscurité avant la maîtrise du feu : l'œil humain est très mal adapté aux basses luminosités. Quelques sites africains en Éthiopie et au Kenya présentent des traces de combustions anciennes de près d'un million et demi d'années mais les experts les attribuent à des incendies naturels. En Europe, la domestication du feu est apparue il y a 800 000 ans, notamment sur le site de Cueva Negra en Espagne, mais la généralisation des feux intentionnellement allumés et entretenus date de 400 000 ans.

Un chercheur en économie de Yale, William Nordhaus[1], évalua en 1994 l'efficacité et le coût – mesuré en heures de travail – des différents systèmes de production de lumière, des feux de bois préhistoriques aux LED en passant par les lampes à huile de l'Antiquité nées à Babylone et les bougies qui furent inventées en Égypte et en Crète. L'intensité lumineuse est calculée en lumens : une ampoule de 100 watts génère environ 1 200 lumens tandis qu'une bougie produit cent fois moins de lumière avec seulement 13 lumens ! Malgré des milliers de chandelles, le Versailles de Louis XIV était bien sombre : le Roi-Soleil vivait dans la pénombre.

Au XVIIIe siècle encore, seuls les très fortunés pouvaient se payer des bougies en cire d'abeille, la plupart des gens utilisaient des bougies faites de graisse d'animal qui produisaient une épaisse fumée sentant le suif.

Dans les années 1740, le président de l'université d'Harvard lui-même ne pouvait pas se payer de bougies en cire d'abeille. Le président des États-Unis George Washington calcula que l'utilisation 5 heures par jour d'une seule bougie – les meilleures de l'époque – sur son bureau de travail coûtait 1 000 dollars d'aujourd'hui par an.

Entre 1825 et 1855, les lampes à gaz permirent un effondrement du coût de la lumière puis Thomas Edison mit au point en 1883 la lampe à filament électrique qui révolutionna la vie.

1. Devenu prix Nobel d'économie.

En définitive, on estime que le coût d'un lumen a été divisé par 500 000 en 20 000 ans et par 20 000 entre le Moyen-Âge et aujourd'hui. Les gens qui se plaignent de leur facture électrique ne réalisent pas l'abondance de lumière dont nous bénéficions aujourd'hui. Le passé était bien sombre.

Le chouchou vert du Président et le paludisme

L'ignorance de l'histoire de la médecine est telle que les énormités les plus folles peuvent être proférées, accueillies avec un religieux respect, voire officiellement reconnues. L'écologiste Cyril Dion a été nommé garant de la Convention citoyenne sur le climat[1] par le président Macron. Dans son ouvrage *Petit manuel de résistance contemporaine*, il livre un diagnostic apocalyptique de la planète. En particulier, il détaille les conséquences sanitaires catastrophiques du réchauffement climatique : « Viennent ensuite les maladies. Accrochez-vous… Mais ce qui préoccupe les épidémiologistes est avant tout l'extension géographique, la mutation ou la propagation de certaines maladies, dues à la modification du climat. Le paludisme ou la dingue migreraient très certainement jusque dans les contrées tempérées comme l'Europe occidentale. »

Ainsi, selon cet écologiste renommé, l'augmentation de la température ferait arriver le paludisme en France. Toute personne ayant lu un livre d'histoire de la médecine est pliée de rire !

Le paludisme a tué plusieurs millions de Français avant d'être éradiqué par la science et la chimie en 1960. S'il n'y a pas de paludisme en France, ce n'est pas parce qu'il y fait frais mais parce que nos ancêtres l'ont combattu

1. www.Conventioncitoyennepourleclimat.fr

pendant des siècles. Le Docteur Patrice Bourée, spécialiste des maladies tropicales au Kremlin-Bicêtre, a réalisé une étude exhaustive du paludisme en France. Au XVIe siècle, les évêques de la côte Atlantique abandonnent leur siège épiscopal à cause du paludisme. À Aigues-Mortes, la population est décimée : elle passe de 15 000 habitants à 1 500, et Saint-Gilles de 32 000 à 5 000. Toutes les cités du littoral sont comme « frappées de mort ». En 1590, une terrible épidémie éclate à Bordeaux, ce qui pousse Henri IV à assécher les marais. Sur le littoral Atlantique, des Flandres à la Vendée, les fièvres paludéennes sont continuelles. En Charente-Maritime, les traitements proposés consistent à porter une araignée entre deux coquilles d'œuf autour du cou, ou deux pattes de taupe. Arles est décimée par le paludisme en 1511.

Au XVIIe siècle, le paludisme sévit dans toute l'Europe. On dénombre 41 000 décès à Naples en 1602. En 1623, un conclave se réunit pour élire le nouveau pape Urbain VIII : 8 cardinaux et 30 ecclésiastiques meurent de paludisme. En 1628, Richelieu entre paludéen, dans La Rochelle, dont il avait fait le siège.

L'introduction du quinquina en France qui a été découvert en 1630 au Pérou est laborieuse. Sous Louis XIV, le paludisme fait des ravages. En 1658, le roi le contracte en faisant le siège de Dunkerque.

En 1660, Colbert crée la ville de Rochefort, mais le paludisme décime les ouvriers et les habitants. Grâce aux nouveaux traitements à base de quinine, le roi Louis XIV, le Dauphin et la Dauphine, Colbert, La Rochefoucauld, le maréchal de Bellefonds, la duchesse de Bouillon, Bossuet, le duc de Bourgogne, le duc de Chartres sont toutefois sauvés.

En 1685, les travaux de l'aqueduc de Maintenon sont interrompus par les fièvres comme en témoigne Saint-Simon : « La mortalité était prodigieuse parmi les ouvriers, dont on emporte chaque nuit des chariots pleins. » Même à la Cour, le paludisme est tellement répandu que Racine écrit à Boileau en 1687 : « À la Cour, on ne voit que des gens ayant le ventre plein de quinquina, et bientôt à la fin des repas, on commencera à le servir avec le café et le chocolat. » En 1682, La Fontaine écrit même un poème sur le quinquina. Au XVIIIe siècle la situation reste dramatique et Louis XV est paludéen lui-même.

En Vendée, « le climat du marais dévore ses habitants ». En Charente, le palu fait des ravages en 1740, 1743 et 1748, ce qui fait chuter la durée de vie moyenne à 18 ans !

Sur le littoral méditerranéen, de nombreuses épidémies se succèdent. À Aigues-Mortes on compte 6 paludismes mortels chaque jour.

À Frontignan, on laissait les morts sans les inhumer et à Arles plus de la moitié des habitants sont touchés. Aux étangs de Berre on compte 1 800 morts sur 5 000 habitants en 1780.

À l'intérieur des terres, le paludisme est partout, y compris au cœur de Paris. Devant la gravité de la situation, la Convention ordonne en 1793 le dessèchement de tous les étangs de la République ! En 1800, toute la France est toujours infestée. Bonaparte est atteint plusieurs fois de paludisme (1787 en Corse, 1788 à Auxonne, en 1790 en Corse, 1793 en Provence). Le danger des fièvres des marais lui sera utile. Ainsi, lors du débarquement des Anglais, en face d'Anvers alors française en 1809, il ordonne au général Clarke : « Laissez débarquer les Anglais, mais fixez-les dans les marais. Le général Fièvre combattra si bien pour nous que l'ennemi devra bientôt battre en retraite, après avoir perdu le meilleur de ses effectifs. » Les Anglais perdent en effet 27 000 hommes.

À Nantes, le paludisme provoque autant de décès que toutes les autres maladies. En Vendée, l'immense majorité de la population naît, vit et meurt au milieu des effluves paludéens. La fièvre atteint 20 000 personnes à Rochefort entre 1854 et 1857. À Bordeaux, on dénombre 12 000 malades et 300 morts lors du percement du canal des Chartreux. Dans les Landes, le paludisme réduit la durée de vie moyenne à 20 ans. En Languedoc, il y a une épidémie meurtrière en 1860. En Roussillon, la fièvre « dévore l'enfance, exténue l'âge mûr et accélère l'invasion de la vieillesse ». Dans l'Hérault, la mortalité est telle que l'on ne voit pas un homme parvenir à l'âge du service militaire. En Corse, on dénombre 80 000 cas de paludisme.

En Sologne, le nombre de décès l'emporte de beaucoup sur celui des naissances. Dans la Creuse, pendant les mois de juillet à octobre, le quart de la population au moins est affecté.

À Strasbourg, au début du siècle, 23 % des sujets hospitalisés sont paludéens. Dans les Dombes, la situation est dramatique. En 1864, un décret de Napoléon III permet l'assèchement de 6 000 hectares. La moyenne de vie passe de 20 ans en 1856 à 38 ans à la fin du siècle. Les travaux d'assèchement et d'irrigation entraînent une régression spectaculaire du paludisme. La prise généralisée de quinine y contribue également.

À Paris, éclatent plusieurs épidémies : en 1811 au Temple, à la Villette et à Pantin, lors du percement du canal Saint-Martin ; en 1840 sous Louis-Philippe lors de l'édification des fortifications ; en 1867 lors des travaux du quai de Valmy et du jardin du Luxembourg et lors du percement du boulevard Malesherbes. Au XXe siècle, la poursuite des travaux permet l'éradication totale de cette affection.

Pendant la Première Guerre mondiale on compte encore de nombreux cas en Flandres, Somme, Champagne, Provence, côte Atlantique et Bretagne. Entre les deux guerres, quelques foyers résiduels persistent : Camargue, Vendée, Flandres, Bordelais, région parisienne, Corse... Au cours de la Deuxième Guerre mondiale, le paludisme frappe encore le Roussillon, la région parisienne, en Camargue et Lille. Enfin, il faut attendre 1960 pour voir disparaître les derniers foyers de Camargue et de Corse. Deux derniers cas ont été observés en Corse en 1972 et 2006. Actuellement le paludisme en France n'est plus qu'accidentel chez les transfusés, les toxicomanes et par contamination des riverains des aéroports par les moustiques qui sortent des longs courriers. C'est bien l'homme qui a éradiqué le paludisme, car cette nature supposée si bonne avec nous, nous la combattons en réalité depuis la nuit des temps.

L'homme combat la nature depuis un million d'années et doit continuer

Le combat écologique s'accompagne désormais d'une déification de la nature qui est considérée comme bienveillante par essence. Quelle folie ! C'était horrible, quand l'homme était soumis à la nature !

En réalité, la nature peut être affreusement méchante et la grandeur de l'humanité est de la combattre. La modernité débute au moment où l'on se libère de la nature.

Seulement 3 % des Français pensent que le monde va mieux qu'avant alors que l'espérance de vie sur terre est passée de 30 ans en 1900 à 71 ans aujourd'hui. Les marchands de peur ont donc convaincu les Français que nous vivons une période infernale alors que l'existence n'a jamais été si douce que depuis que nous combattons la nature. Les lunettes, le savon, le chauffage, les vaccins, les médicaments et les toilettes ne sont pas naturels. Les maladies le sont : le cancer, la tuberculose, le sida, l'hépatite, le tétanos sont parfaitement naturels.

Certes, il y a beaucoup moins de loups devant les Deux Magots en 2020 qu'il y en avait il y a 10 000 ans, ce qui rend l'idée du loup plus sympathique qu'elle ne l'était autrefois. Les villageois du Botswana partent à la chasse aux lions quand un enfant est dévoré sur le chemin de l'école. Les Indiens sont excédés quand un tigre dévore quelques habitants. Les cobras y font 100 000 victimes par an et l'ancien secrétaire général de l'ONU, Kofi Anann, s'était d'ailleurs indigné que ce fléau n'émeuve personne.

Cela affole Jean-Pierre Riou : « À l'opposé du siècle des Lumières, de son culte de la raison, de la connaissance et du progrès, le XXIe siècle naissant affiche désormais sa défiance de la science. Au nom du dieu Nature, ce siècle marque le retour de la culpabilité de l'homme, néfaste par essence à son environnement, et sa nécessaire contrition, liée au mythe d'une apocalypse dont il serait responsable. Et l'écologie politique s'est engouffrée dans cette brèche en brandissant à la fois le spectre de la fin du monde et les délices d'un paradis perdu. »

L'écologisme est devenu un antihumanisme comme Luc Ferry l'expliquait dans *Le Nouvel Ordre écologique*. Aymeric Caron, le journaliste et militant antispéciste, prend ouvertement le parti du moustique, qui loin d'être seulement un désagrément pour les vacanciers, est avant tout « une mère qui risque sa vie pour ses enfants en devenir. Un antispéciste considère que les moustiques ont le même droit à vivre que vous et moi et que n'importe quel être vivant sur cette planète, a fortiori les animaux sensibles : ce droit à vivre concerne même les insectes ». Les Social Justice Warriors de la cause animale n'ont pas de limites.

Rendre sacré tout ce qui est non humain a une conséquence terrible : cela transforme en sacrilège la moindre intervention de l'homme sur terre. Pour parachever l'œuvre de manipulation des esprits, il est essentiel de rendre les gens aveugles à tout ce qui pourrait être interprété comme une preuve de la pertinence de l'action humaine sur terre.

Les bonnes nouvelles sont cachées

L'opinion publique est d'autant plus facilement paniquée que toutes les informations positives lui sont soigneusement dissimulées. Il est essentiel, pour que la propagande fonctionne, que tout le monde soit persuadé que nous vivions en enfer. Il faut que le tableau soit absolument noir, ne laissant nulle lueur indiquer que l'économie et la science puissent profiter à l'humanité. Le cancérologue Maurice Tubiana se désolait : « Depuis quelques années, je suis hanté par l'opposition entre les conditions matérielles de vie de plus en plus confortables, une santé, une longévité, qui s'améliorent sans cesse dans les pays industrialisés, et un pessimisme croissant qui va jusqu'à nier le progrès. »

Comme l'explique Max Roser, économiste à Oxford : « S'il vous était donné l'opportunité de choisir la période où vous pourriez naître, ce serait vraiment risqué de choisir une période autre que la nôtre dans les milliers de générations du passé. »

2019 est la plus belle année de l'histoire de l'humanité

Les écologistes parleront des koalas morts pendant les incendies australiens ou de la canicule de l'été 2019. En réalité, jamais la vie de l'humanité n'a été aussi facile. Nous assistons à la plus importante amélioration des conditions de vie que le monde ait connue. Pauvreté, malnutrition, analphabétisme, travail des enfants et mortalité infantile reculent plus vite qu'à aucune autre époque.

Tous les critères de développement humain sont au vert. Le taux de pauvreté n'a jamais été aussi bas. L'alphabétisation n'a jamais été aussi élevée. Le niveau de vie moyen est plus fort que jamais. L'espérance de vie mondiale a plus que doublé depuis 1900 et a atteint un sommet absolu. La mortalité infantile est plus basse qu'elle ne l'a jamais été. Chaque jour, 280 000 personnes supplémentaires ont accès à l'eau courante, 325 000 personnes ont accès à l'électricité et 650 000 ont une connexion Internet pour la première fois.

La mortalité par catastrophes naturelles et par maladies infectieuses est au plus bas. Entre 1931 et 2019, le nombre de victimes par catastrophes naturelles s'est effondré : 4 millions de morts en 1931, 10 000 en 2019. Compte tenu du triplement de la population depuis les années 1930, cela correspond à une division par 1 000 des victimes humaines de catastrophes naturelles. Il est fascinant de constater que les médias ont convaincu l'opinion que le réchauffement climatique s'accompagne d'une explosion des victimes de catastrophes naturelles.

Les économistes du bonheur

Les économistes et les intellectuels optimistes – Steven Pinker, Johan Norberg, Nicolas Bouzou, Matt Ridley, Bruno Tertrais, Max Roser, Jacques Lecomte, Sylvie Brunel – s'épuisent à rappeler à quel point notre présent est heureux.

Mathieu Laine explique dans la préface du livre de Johan Norberg[1] que la société sous-estime les progrès sociaux. L'Extrême pauvreté régresse, passant de 42 % de la population mondiale en 1981 disposant de moins de 1,90 dollar par jour à 10,7 % en 2013 ; l'illettrisme – l'absence de maîtrise de la lecture et du calcul malgré une instruction – est en chute libre : en 1800, 88 % d'illettrés dans le monde, en 1900, 79 %, en 2014, 15 % ; la richesse des ménages dans le monde a augmenté de 250 000 milliards entre 2000 et 2015 ; le nombre d'enfants de 5 à 17 ans ayant un travail dans le monde est passé de 246 millions en 2000 à 134 millions en 2016.

Un enfant né aujourd'hui a plus de chances d'atteindre l'âge de la retraite que ses ancêtres n'en avaient de vivre jusqu'à 5 ans.

Les seuls perdants de la révolution industrielle ont été mangés : ce sont les chevaux.

Alors que la population mondiale a été multipliée par sept, le taux de pauvreté a été divisé par dix ! Les progrès de la médecine, l'urbanisation et l'enrichissement des États ont aussi permis d'améliorer grandement la qualité de vie de tous ; en deux siècles, l'espérance de vie a doublé dans les lieux les plus pauvres, et l'illettrisme a reculé partout.

1. Johan Norberg, *Non ce n'était pas mieux avant*, Place des éditeurs, 2017.

Max Roser et Pierre Bentata[1] ont montré que les bonnes nouvelles s'accélèrent. S'il a fallu attendre cent quatre-vingts ans pour diviser par deux la part de la population mondiale vivant dans une extrême pauvreté, passant de 94 % de la population en 1800 à 44 % en 1981, moins de trente-cinq années auront suffi pour la diviser par quatre, et passer sous les 10 % en 2015. Sylvie Brunel rappelle que l'après-guerre, marquée par la globalisation, a constitué la période la plus extraordinaire de l'histoire de l'humanité. Nous vivons un bouleversement majeur dans l'histoire de l'humanité : l'accession d'un nombre toujours croissant de personnes au développement, après des millénaires de pauvreté. Chaque année, la classe moyenne s'accroît de près de 200 millions de personnes.
Johan Norberg explique : « Ce progrès a commencé par les Lumières, quand l'homme a entrepris d'examiner le monde avec les outils de l'empirisme, au lieu de se contenter de suivre les autorités, les traditions et les superstitions. Leur corollaire politique, le libéralisme classique, s'est mis à libérer les gens des chaînes de l'hérédité, de l'autoritarisme et du servage. La révolution industrielle du XIXe siècle nous a permis de triompher de la pauvreté et de la faim. Ces révolutions successives ont suffi à libérer une grande part de l'humanité des pénibles conditions de vie qu'elle subissait depuis toujours. Avec la mondialisation, à la fin du XXe siècle, alors que ces technologies et ces libertés commençaient à gagner le reste du monde, le scénario s'est répété à plus grande échelle et à un rythme plus rapide qu'auparavant. Ce serait une terrible erreur de croire que le progrès va de soi. Il y a dans le monde des forces à l'œuvre qui pourraient fort bien détruire les piliers de cette évolution : les libertés individuelles, l'ouverture économique et les avancées technologiques. »

1. www.ourworldindata.com

Plusieurs pays, comme le Kenya, ont enregistré une hausse de l'espérance de vie de plus d'un an chaque année pendant plus d'une décennie. Après avoir vécu dix années, l'habitant moyen de ces pays pouvait encore compter vivre plus longtemps qu'au début de cette décennie. L'espérance de vie a doublé en Afrique, malgré le sida.
La quantité de pétrole déversé dans les océans par les marées noires a été réduite de 99 % depuis 1970. Après que la mort des forêts européennes eut été annoncée dans les années 1980, beaucoup craignaient que les pluies acides ne transforment les espaces boisés en déserts chimiques. La chute de pollution a évité ce drame. Dans l'Union européenne, les zones d'excès d'acidification sont passées de 43 à 7 % depuis 1980, et la prolifération d'algues dans les rivières et les lacs décline. En Europe, la zone forestière augmente de plus de 0,3 % par an. Le rythme annuel de perte forestière dans le monde a ralenti, passant de 0,18 % à 0,008 % depuis le début des années 1990. En Chine, la couverture forestière augmente désormais de plus de 2 millions d'hectares par an.
Après 1870, l'Européen moyen se mit à gagner 1 centimètre par décennie, passant de 1,67 mètre à 1,79 mètre aujourd'hui.
Vers 1970, la déshydratation causée par la diarrhée tuait un enfant sur dix des pays pauvres avant l'âge de cinq ans. L'eau filtrée et javellisée est responsable de 74 % de la réduction de la mortalité infantile. Depuis 1980, la proportion de la population mondiale ayant accès à des installations sanitaires acceptables est passée de 24 % à 68 %. 2,1 milliards d'individus, soit près d'un tiers de la population mondiale actuelle, bénéficient d'un système d'assainissement depuis moins de vingt-cinq ans. Résultat de ces efforts, le nombre de morts par diarrhée est passé de 1,5 million en 1990 à 600000 en 2012.

En 1700, un tiers des enfants des régions les plus riches du monde mouraient avant 5 ans ; aujourd'hui, cela ne touche plus que 6 % des enfants des régions les plus pauvres. Dans les pays riches, 1 % des mères ne survivaient pas à un accouchement, un taux trois fois plus élevé que celui des pays pauvres en 2020. La part de l'humanité vivant dans l'extrême pauvreté est tombée de près de 90 % à moins de 10 %. Les taux d'homicide ont beaucoup baissé. Aujourd'hui, la probabilité qu'un Américain soit victime d'un homicide est deux fois inférieure à ce qu'elle était il y a vingt-quatre ans. À l'échelle du monde entier, la probabilité de se faire assassiner a baissé de 30 % en dix-huit ans. Au cours du xxe siècle, la probabilité pour un Américain de mourir dans un accident de voiture a baissé de 96 %, celle d'être fauché sur un trottoir de 88 %, celle de mourir dans un accident d'avion de 99 %, celle de mourir par le feu de 92 %, celle de se noyer de 90 %, celle de mourir par asphyxie de 92 %, et celle de mourir d'un accident du travail de 95 %. Le risque de mourir de la foudre s'est effondré de 96 %.

En 1900, 12 % de la population mondiale savait lire et écrire, nous approchons de 90 %.

La richesse par habitant n'augmenta que de 50 % entre le début de l'ère chrétienne et le règne de Napoléon. En 1820, la richesse par habitant des pays les plus riches d'Europe occidentale tournait entre 1500 et 2000 dollars C'est moins qu'aujourd'hui au Mozambique et au Pakistan. En moyenne, les habitants de la planète vivaient dans une misère noire, comparable à celle de la population actuelle de Haïti, du Liberia et du Zimbabwe.

Depuis 1950, la richesse par habitant a été multipliée par cinq en Inde, par onze au Japon et presque par vingt en Chine.

> Le progrès touche désormais la majeure partie de la planète. Un Mexicain vit mieux aujourd'hui qu'un Britannique en 1955. Le revenu d'un Botswanais est supérieur à celui d'un Finlandais à la même époque. La mortalité infantile au Népal est inférieure à ce qu'elle était en Italie en 1912, nous rappelle Bruno Tertrais.
> En réalité, les perdants de la révolution industrielle ne sont pas les ouvriers qui ont vu leur niveau de vie exploser. Les vrais perdants ont été mangés : ce sont les chevaux.

La pollution de l'air s'effondre : l'air n'a jamais été aussi pur à Paris

Un sondage IFOP montre que 88 % des Français pensent que la pollution de l'air augmente dans nos villes, seuls 3 % estiment qu'elle régresse. Emmanuel Macron a déclaré le 27 novembre 2018 : « Toutes les dix minutes, un Français meurt prématurément du fait de la pollution de l'air, et notamment des particules qui proviennent de la combustion des énergies fossiles. Cette hécatombe, c'est 48 000 décès par an, c'est plus que tous les accidents de la route, tous les suicides, tous les meurtres, toutes les noyades, tous les accidents domestiques réunis. » Ce chiffre est insensé.

La manipulation sur la pollution de l'air est dénoncée par deux experts Jean de Kervasdoué, ancien directeur général des hôpitaux, et Christian Gérondeau, fondateur de la Sécurité routière.

Les bulletins d'Airparif montrent que la pollution disparaît à vive allure de l'air de la capitale. Les six polluants qui affolent l'opinion – le SO_2, le plomb, le monoxyde de carbone, le benzène, les oxydes d'azote, les particules fines – sont en chute libre. Tout le monde a oublié que la pollution était bien plus dramatique dans les années 1950. Le grand smog de 1952, par exemple, recouvrit Londres du vendredi 5 au mardi 9 décembre 1952. Les premiers bilans avaient laissé penser que 4 000 personnes étaient mortes de ce smog, qui aurait également rendu malades 100 000 personnes, mais des recherches récentes ont montré que le nombre de morts serait, finalement, de l'ordre de 12 000.

Le smog qui est principalement dû au SO_2, gaz incolore et toxique, se transformant en acide sulfurique au contact de la vapeur d'eau, était le polluant majeur des villes. Les émissions de SO_2 en Île-de-France se sont effondrées : 200 microgrammes par mètre cube en 1960, 10 en 2000 et zéro en 2016 si bien que les enregistreurs ne décèlent plus rien depuis 2014. Les émissions de ce polluant ont disparu du fait d'une forte diminution des émissions notamment industrielles et des mesures réglementaires comme la baisse du taux de soufre dans le gasoil depuis 1996.

La disparition totale du plomb de l'atmosphère de nos villes a également été cachée par les prophètes de malheur : les enregistreurs d'Airparif ont été retirés il y a cinq ans puisque sa concentration est désormais nulle. La concentration du monoxyde de carbone a été divisée par 10, de 4000 microgrammes par mètre cube en 1995 à moins de 500.

Le benzène qui est potentiellement cancérigène a été divisé par 5 en 20 ans dans l'air parisien : 5,4 microgrammes par mètre cube en 1995, moins de un aujourd'hui.

L'oxyde d'azote coupable de troubles respiratoires a baissé de près de 50 % en quelques années : 54 microgrammes par mètre cube en 1995 contre 30 en 2016.

Les particules fines qui sont responsables des fumées noires ont chuté de 80 % depuis 1950 : 200 microgrammes par mètre cube en 1950 pour les particules de moins de 10 micromètres – les PM10 – contre 20 en 2016. Airparif admet : « Depuis la fin des années 1950, les niveaux moyens des fumées noires ont quasiment été divisés par 20 à Paris. » Airparif souligne que les teneurs de 2009 à 2017 sont les plus faibles jamais enregistrées. Cette très forte diminution est selon Airparif due à la baisse importante des émissions des suies issues de la combustion du charbon et à l'amélioration des procédés de combustion et de traitement des échappements automobiles avec la mise en place de pots catalytiques en 1993.

Depuis le Moyen Âge, Paris comme les autres grandes villes était noire à cause de l'utilisation du bois pour le chauffage et la cuisine. Dès le XIVe siècle, les cathédrales étaient devenues noires. Avec le chauffage au charbon la situation s'est aggravée au XIXe siècle. Malgré les ravalements, les façades parisiennes étaient noires alors qu'en 2020, elles n'ont jamais été aussi claires. Si l'on transportait les écologistes parisiens de 2020 en 1950, ils seraient stupéfaits !

Pour pouvoir continuer à angoisser la population le seuil d'alerte de certains polluants a été abaissé pour masquer l'effondrement de la pollution. En revanche, le taux d'ozone reste insatisfaisant.

Aujourd'hui, la concentration des principaux polluants dans l'air parisien est sur une pente très favorable même s'il faut évidemment faire mieux. La chute de la pollution explique que Notre-Dame de Paris était encore magnifique – à la veille de l'incendie de 2019 – vingt-cinq ans après son ravalement.

La folie collapsologique a convaincu les citadins qu'ils courent un immense danger au moment où la pollution atmosphérique est en train de disparaître. L'écrivain Marc Dugain déclare[1] : « J'ai quitté Paris parce qu'on était en butée. La pollution à Paris, ce n'était plus possible. J'ai un fils asthmatique, les enfants étaient malades une semaine sur deux, on ne pouvait plus respirer. »

Alors que la pollution s'effondre, les décès qui lui sont attribués ne cessent médiatiquement de croître. À propos des 48 000 décès prématurés liés à la pollution de l'air, le professeur de Kervasdoué s'est écrié « de qui se moque-t-on ? » et a montré à quel point ce chiffre est imaginaire.

L'air de nos villes n'a donc jamais été aussi pur mais cette excellente nouvelle médicale est cachée à la population.

Il s'agit bien d'un scandale politique puisque pour lutter contre une pollution atmosphérique qui ne cesse de chuter, les gens sont prêts à sacrifier le confort moderne. Les écologistes ont convaincu l'opinion que le progrès tue alors que ce sont la science et la technologie qui font disparaître la pollution. Les excellents chiffres de la pollution sont cachés pour promouvoir l'idéologie décroissantiste. De multiples responsables politiques cherchent ainsi à convaincre nos concitoyens de la nocivité d'un air pourtant devenu pur ou presque, et du caractère néfaste du monde dans lequel ils vivent.

Jean de Kervasdoué se désole que de nombreuses associations désinforment à grande échelle sans jamais être contredites par les responsables politiques, trop heureux de trouver des confirmations à leur vision négative du monde. La pollution atmosphérique nuit à la santé et il est nécessaire de la combattre. Malgré son niveau préoccupant dans beaucoup de pays du monde, l'espérance de vie progresse dans le monde de quatre mois par an ; en Chine, malgré

1. *Usbek et Rica*, avril 2019.

la pollution qui ressemble au Smog londonien des années 1950, l'espérance de vie à la naissance s'est accrue de 37 ans en un demi-siècle parce que les Chinois ont pu manger, se chauffer, boire de l'eau propre et se soigner toute activité aussi souhaitable que, parfois, polluante.

Paradoxalement, l'activité ferroviaire et surtout les systèmes de freinage sont sources de particules : les teneurs moyennes en particules dans le métro sont significativement supérieures aux teneurs relevées dans l'air extérieur, plus de 10 fois la concentration dans les rues. Les teneurs en particules de l'atmosphère parisienne ne sont désormais plus très différentes de ce qu'elles sont en forêt de Rambouillet mais elles sont en revanche 15 fois plus faibles que celles qui sont relevées sur les quais du RER... Logiquement, il faudrait interdire les transports en commun souterrains !

Mme Hidalgo, Maire de Paris a publié en 2018 *Respirer*, ainsi préfacé : « On ne mourra pas demain de la pollution, on en meurt aujourd'hui. Ne pas agir maintenant, ce serait trahir les citoyens. L'urgence de la situation rend responsable chacun de nous. C'est un engagement, concret et quotidien. C'est mon engagement. C'est l'idée que je me fais de la politique. » Des affirmations qui alimentent la panique et nient la réalité par calcul politicien.

Non, tout ne va pas de mal en pis.

La révolution verte a été fantastique

La famine était un phénomène universel et régulier, selon l'historien Fernand Braudel[1] et Steven Pinker. La France connut vingt-six famines nationales au XIe siècle, deux au XIIe, quatre au XIVe, sept au XVe, treize au XVIe, onze

1. *L'Identité de la France*, Arthaud, 1986.

au XVIIe et seize au XVIIIe. À chaque siècle, il y eut aussi plusieurs centaines de famines régionales.

Fernand Braudel rappelle les horreurs de la famine de 1630-1631 en Inde : « Abandons de femmes et d'enfants, enfants vendus par leurs parents, ou qui se vendent eux-mêmes pour survivre, suicides collectifs… Alors les affamés ouvrent les ventres des morts et des mourants et mangent leurs entrailles. Dans un village, la chair humaine se vendait sur le marché. » Dans le centre de la France, en 1662, on consomma de la chair humaine, rappelle Fernand Braudel. En Finlande, entre 1695 et 1697, près d'un tiers de la population succomba à la famine et la Suède connut le cannibalisme.

Plus près de nous, la famine chinoise sous Mao Zedong de 1958 à 1961 tua 50 millions d'êtres humains et l'espérance de vie perdit vingt ans : c'est la dernière période de cannibalisme important de l'histoire de l'humanité[1]. Les parents échangeaient leurs enfants avec les voisins de façon à ne pas manger leur propre progéniture.

Johan Norberg décrit la famine que son grand-père connut en Suède et constate que sans machines, sans chambres froides, sans irrigation ni engrais artificiel, la menace de mauvaises récoltes planait toujours et, en l'absence de moyens de transport et de communication modernes, elles étaient souvent synonymes de famine.

La « Révolution verte », dont le père, Norman Borlaug, sera couronné d'un prix Nobel de la Paix en 1970, fera disparaître les famines. Une combinaison de nouvelles variétés de céréales, de mécanisation, de fertilisants et de pesticides

1. Les banquets cannibales révolutionnaires de 1968 qui firent 421 victimes avaient des motivations politiques : la famine avait disparu en Chine.

aboutit à des augmentations de rendements considérables. L'Inde est passée de 500 millions à 1,3 milliard d'habitants, son économie a décuplé, sa production de blé a quintuplé. La Révolution verte devait épargner à des centaines de millions d'humains la famine et la mort. Le progrès scientifique a démenti le malthusianisme écologiste ; l'humanité est mieux nourrie qu'elle ne l'a jamais été.

Norman Borlaug[1] est la première personne dans l'histoire à avoir sauvé un milliard de vies humaines. Il faut aussi lui attribuer la sauvegarde d'animaux sauvages et d'espèces végétales sur 30 millions de kilomètres carrés de forêt qui auraient été labourés sans l'agriculture à haut rendement qu'il inventa.

Depuis les années 1960, la forêt mondiale n'a régressé que de 2 % car, dans les pays développés, la couverture forestière progresse. Si les 8 milliards de terriens sont nourris – parfois trop –, c'est parce que les rendements agricoles ont crû. Et ceux qui ne sont pas bien nourris ne le sont pas à cause de nos capacités techniques mais à cause des réalités politiques.

La planète pourra nourrir les 11 milliards d'êtres humains que la terre accueillera en 2100.

La production de céréales continue de croître plus rapidement que prévu. En 2019-2020, la FAO (Organisation des Nations unies pour l'alimentation et l'agriculture) annonce une augmentation mondiale des céréales produites : « Elle

1. Borlaug fut attaqué par les mouvements écologistes. Il répondit avec colère : « Certains des lobbies environnementaux des pays occidentaux sont formidables, mais beaucoup sont élitistes. Ils n'ont jamais connu la sensation physique de la faim. Ils agissent depuis leurs confortables bureaux à Washington ou à Bruxelles. S'ils vivaient seulement un mois au milieu de la misère du monde en développement, où je vis depuis cinquante ans, ils pleureraient pour avoir des tracteurs, de l'engrais et des canaux d'irrigation, et ils seraient indignés que d'élégants élitistes essayent de les en priver. »

devrait s'établir à 2708 milliards de tonnes, soit 55,4 millions de tonnes de plus que le résultat de 2018. »

Pourtant, les Prêcheurs de l'apocalypse[1] continuent de sévir, tandis que l'humanité, plus nombreuse, se porte mieux. Il y a cent cinquante ans, il fallait vingt-cinq hommes pendant une journée entière pour récolter et battre 1 tonne de céréales. Aujourd'hui, avec une moissonneuse-batteuse moderne, une seule personne peut s'en charger en six minutes. La technologie a multiplié la productivité par 2500.

L'augmentation des rendements agricoles est tellement spectaculaire que l'on produit plus sur moins de surface. C'est ce qui a permis à la forêt française de doubler sa superficie depuis 1830 !

On pourrait multiplier les exemples de bonnes nouvelles pour la nature, pour contrebalancer quelque peu celles qui concernent le recul de la biodiversité. Les grands mammifères vont mieux en France. Les loups deviennent si nombreux que les écologistes paysans comme José Bové réclament son extermination. La population d'ours des Pyrénées a triplé depuis 1990 et le Lynx qui avait disparu est désormais présent sur un vaste territoire des Vosges aux Alpes.

Les baleines ont connu une grave crise liée à la pêche industrielle. Aujourd'hui les effectifs des principales espèces de baleines sont en forte croissance mais l'opinion est persuadée que la situation s'aggrave.

Peu importe la réalité. Les populations ne voient que les rideaux de fumée des discours de mauvaise foi qui sont constamment diffusés par à peu près tous les médias. Nous

1. *Les prêcheurs de l'apocalypse. Pour en finir avec les délires écologiques et sanitaires*, Jean de Kervasdoué, Plon, 2007.

assistons à la prise de pouvoir, d'abord dans les esprits et peut-être demain dans les urnes, d'une idéologie qui désire l'apocalypse plus qu'elle ne la craint. Avec ces nouveaux gourous du « collapse », l'effondrement est moins une crainte qu'une attente.

L'ère des gourous verts : l'apocalypse dans la joie

Il y a longtemps que les gourous verts et les prophètes de malheur existent. Les années 1960 et 1970 en ont vu fleurir de nombreux. Le plus célèbre était Paul Ehrlich. L'échec sans appel de leurs prévisions a calmé les ardeurs collapsologiques pendant un temps.

Puis, une nouvelle vague est arrivée à partir de l'an 2000, à la confluence de l'écologie politique et de l'extrême gauche en quête d'un modèle après l'échec des régimes marxistes. À juste titre, Raphaël Enthoven a l'habitude de dire que le pessimisme est une facilité, un confort pour la pensée.

L'hélicologie[1]

Les donneurs de leçons sont en général peu vertueux : Jean-Jacques Rousseau qui inventa une méthode pédagogique qu'il jugeait exemplaire, abandonna ses cinq enfants.

Chacun connaît Nicolas Hulot et Yann Artus-Bertrand, qui en dépit de leur image « green » ont l'empreinte CO_2 de plusieurs centaines de Gilets jaunes. Du haut de leurs hélicoptères ultra-polluants, ils ont fait le tour du monde et se sont enrichis. Fortune faite, ils peuvent facilement

1. Ou écologie pratiquée depuis un hélicoptère.

asséner leurs leçons de vertu écologique et de frugalité aux Français moyens. Depuis la terrasse du Café de Flore, il est particulièrement élégant d'expliquer aux classes modestes vivant dans un pavillon de banlieue qu'il faut arrêter de prendre sa voiture pour aller travailler.

Une autre variante est celle du scientifique au look christique. Aurélien Barrau est un intellectuel sympathique et messianique : il est malheureusement ethno-masochiste, malthusien et illibéral. Et surtout très incohérent. Par exemple, il faut un accélérateur de particules géant pour démontrer l'existence du boson de Higgs qui permet de mieux comprendre le premier dix-milliardième de seconde après le Big Bang. Les astrophysiciens et physiciens des particules comme Aurélien Barrau utilisent des machines qui consomment une quantité incroyable de métaux rares et d'énergie : télescopes géants, accélérateurs et détecteurs de particules, satellites et sondes astronomiques… La facture d'électricité du seul CERN est astronomique : 1300 milliards de Watts-heures par an ! Si Aurélien Barrau était logique, il changerait de métier et exigerait la fermeture des anneaux du CERN, le démontage des télescopes et l'interdiction des satellites utilisés par ses collègues.

En réalité, ce gourou astrophysicien veut bien bloquer le développement de la télémédecine qui exige la 5G mais pas euthanasier son métier qui est le plus énergétivore au monde ! J'adore l'astrophysique même si sa formalisation mathématique me dépasse… mais franchement entre bloquer l'étude des trous noirs ou freiner les progrès de la télémédecine en interdisant la 5G, je pense que les citoyens privilégieront la médecine.

Aurélien Barrau devrait se méfier : les collapsologues plus extrémiste que lui vont lui interdire de travailler. On sait que la révolution dévore ses enfants : tous les révolutionnaires de 1789 ont fini guillotinés y compris Robespierre et Saint-Just. La révolution verte ne fera pas exception : les gens comme Aurélien Barrau risquent d'être les « Robespierre de la science ». Le tribunal révolutionnaire déclara en envoyant à l'échafaud Lavoisier qui était le plus grand savant du XVIIIe siècle : « La république n'a pas besoin de savants, de chimistes. » Les collapsologues diront bientôt : « La révolution décroissantiste n'a pas besoin des astrophysiciens qui produisent tant de CO_2. »

Extinction Rebellion

Les gourous prennent à présent des formes sectaires plus élaborées. Extinction Rebellion, souvent abrégé en XR, fait partie de ces groupes organisés aux techniques éprouvées. Le blogueur Vincent Glad[1] a décrypté ce mouvement notamment ses tendances New Age…

Sur Twitter, Jutta Ditfurth, cofondatrice des Verts allemands engagée dans la gauche radicale, qualifie XR de « secte ésotérique croyant en l'extinction précoce de l'humanité et recommandant le sacrifice de soi ». XR crée un certain malaise avec ses mises en scène façon Eyes Wide Shut. La « Red Rebel Brigade » est censée symboliser « le sang commun que nous partageons avec toutes les espèces ». Le programme de l'occupation du Châtelet a suscité de l'ironie chez des militants de la gauche radicale. L'Ambiance New Age insulte la gauche rationaliste : soins énergétiques, accro yoga, cérémonie de gratitude issue de la culture chamanique péruvienne…

Le concept de « Culture Régénératrice », est central dans la philosophie XR : des « sanctuaires » sont aménagés lors

1. @vincentglad

des actions de rébellion. Ces espaces sont animés par des thérapistes, guérisseurs, professeurs de yoga ou praticiens holistiques. Gail Bradbrook, cofondatrice de XR, prône la désobéissance psychédélique en ingérant des drogues à des fins politiques tandis que la branche française proscrit l'alcool et la drogue sur ses occupations.

Lorsque le fondateur de Extinction Rebellion explique odieusement que la Shoah est un point de détail, la communauté écologique n'a guère protesté. Lorsque Jean-Marie Le Pen tient le même discours, la réaction médiatique fut, à juste titre, explosive.

Ecothéologie

Ces mouvements au fonctionnement sectaire fleurissent sur le terreau fertile de l'anticapitalisme et des aspirations collectivistes. L'idéologie verte fonctionne exactement comme une nouvelle religion. La collapsologie est fondamentalement une idéologie religieuse… mais au lieu de demander pardon à Dieu, l'on demande pardon à la Nature.

L'effondrement du christianisme en Occident a ouvert la voie à ce nouveau catéchisme. Que le pape lui-même s'approprie dans l'encyclique Laudato. Le marché de la peur est florissant.

On assiste bien à la naissance d'une nouvelle religion : Greta Thunberg devient une déesse qui prétend avoir des super-pouvoirs et donc être supérieure à nous, les gens « normaux » sans super-pouvoirs. Elle a avoué : « Avant de commencer ma grève de l'école, je n'avais pas d'énergie, pas d'amis et je ne parlais à personne. Je restais assise à la maison avec un trouble de l'alimentation. Tout cela a disparu maintenant, depuis que j'ai trouvé un sens dans ce monde qui en paraît parfois si dénué et si superficiel pour plein de gens. »

« La crise écologique est la crise d'une culture qui a perdu le sens de la sacralité du cosmos », affirme le théologien Jean de Pergame. Il convient de mettre un terme au divorce entre le sacré et la Terre. « C'est pourquoi la Terre est sacrée », explique l'agroécologiste Pierre Rabhi.

Le discours environnementaliste reprend le récit de la Chute dans la Genèse : au commencement était le Paradis terrestre, les hommes ont goûté à l'arbre de la connaissance, Dieu les a chassés. C'est paradoxal et cocasse au moment où l'Europe dénie ses racines chrétiennes, et cela amuse Bruno Durieux.

La question n'est pas de savoir quelle planète nous allons laisser à nos enfants, mais de nous demander quels enfants nous allons laisser à la planète si une vision erronée de la nature et de l'humanité devient la norme, si nous nous engageons dans des choix difficiles à assumer et porteurs d'exclusions pour une partie de la population, au nom de présupposés qui n'ont aucun fondement scientifique, de menaces brandies par de faux prophètes qui nous mènent tout droit vers de nouvelles guerres sociétales. L'écologie, telle qu'elle est déclinée, s'apparente à une idéologie religieuse aussi radicale que dangereuse. Elle suscite chez ses disciples des délires de mortification qui les rendent prêts à tous les sacrifices, explique Sylvie Brunel.

Désormais, l'écologie a toutes les caractéristiques d'une religion : repentance, mortification, catéchisme, apocalypse, contrition.

Le projet de l'écologisme, est de sauver l'humanité en mettant fin à l'exploitation de la planète par l'homme. Yannick Jadot, tête de liste des Verts aux élections européennes de 2019, s'est écrié : « Je veux sauver l'Europe, je veux sauver la planète et, oui, j'ai la prétention de vouloir sauver l'humanité. »

Henry Corto Stocklé et Guillaume Vogt expliquent dans *L'Opinion* : « Nous y sommes : la terre est Dieu et l'écologie sa religion. Auguste Comte, père du positivisme, pensait déjà qu'en raison du triomphe de la science moderne sur la religion, nombreux seraient ceux qui se rabattraient sur notre planète et la vie qu'elle abrite pour donner un sens à leur existence. Ce n'est pas en stoppant nette des millénaires d'innovation allant de l'agriculture à l'aviation que tous nos problèmes se résoudront comme par miracle. Au contraire, c'est en continuant à innover que nous y arriverons. Trouver des solutions de plus en plus techniques face à des enjeux de plus en plus complexes. La science n'est pas une démocratie, tous les avis ne se valent pas et faire croire le contraire est mortifère tant pour la science que pour la vraie pensée critique en général. La terre n'est pas Dieu ! La terre est un système complexe dont la science commence seulement à entrevoir les secrets depuis son noyau jusqu'à son atmosphère et l'écologie n'est pas une religion ni même un parti politique. L'écologie est une discipline scientifique étudiant les différents écosystèmes qui nous entourent. Aurélien Barrau et Yves Cochet, scientifiques reconnus, sont devenus le symptôme d'une époque que l'on pensait révolue avec comme nouveau prophète Greta Thunberg. Cette époque où les hommes restaient suspendus à la parole d'autres hommes pour savoir que dire et que faire dans un monde aux apparences terrifiantes plutôt que de chercher et de comprendre pour le maîtriser. » Pour les sociologues, les collapsologues ont un agenda presque spiritualiste. La fin des temps est quelque chose d'affreusement jubilatoire.

Pour l'écologie, le niveau de vie occidental n'est pas moral. « Repentez-vous ! » Le devoir de pénitence est une machine de guerre. On ne dresse pas impunément des générations entières à l'autoflagellation. Le philosophe Serge Latouche affirme que « la mort de l'Occident ne sera pas nécessairement la fin du monde » mais au contraire « la condition d'épanouissement de nouveaux mondes, d'une nouvelle civilisation, d'une ère nouvelle ».

Ce virage désole l'ancien ministre de François Mitterrand Bruno Durieux : « L'écologisme est aussi d'essence religieuse. Religion, il n'a que faire, quoi qu'il prétende, des acquis de l'écologie scientifique, simples oripeaux à ses yeux. Le propre d'une religion, la foi, est d'admettre un système de pensée et de règles, sans exiger de démonstration, de preuve, ou de réalité tangible. L'écologisme est l'écologie, débarrassée de sa rigueur, transfigurée par la révélation. Nous avons affaire à une foi, une mystique, des croyances, des visions. L'écologisme est une religion jeune, dont l'expansion a été fulgurante, irrésistible, planétaire. Ses clergés se sont rapidement établis et organisés ; et ses chapelles installées et multipliées sur tous les continents. Très vite, portée par la mondialisation, la religion écologiste a pénétré les esprits, les opinions, les médias, les États, l'Union européenne, l'ONU, les grands cénacles internationaux. Condamnant l'anthropocentrisme, elle rivalise avec les religions du Livre. Elle a déjà ses saints et ses martyrs, ses croisés et ses inquisiteurs, ses pénitents, ses diables, ses mécréants et ses apostats, ses apothéoses, sa Bible. Elle a, comme toute religion influente, ses faux dévots, dévots opportunistes cherchant une couverture pour leurs propres desseins (sortir du capitalisme, conquérir un pouvoir, s'enrichir, occuper une position, etc.). Chaque jour apporte une révélation, généralement un fléau ou une calamité, accablant le peuple écologiste pécheur et l'appelant à plus de piété ; une révélation qui ajoute un verset nouveau aux livres saints. L'écologisme, bien que doté d'un bras politique, n'est pas une religion d'État. C'est une religion de la société civile, là où s'épanouissent et règnent les ONG. »

Bruno Durieux se moque des ONG : « Les ONG sont ces communautés humaines où règnent la vertu, le don, le bénévolat, l'idéal, l'altruisme, la compassion, le désintéressement, la bienveillance, la gratuité, l'esprit de service, le sens de l'intérêt général ; l'opposé du monde des entreprises travaillé par l'intérêt, le profit, le court terme, l'argent, l'égoïsme, le carriérisme, les lobbies ; l'opposé aussi des administrations publiques, soumises aux États, ces monstres froids, dépourvues de sensibilité, ne connaissant que la règle bureaucratique, ses raideurs cartésiennes et sa police ; l'opposé enfin de la société politique, où règnent le cynisme, l'immoralité, le machiavélisme ; où toute dévotion, à commencer par l'écologisme, n'est que tartufferie. Les ONG, elles, croient, disent, pensent, font le juste, le bien, le vrai ; elles ne confondent pas l'information et la propagande, la pédagogie et la communication. Ce sont les sanctuaires d'où le meilleur du clergé écologiste veille sur nous et nous enseigne. Le monde des ONG se voit comme celui des ordres religieux et congrégations chrétiennes. C'est dire leur puissance. »

Pour les collapsologues, notre futur c'est la préhistoire

Les militants progressistes Daniel Tanuro[1], Pierre Charbonnier[2] et Jérémie Cravatte[3] ont décrypté les ressorts

1. « La plongée des “collapsologues” dans la régression archaïque », www.gauchecapitaliste.org.
2. « Splendeur et misère de la collapsologie », *Revue du Crieur*, n° 13.
3. « L'effondrement, parlons-en… Les limites de la collapsologie, www.barricade.be. »

archaïques de l'écologie collapsologique qui propose de faire le deuil de la moitié de l'humanité.

Dans *Comment tout peut s'effondrer*, paru en 2014, Pablo Servigne et Rafaël Stevens créaient le concept de « collapsologie » qui est l'étude de l'effondrement écologique de notre civilisation.

En 2018, Servigne, Chapelle et Stevens signent *Une autre fin du monde est possible*. Vivre l'effondrement et pas seulement y survivre. Les « collapsologues » sont fort populaires sur les réseaux sociaux, dans des mouvances alternatives et auprès des activistes de la mouvance écologique.

L'ouvrage propose de passer de la « collapsologie » la science de l'effondrement à la « collapsosophie », la philosophie de l'effondrement.

Le fatalisme était au cœur de *Comment tout peut s'effondrer*. L'ouvrage n'offrait qu'une seule perspective : se « débrancher » du « système industriel » pour ne pas être « entraîné dans sa chute ». Toute réponse globale, toute tentative de réforme structurelle étaient considérées comme génératrices d'illusions. Même la décroissance était écartée – les auteurs lui reprochaient d'entretenir « l'hypothèse irréaliste » d'un possible évitement de l'effondrement… Pour Pablo Servigne face à l'inéluctable, il n'est d'autre issue que la construction de petites communautés résilientes, car rien d'autre ne survivra à la catastrophe.

Les auteurs affirment que nous ne sommes pas face à un problème qui appelle des solutions mais un predicament, une situation inextricable qui ne sera jamais résolue, comme la mort ou une maladie incurable.

« Avant d'agir, et même avant de proposer des pistes d'action, il y a encore des choses à comprendre et un chemin intérieur à faire. » Il faut « apprendre à vivre avec », atteindre

« l'étape de l'acceptation de l'effondrement ». Cette acceptation est « le prérequis pour repenser radicalement la politique ».

Pour répondre à l'angoisse qu'ils ont contribué à créer, les « collapsologues » s'appuient sur un travail réalisé autour de la maladie de Huntington, démence incurable, qui se révèle vers la quarantaine et entraîne une mort rapide.

Servigne, Stevens et Chapelle en tirent la conclusion qu'il faut arrêter de se battre, « car cela n'apporte pas grand-chose de constructif ».

Au grand désespoir de Daniel Tanuro, les auteurs invoquent des personnalités comme Mircea Eliade et Carl Gustav Jung.

Théoricien des religions et des mythes, le Roumain Eliade était membre avant-guerre du parti fasciste et antisémite « la garde de fer ». Après la guerre, Eliade répéta son admiration pour diverses personnalités d'extrême-droite.

Le psychiatre suisse Carl Gustav Jung a collaboré avec les nazis de 1933 à 1939 et était un antisémite notoire. En 1960, il préfaça élogieusement un livre du néo-nazi mystique Miguel Serrano qui voyait en Hitler un avatar de Wotan et de Vishnu, promis à revenir pour sauver le monde…

Une caverne archaïque où ils nous invitent à les rejoindre pour nous « ré-ensauvager » en « dansant avec nos ombres », afin de « vivre avec tous les aspects de nos vies qui nous semblent inacceptables ». Il ne s'agit plus simplement de « faire le deuil » mais de « renouer avec nos racines profondes ». Celles-ci ne sont autres que « les archétypes au sens défini par Jung, à savoir des symboles primitifs, universels, appartenant à l'inconscient collectif, une forme de représentations préétablies qui structurent la psyché ».

Carl Gustav Jung est ainsi désigné comme référence centrale de la « collapsosophie ».

De l'écoféminisme à l'éloge des « nouveaux guerriers »

Daniel Tanuro montre comment Servigne, Stevens et Chapelle semblent être arrivés à Jung en lisant certaines auteurs écoféministes. Ils plaident pour la « réconciliation hommes-femmes » et nous invitent à pratiquer à cet effet des « rituels initiatiques ». La « collapsosophie » plonge dans la régression archaïque. Les auteurs recommandent aux lecteurs mâles de suivre, comme ils l'ont fait eux-mêmes, les week-ends d'initiation du « nouveau guerrier » (New Warrior Training Adventure) organisés par le ManKind Project business mis sur pied à l'initiative de Bill Kauth.

L'entrée dans le ManKind Project commence par un week-end initiatique. Un coin du voile a toutefois été levé par des journalistes infiltrés : ils décrivent un événement très encadré, au cours duquel les participants, coupés du monde extérieur, manquant de sommeil et de nourriture, sont soumis à diverses épreuves physiques et émotionnelles rudes, visant à les « confronter à leur dépendance aux femmes » en descendant au plus profond de leur âme pour « entrer dans le royaume de la masculinité ». Jung s'intéressait à « l'âme germanique », son disciple Kauth s'intéresse à « l'âme masculine ». Le lien entre les week-ends d'initiation et les théories jungiennes sur le patriarcat ? On transformera les hommes en les amenant à retrouver les racines de leurs ancêtres préhistoriques, ces guerriers sains, droits et courageux d'avant le patriarcat. D'où la dénomination « nouveaux guerriers »… Entre autres rituels, les participants dansent donc nus la nuit dans la forêt, autour d'un grand feu, au son des tambours. Au terme du week-end, ils sont conscients de leur « magnificence d'hommes », ils « retrouvent le chemin d'un masculin sacré »…

L'effondrement conduit tout droit, à l'avenant, au cynisme, au nihilisme et aux ténèbres.

Cette vision est régressive et réactionnaire.

Une autre fin du monde se termine sur cette phrase : « Il n'y a rien d'incompatible à vivre une apocalypse et un "happy collapse". » Les auteurs n'ont pas répondu à la question clé de l'impact de cette « apocalypse » sur la population mondiale, sur les pauvres, en particulier les pauvres dans les pays pauvres… Leur ami Yves Cochet annonce que « l'effondrement » de la « société thermo-industrielle » entraînera inévitablement la disparition de 50 à 97 %, selon les interviews, du genre humain durant les années 2030. Le grand paradoxe du chemin proposé par les ultras de l'écologie, c'est qu'ils prétendent nous faire adhérer dans la joie à un programme qui n'est que larme, sueur et sang. Il est même pire que ça : leur chemin est le cul-de-sac de la civilisation.

En réalité, les écologistes sont fascinés par la fin du monde. Comme l'explique l'intellectuel écologiste Bruno Latour dans *Le Monde*[1] : « L'apocalypse, c'est enthousiasmant. » Eh bien non, le discours collapsologique n'est pas enthousiasmant ; il conduit l'Europe au suicide et nos enfants au Prozac.

1. Le 31 mai 2019.

DEUXIÈME PARTIE :

LA ROUTE VERTE EST UNE IMPASSE

Autrefois, l'écologie nous proposait de mieux vivre. Aujourd'hui, elle semble surtout préoccupée de la meilleure façon de nous contraindre. Même dans les cas où elle n'appelle pas expressément à l'éradication de l'espèce humaine, le chemin qu'elle propose est parsemé de plus d'épines que de fleurs. Il importe de réaliser les conséquences réelles, la violence et l'incohérence du projet vendu parfois avec le sourire par des zélotes verts sans cesse plus nombreux. Si le monde qu'ils décrivent est particulièrement noir, c'est pour mieux nous faire accepter des lendemains qui ne chantent plus du tout, mais ressemblent furieusement à un passé peu réjouissant.

CHAPITRE I : « 1000 FOIS LA SHOAH OU LA DICTATURE » : LE DILEMME PEU RÉJOUISSANT QU'ON NOUS PROPOSE

La Shoah – la catastrophe en hébreu – est l'extermination systématique par l'Allemagne nazie de 5 millions de Juifs, soit les deux tiers des Juifs d'Europe.

L'ombre de l'effroyable massacre plane pour toujours au-dessus de notre civilisation. Elle est utilisée avec habileté pour faire progresser l'agenda politique vert.

Tout faire pour éviter 1000 fois pire

Pour emmener les électeurs à la croisade, l'écologie politique a choisi de les terroriser. Quoi de mieux que la perspective de milliards de morts pour effrayer et soumettre les esprits ?

Les écologistes européens produisent à jet continu des prophètes annonçant la fin du monde. La militante

Fred Vargas explique qu'à 1,5 degré de plus, la moitié de l'humanité mourra du réchauffement climatique et 6 milliards à plus 2 degrés. Dans *Le Parisien*, Yves Cochet, ministre de l'Environnement de Lionel Jospin, prédit l'effondrement inéluctable de notre société : « Pour les effondristes comme moi, il y a une chance sur deux que l'humanité n'existe plus en 2050. Au lieu d'être 10 milliards en 2050, on ne sera que 2 ou 3 milliards. » Extinction Rebellion affirme que le génocide climatique tuera plusieurs milliards d'êtres humains dans les toutes prochaines années.

L'écologie politique affirme que le réchauffement climatique va produire 1 000 Shoahs.

Et pour éviter 1 000 Shoahs tout est légitime.

Un vocabulaire génocidaire

Qualifier à peu près n'importe quoi de « génocide » a deux grands avantages. Cela provoque l'attention et cela permet de justifier de l'ultra-violence devenue presque anecdotique par comparaison.

L'utilisation du vocabulaire de la Shoah aux phénomènes météorologiques est déjà ancienne comme l'a remarqué Pascal Bruckner. Michel Rocard assimilait notre passivité face au changement des températures à « un crime contre l'humanité ». Noël Mamère, député vert français, qualifiait Claude Allègre de « négationniste du climat », en référence aux négateurs du génocide juif. Rajendra Pachauri, ancien président du GIEC[1], a comparé le statisticien Bjorn Lomborg, à Adolf Hitler. Le climatologue américain de la Nasa, James Hansen

1. Groupe d'experts intergouvernemental sur l'évolution du climat.

qui lança le débat sur le réchauffement climatique aux États-Unis en 1988, accuse en 2007 les compagnies pétrolières qui tentent de minimiser l'impact climatique de « crime contre l'humanité et la nature » et identifie les trains de houille qui convoient le charbon américain aux trains de la mort de la Seconde Guerre mondiale ! Il exige devant le Congrès américain que les dirigeants des sociétés pétrolières soient « jugés pour crimes graves contre l'humanité et la nature ». Ellen Goodman, éditorialiste du *Boston Globe*, écrit en 2008 : « Les négateurs du réchauffement global sont à mettre sur le même plan que les négateurs de l'Holocauste. » « Nos enfants vont mourir dans les 10 à 20 prochaines années », explique une porte-parole de XR. Dans une interview récente accordée à Truthout, le philosophe vert Noam Chomsky estime que Donald Trump est le criminel le plus dangereux de l'histoire de l'humanité et qu'il dépasse Hitler pour ce titre.

On exige un « Nuremberg du climat » pour juger les climatosceptiques. Car douter du consensus écologique ne serait rien de moins qu'un « crime contre l'humanité ».

Le combat végan suit la même pente. Alors que des militants végans multiplient les saccages de boucheries depuis plusieurs mois, l'une de leurs porte-parole utilise le vocabulaire de la Shoah – Holocauste, déportation – pour dénoncer le traitement réservé aux animaux d'élevage. Auschwitz et la boucherie, même combat.

La porte-parole du collectif Boucherie abolition, Solveig Halloin[1], a notamment comparé le sort réservé

1. BFMTV le 26 septembre 2018.

aux animaux d'élevage à de la « déportation ». Lorsque le représentant des bouchers-charcutiers tente de calmer le jeu, la porte-parole des vegans s'emporte : « C'est pas un artisan du meurtre qui va me donner des conseils de détente. »

Sur LCI, la militante a été interrogée sur la violence des associations véganes. Quand la journaliste demande : « Est-ce que vous condamnez ces actes ? », elle répond à propos de l'élevage : « Est-ce que vous condamnez un génocide perpétuel, mondial, qui a lieu depuis cinquante ans ? » Solveig Halloin défend son « combat politique de justice sociale, le plus grand du siècle, le plus grand, sûrement, de la civilisation ». Elle s'insurge contre le retour « des camions de déportation [...] dans les camps de la mort ».

La déshumanisation et la psychiatrisation des opposants

Imposer une vision manichéenne du monde est nécessaire si l'on veut attirer tout le monde dans son camp. Il ne doit pas y avoir d'entre-deux. Comme Sartre affirmait que tout anticommuniste est un chien, tout citoyen doit être écologiste corps et âme, ou bien il est un ennemi.

L'ancienne ministre Delphine Batho assène : « Pour les citoyens, l'alternative est désormais entre l'écologie ou la barbarie. Entre les deux, il n'y a plus rien. » L'écologiste Dominique Bourg ajoute : « C'est autour de l'opposition Terriens versus Destructeurs qu'il convient donc de réorganiser la vie politique. »

Pour sauver le monde de la catastrophe, il faut réduire au silence ceux qui n'adhèrent pas à l'imminence de la fin du monde. « Plus personne de normalement cérébré ne doute de la catastrophe », explique Aurélien Barrau. Les gens qui ne croient pas à la fin du monde sont donc décérébrés. Aurélien Barrau doit être prudent : ce sont des mots qu'utilisait l'administration Brejnev au temps de l'URSS pour interner en hôpital psychiatrique les opposants et les bourrer de neuroleptiques comme s'ils étaient schizophrènes. Refuser de croire à la fin du monde serait le signe d'une pathologie mentale. La fin du monde justifie de réduire les libertés d'un peuple trop attaché au confort. Comme il le disait dans sa première tribune : « Exigeons du pouvoir politique qu'il impose le nécessaire… Forçons-les à nous contraindre à la raison. » Au lieu de compter sur les efforts des savants et des ingénieurs qui ont doublé l'espérance de vie sur terre en un siècle, on compte sur l'étouffement des libertés pour régler les crises du XXIe siècle.

Quiconque n'est pas entièrement convaincu du nouveau catéchisme vert est un ennemi du peuple qui doit être fiché comme tel. L'ancienne ministre Corinne Lepage soutient le fichage des opposants devant trois journalistes de France Inter avant la COP21 : « Moi je suis un grand défenseur de la liberté d'expression, dès lors, s'il y a des gens qui ont envie d'être climatosceptiques, c'est leur affaire. Je pense quand même qu'à un moment donné du temps, il va falloir tenir un registre très précis de tous ceux qui se seront prononcés et qui auront agi dans un contexte climatosceptique pour que, dans quelques années, ils portent la responsabilité au moins morale de ce qu'ils auront fait. » France Inter demande : Pour en faire quoi, de ce registre ? « Pour les condamner, à terme, quand même… Pas les condamner juridiquement, mais qu'ils portent la responsabilité de leurs propos, parce qu'on ne dit pas n'importe quoi n'importe comment. » […] La journaliste questionne : cette responsabilité engage la problématique du crime environnemental, ou pas ? « Je pense qu'un jour on y viendra. » Les déclarations de Lepage font frémir. Les listes d'opposants d'aujourd'hui préparent celles des condamnés de demain.

Le journaliste « hacktiviste » du *Monde*, Stéphane Foucart[1], décrit les différents groupes de climatosceptiques : « Au total, donc, on peut dénombrer quatre grandes familles de climatosceptiques. Ceux qui nient l'existence d'un changement climatique – ils sont de moins en moins nombreux tant les preuves s'accumulent de manière toujours plus écrasante. Ceux qui admettent le changement mais qui refusent d'y voir le résultat des activités humaines. Ceux qui admettent et le changement climatique et ses causes anthropiques, mais qui estiment que celui-ci n'aura pas de conséquences dommageables sur la stabilité des sociétés – voire qu'il sera globalement profitable. Ces deux dernières catégories forment le gros des troupes. Et, enfin, ceux qui admettent, pour l'essentiel, le diagnostic des scientifiques, mais qui estiment que la Terre peut être l'objet de manipulations, à plus ou moins grande échelle, capables de défaire ce qui a été fait, ou au moins d'en atténuer les effets les plus dommageables. »

Autrement dit, tout le monde est climatosceptique sauf les gens qui pensent que la fin du monde approche. Pour Foucart, penser que la science peut dans le futur corriger le

1. *L'avenir du climat. Enquête sur les climatosceptiques*. Folio, 2015.

réchauffement climatique est une preuve de climatoscepticisme.

Michel et Monique Pinçon-Charlot, célébres sociologues du CNRS, expliquent dans *L'Humanité* : « Le dérèglement climatique dont les capitalistes, qui ont pillé les ressources naturelles pour s'enrichir, sont les seuls responsables, constitue leur ultime arme pour éliminer la partie la plus pauvre de l'humanité devenue inutile à l'heure des robots et de l'automatisation généralisée. L'intelligence artificielle régnera alors sur une planète au service des riches survivants, une fois que les ouragans, tempêtes, inondations et incendies gigantesques auront fait le sale boulot. » Aucun écologiste ne s'est insurgé contre ce délire complotiste. Cela nous fait entrer dans un monde manichéen à la recherche de boucs émmissaires faciles.

Cette pensée totalitaire est troublante. Le chemin qu'elle indique n'est que trop connu : le XXe siècle en a expérimenté tous les monstrueux sentiers. L'élimination des opposants, la décrédibilisation de tout discours alternatif, la légitimation de la violence : autant de façons tristement banales de se diriger vers des régimes autoritaires ultra-centralisés se proposant de prendre en main l'intégralité de l'existence humaine. Autrement dit des totalitarismes.

Un totalitarisme repeint en vert

Cette vision du monde est un formidable levier pour imposer une société totalitaire.

Tous les signes d'un totalitarisme vert se déploient sous nos yeux : propagande massive et manipulation de la jeunesse, recul des libertés, psychiatrisation des opposants et désormais euthanasie écologique passive des inutiles.

La guerre contre la fin du monde justifie tout

Nous sommes confrontés au « plus grand défi de l'histoire de l'humanité » – titre du livre de Barrau. – « La nature aujourd'hui est mutilée, humiliée, détruite. Elle est agonisante. J'exécrerais évidemment l'avènement d'une dictature, mais si on continue à dire que chacun peut faire ce qu'il veut, on oublie le commun, nous sommes en guerre contre la fin du monde », explique Aurélien Barrau[1].

Comme le remarque la blogueuse Nathalie MP[2] : « La guerre a ceci de bien pratique qu'elle autorise tous les états d'urgence, tous les couvre-feux, tous les rationnements et toutes les mesures d'exception. C'est du reste l'une des raisons pour lesquelles l'action politique se décline de plus en plus souvent sous la forme d'une guerre impitoyable contre toutes sortes de maux épouvantables. On ne peut plus attendre, on ne peut même plus réfléchir aux dimensions du problème et aux solutions possibles, la catastrophe est déjà là ! »

Le citoyen n'a plus qu'à obéir.

La liberté est une relique inutile

L'urgence climatique impose de sacrifier la liberté. Aurélien Barrau menace : « C'est une véritable économie de guerre qu'il faut mettre en place, une économie de rationnement, d'efforts intenses qui nous sort de notre monde de confort. »

1. *Le Point*, 17 juin 2019.
2. *Contrepoints*.

Pour Aurélien Barrau, « c'est la vie elle-même qui est en train de se mourir sur la planète ».
L'homme, explique Aurélien Barrau, est une créature faible, incapable de raisonner à « l'échelle collective ».
Aurélien Barrau ajoute qu'il faudrait « des mesures coercitives impopulaires s'opposant à nos libertés individuelles ».
L'essayiste Drieu Godefridi résume la situation d'une équation : liberté = CO_2. Pour réduire à néant les émissions humaines de CO_2, il faut abolir la liberté individuelle. C'est ce que nous avons nommé l'algorithme totalitaire de l'écologisme : « Si le CO_2 humain est le problème, alors l'homme doit être contrôlé, bridé et domestiqué dans chacun de ses gestes et activités. Cet algorithme totalitaire se montre dans la littérature académique écologiste, dans les revendications des organisations écologistes, comme dans les propositions concrètes des partis écologistes, qui suggèrent, recommandent, exigent que l'homme soit en effet bridé dans chacun de ses comportements : déplacements en voiture, voyage en avion, consommation de viande, énergie, possession d'un animal domestique, euthanasie, non-soin aux personnes âgées et jusqu'à la dénatalité et des stérilisations forcées ».
Hans Jonas[1] constatait : « Au vu de la catastrophe écologique, le renoncement à la liberté individuelle est inéluctable... Il vaut mieux, écrivait-il, prêter l'oreille à la prophétie du malheur qu'à celle du bonheur. » Hans Jonas souhaitait l'avènement d'une « tyrannie bienveillante » qui emprunte au communisme sa « morale ascétique » pour sauver l'environnement.
Comment faire accepter à l'humanité sa marginalisation ? Jonas pense que : « la vérité est difficile à supporter, le pieux mensonge doit intervenir. » Il convient de mentir aux citoyens pour leur faire accepter la révolution écologiste : le mensonge est noble.

1. Théoricien de l'écologie politique.

Drieu Godefridi se désole que selon Hans Jonas, les hommes ne peuvent apprendre la tempérance et la modération, et qu'il juge nécéssaire de les leur imposer par la coercition. C'est le recours à une élite éclairée décidant pour le peuple et au nom de son bien qui doit prendre en charge les destinées humaines pour éviter la catastrophe écologique. Pour beaucoup d'écologistes, la démocratie doit disparaître au profit d'un despotisme éclairé, voire d'une dictature, car elle n'est pas capable de gérer les défis du siècle nouveau.

Une dictature bien méritée

Le journaliste Stéphane Foucart explique dans *Le Monde* du 3 janvier 2019 : l'alternative est sombre, renoncer à la forme actuelle de démocratie pour endiguer le réchauffement, ou attendre que celui-ci ait raison de la démocratie ? Dans *Libération* du 29 juillet 2018, Le climatologue François-Marie Bréon explique : « Les mesures qu'il faudrait prendre seront difficilement acceptées. On peut dire que la lutte contre le réchauffement climatique est contraire aux libertés individuelles et donc sans doute à la démocratie... » L'écologie devient réactionnaire quand elle pense que l'être humain est par nature mauvais et est responsable des malheurs de la planète et que son asservissement est mérité.

L'économiste Pierre Bentata a montré comment les prophètes de malheur incitent à des politiques autoritaires. De nombreuses études montrent que les périodes d'anxiété sociale ont tendance à accentuer le désir de soumission à l'autorité. Certains individus sont prêts à renoncer à des libertés au profit d'un sentiment de sécurité octroyé par une autorité tutélaire. Cette tendance est souvent mise à profit par des dirigeants politiques démagogues qui ont

> bien compris qu'affirmer que nous vivons dans un monde de terreur peut servir leurs intérêts. Les responsables politiques qui refusent d'entrer dans cette stratégie de la peur se font généralement critiquer par leurs adversaires ; il est bien plus risqué, auprès de l'opinion publique, de présenter objectivement les risques que de les exagérer.

Un projet plus proche de 1942 que de Woodstock

Le triste constat s'impose : la liberté n'intéresse plus grand monde. Elle est désignée comme la responsable de la plupart des maux. On est sidéré de la façon dont l'écologie militante promeut, au nom de la sauvegarde de la planète, un train de mesures liberticides qui aurait mis Staline en extase. La fin du monde justifie de réduire les libertés.

Et pourtant, que nous enseigne l'histoire ? Toujours, partout, tout le temps, la planification centrale fondée sur la contrainte et l'étouffement des libertés individuelles a abouti à des effets au mieux indésirables, au pire catastrophiques. En 1992, après la découverte des ravages écologiques des régimes communistes, Jonas admet : « Oui, c'est là l'une des plus grosses déceptions... Je pensais que les communistes étaient les plus à même de savoir s'y prendre avec la nature. »

Yves Cochet est très franc : « J'aspire depuis une quinzaine d'années à une refondation idéologique catastrophiste de l'écologie politique dans le cadre de l'Anthropocène. Il s'agit d'élaborer toute une politique dans la perspective d'un effondrement imminent du monde et de l'humanité... on peut estimer que cet effondrement est possible vers 2020 et certain avant 2030... Nous sommes dans le compte à rebours avant l'apocalypse. J'insiste : s'il m'était donné d'influencer les comportements afin que le nombre de morts des années 2020 soit de 49 % de la population mondiale plutôt que de 50 %, je serais en droit d'être fier. »

Yves Cochet a un modèle pour la France du futur. « Il faut prendre enfin au sérieux l'urgence de la situation par l'adoption, l'explicitation et la mise en œuvre de la seule issue politique viable : tout le pouvoir au local, un biorégionalisme résilient, comme au Rojava (nord de la Syrie)[1]. »

Tout est dit ! Le CO_2 est le chemin le plus court vers la fin de l'économie de marché et le modèle du futur c'est le Rojava syrien avec ses seigneurs de la guerre… Le projet vert, c'est le Moyen Âge plus les soviets…

La France, un terreau fertile pour l'écologie radicale

La France, pays de cocagne où le mode de vie est l'un des plus agréables, la cuisine exceptionnelle et les paysages magnifiques, vit dans une dépression constante. L'apocalypse serait au coin de la rue et même les Afghans sont plus optimistes ! Tous les sondages témoignent de la crainte d'une catastrophe imminente : disparition du travail, pollution mortifère, famines apocalyptiques, peurs des OGM.

Le site Novethic.fr a publié une liste des mesures à prendre pour « limiter le réchauffement climatique » : interdiction de vendre des véhicules neufs, interdiction de la publicité en ligne, limitation à 1 kg de vêtements neufs par an et par personne, habitat maximal par habitant de 30 m^2, contingentement du café, thé et chocolat, des fruits exotiques, interdiction de tout vol hors d'Europe non justifié, couvre-feu thermique entre 22 heures et 6 heures, interdiction d'avoir un jardin non potager (il faut

1. Yves Cochet, *Devant l'effondrement : Essai de collapsologie*, Les liens qui libèrent, 2019.

remplacer nos hortensias par des poireaux) généralisation du télétravail 2 jours par semaine pour tout salarié habitant à plus de 10 km de son travail », etc.

Même si le site souligne qu'il ne s'agit que d'une expérience de pensée destinée à prendre la mesure de l'urgence, le simple fait de formuler de telles idées est symptomatique d'une conviction bien ancrée chez nos Khmers verts : il n'y a de salut que par la collectivisation, la centralisation soviétoïde, la décroissance et plus généralement la fin des libertés les plus élémentaires. Pour notre bien, évidemment.

Les nouveaux habits du totalitarisme sont verts. Il ne s'agit plus seulement de critiquer le capitalisme, mais plus fondamentalement d'en finir avec le libre arbitre, perçu comme la cause essentielle d'une fin du monde proche. La solution est un encadrement de tous les comportements.

Le plus étonnant est que sur les réseaux sociaux, ce genre d'effarant projet rencontre un soutien très important. Toute critique déchaîne diverses formes de réponses violentes autour de l'idée « que nous l'avons bien mérité » et « qu'il n'y a pas d'alternative », et dans certains cas extrêmes le commentateur expliquera que ce que l'humanité a de mieux à faire serait de disparaître purement et simplement.

À la divinisation de la nature correspond un mépris revendiqué de la personne humaine. Hier on justifiait l'élimination des individus au nom du peuple. Aujourd'hui on la souhaite au nom de Gaïa. Le résultat, en termes de charniers, de famines et d'horreurs en tous genres, n'est que trop connu. La liberté n'est pas seulement une valeur passée de mode. Elle est en fait activement combattue. Jean-François Revel avait écrit avec clairvoyance : « La longue tradition des œuvres des utopistes atteste une vérité : la tentation totalitaire, sous le masque du démon du Bien, est une constante. Elle y a toujours été et y sera toujours en conflit avec l'aspiration à la liberté. »

Les intellectuels français adorent les tyrans sanguinaires.

L'avant-guerre et la collaboration ont révélé que beaucoup d'intellectuels acceptaient les invitations de Goebbels à Berlin.

Picasso a fait le portrait de Staline. Jean-Paul Sartre regrettait que la révolution française n'ait pas guillotiné assez. Michel Foucault était admiratif du régime des mollahs iraniens qui supprima les droits de femmes. Les éloges du régime des Khmers rouges de Pol Pot furent légion. Jean-Luc Mélenchon n'a pas cessé de soutenir le régime de Chavez au Venezuela.

La France est prête pour adorer les tyrans verts qu'on lui présentera.

Les rhétoriques usées qui ont fait des dizaines de millions de morts il y a moins de cent ans renaissent après avoir été hâtivement repeintes en vert. Il suffirait pourtant de stopper quelques secondes la petite musique émotionnelle qui hypnotise les bobos urbains pour qu'ils se rendent compte de l'inanité absolue des solutions prêchées par les prophètes de la fin du monde.

CHAPITRE II :
LE LOGICIEL VERT EST ARCHAÏQUE : LES FAUSSES SOLUTIONS DES ÉCOLOGISTES

Admettons que, convaincu par l'intense propagande assénée, le peuple porte à sa tête un leader décidé à appliquer l'intégralité du programme vert. Que gagnerons-nous en échange de notre liberté ? Quel type d'avenir nous préparent les gourous verts ? Il serait temps d'en prendre conscience, car une fois que leur douloureux programme aura été mis en œuvre, il sera très difficile de revenir en arrière.

Un idéal survivaliste moyenâgeux

La décroissance est une impasse. Le programme des Verts ne résoudra pas les problèmes écologiques. En revanche, il serait létal pour notre civilisation.

L'écologisme est fondamentalement et explicitement une réaction au progrès et à la croissance, une forme de détestation de la modernité. Historiquement, la pensée de gauche est d'ambition libératrice, émancipatrice, redistributrice et progressiste. Il est paradoxal de la voir côtoyer le conservatisme et la réaction écologistes. Depuis l'écroulement de la doctrine marxiste et du communisme, la gauche doit renouveler sa critique du libéralisme et de l'économie de marché ; il lui faut trouver de nouvelles références idéologiques. Il lui faut un substitut au marxisme. Elle opte pour l'écologisme qui est un gauchisme réactionnaire[1], se désole Bruno Durieux.

Masochisme vert

Au-delà de la justification du recul des libertés, l'écologie politique rivalise d'imagination pour réduire notre confort et les petites joies consuméristes. La dimension sadomasochiste est troublante. Il faut que cela fasse mal. Sans souffrance, il semble que rien ne serve.

Le programme de l'écologie politique est un incroyable concentré de mauvaises nouvelles et de fausses bonnes idées : organiser la décroissance c'est-à-dire la baisse du pouvoir d'achat ; diminuer la démographie européenne pour mieux accueillir les migrants ; diminuer la population en contingentant les soins aux personnes âgées très malades ; bloquer la plupart des technologies de pointe – OGM, nucléaire, spatial, aéronautique, numérique, 5G… –, réduire les échanges commerciaux et les transports ; limiter les libertés individuelles pour abaisser l'empreinte carbone des citoyens ; promouvoir les technologies frugales ancestrales…

1. Comme l'ont également montré Luc Ferry et Drieu Godefridi.

L'un des groupes qui soutient Greta Thunberg, *The People's demands for climate justice*, précise les objectifs. Le programme exclut toutes les mesures technologiques permettant de diminuer les gaz à effet de serre qui évitent la décroissance et la baisse du pouvoir d'achat. Seules les mesures décroissantistes sont acceptables. La recherche sur les moyens de stocker le CO_2 doit notamment être formellement interdite. Les technologies agricoles économes en CO_2 doivent également être bannies. Seule la flagellation décroissantiste est acceptable.

Les Verts sont malthusiens. À ce titre, ils refusent la recherche sur les technologies qui permettraient d'accélérer la transition énergétique : le freinage technologique est absolument incompatible avec le fait de trouver des solutions au changement climatique, lesquelles aujourd'hui ne sont pas du tout faciles à identifier. L'écologiste Bruno Latour a même proposé que l'on utilise la camisole de force contre les scientifiques favorables à la géo-ingénierie.

L'écologiste Jean-Marc Jancovici explique la peur que les nouvelles technologies énergétiques non émettrices de CO_2, comme l'énergie de fusion, lui inspirent : « Une énergie illimitée serait une catastrophe ! Cela voudrait dire que nous deviendrions tous Superman. Au moindre conflit, la Terre sombrerait dans un combat de titans ! » Aurélien Barrau pense que la découverte d'une énergie gratuite et non polluante serait dramatique[1].

La dimension religieuse judéo-chrétienne est évidente : la croissance verte et décarbonée est un péché plus grave encore que la croissance riche en CO_2.

1. Grandes conférences liégeoises, février 2020.

Les grands combats que l'humanité mène contre la nature sont mis en accusation. Les grandes avancées qui ont enfin permis d'améliorer notre sort, sont montrées du doigt.

La première grande transgression biologique a sans conteste été la vaccination contre la variole, qui s'est heurtée frontalement aux convictions religieuses de la fin du XVIIIe siècle. Le fondateur de la prestigieuse université de Yale, Timothy Dwight, qui était un théologien réputé, s'est battu toute sa vie contre la vaccination antivariolique alors même que la variole décimait les populations occidentales. Le pasteur Dwight a eu des mots définitifs pour condamner la vaccination : « Si Dieu a décidé qu'une personne donnée doit mourir de la variole, ce serait un terrible péché que de contourner et d'annuler cette décision par l'astuce de la vaccination[1]. » Pour lui, la vaccination était bien une horrible transgression à l'ordre naturel et à la loi divine.

De la même façon, toutes les techniques permettant de baisser le CO_2 sans casser la croissance doivent être interdites. Pour les écologistes, baisser le CO_2 grâce à la science revient à tricher avec la déesse Gaïa.

La jouissance est la cause de tous nos malheurs. On retrouve presque mot pour mot les interventions radiophoniques du Maréchal Pétain. Le péché écologique que le pape François met en avant doit conduire à la repentance. Le pape François demande à ses fidèles à déclarer davantage de péchés contre l'environnement : « Quand j'administre la confession – et aussi quand je le faisais avant –, c'est rare

1. Christopher Hitchens, *Dieu n'est pas grand : Comment la religion empoisonne tout*, Belfond, 2009.

que quelqu'un s'accuse d'avoir fait violence à la nature, à la Terre, à la Création. »

On criminalise les voyages avec la honte de l'avion, le flygskam, au lieu d'accélérer la recherche pour des avions plus sobres, moins polluants et à moyen terme électriques[1]. D'ici 2050, les émissions de carbone de l'aviation seront moitié moins élevées par passager qu'en 2005, grâce à la technologie et non du fait de la culpabilisation des voyageurs.

Locavorisme et veganisme sont des impasses

Dans certains cas, les recommandations peuvent être décalées, tant leurs conséquences réelles sont peu mesurées. Étant un admirateur de Jacques Attali, le Pic de la Mirandole du XXe siècle, j'ai été intrigué par sa croisade pour le Locavorisme. Dans *L'Express* du 7 mai 2019, il nous adjure de « respecter quelques principes simples » comme « ne rien manger qui ne soit produit, sainement, à moins de 150 kilomètres de chez soi » !

Imaginons, le régime alimentaire d'un Parisien – en l'occurrence Jacques Attali lui-même.

Fini le camembert (220 kilomètres de la maison de Jacques), le roquefort (665 km), le conté (400 km) sans parler du reblochon ou de la raclette. Bien sûr, il faudra consommer du jus de pomme avec le fromage puisque le pomerol est trop loin (581 km) et les bourgognes aussi (Volnay 320 km, Pommard 318 km…).

1. Les limites technologiques des batteries excluent que cela soit possible à court terme.

Je ne vous parle pas du rosé de Provence (700 km) et oubliez le cognac (485 km) et l'armagnac (711 km).

Un conseil : essayez d'acheter le vignoble de Montmartre qui produit une piquette qui vaudra de l'or.

Le champagne sera interdit pour Jacques mais les habitants de l'Est parisien pourront boire les vins de champagne les plus proches de Paris situés à Épernay.

L'eau minérale pétillante sera une nostalgie : Badoit est à 501 kilomètres de Paris et San Pellegrino à 1407.

Bien sûr, les dentistes vont être enchantés : au nord de Lyon, les agrumes seront interdits et le scorbut, qui nécrose les gencives et fait tomber toutes les dents, pourrait faire des ravages sauf à se gaver de cynorhodon et de persil.

Nos petits pleureront le jus d'orange et le chocolat ; les premiers cacaotiers sont à 4000 kilomètres. Et ils ne connaîtront jamais le riz, les premières rizières sont en Camargue (743 km).

Quel sera le substitut au thé et au café qu'on ne trouve pas à moins de 3800 kilomètres ?

Le sel et le poivre seront bannis : les premières salines sont à Guérande (453 km), et je ne vous cacherai pas que les premiers poivriers sont au Cameroun (4705 km). La carence en sel va poser quelques problèmes puisque l'iode contenu dans le sel est nécessaire à la formation des synapses pendant l'embryogenèse. Le crétinisme des Alpes qui faisait des ravages en Savoie jusqu'en 1880 a été éradiqué grâce au chemin de fer qui a amené le sel…

La crise agricole sera terrible aux Antilles qui ne vendront plus rien à la Métropole (6750 km). Finies les truffes, Sarlat est à 527 kilomètres, le Lubéron à 739 et la délicieuse truffe blanche d'Alba à 829. Le melon de Cavaillon (706 km) au jambon de Parme (983 km) sera inconnu des petits Parisiens. Cessez de fantasmer sur le nougat de Montélimar (611 km) et les calissons d'Aix (762 km).

Les cardiologues ne vont pas chômer, les premiers oliviers étant à 600 kilomètres de Paris, il faudra se rabattre sur le beurre et la crème fraîche de l'extrême est de la Normandie (Lisieux à 210 km est déjà bien trop loin) : finie l'huile d'olive ! Les côtes de bœuf du Charolais seront prohibées au nord de Dijon, tandis que la moutarde de Dijon (263 km) sera réservée aux Bourguignons.

Cela fera les affaires de Jean-François Copé, maire de Meaux (55 km) qui produit une excellente moutarde. L'hiver, Jacques mangera des rutabagas et des pommes de terre, puisque les légumes frais du Sénégal (5 161 km) seront péchés écologiques. Heureusement, j'habite Bruxelles parce que j'adore les crêpes au sarrasin à l'andouille de Guéméné (477 km) qui seront interdites à Paris.

Dans le même ordre d'idées, et en encore plus rigoureux, le véganisme appliqué à tous aurait des conséquences dramatiques pour la France. Les fille-mères étaient mises au ban de la société en 1880, en 2020 ce sont les mangeurs d'entrecôte. Le véganisme exclut la viande, le poisson, les crustacés et coquillages, les produits laitiers, les œufs et le miel ainsi que la consommation de tout produit issu des animaux, de leur exploitation (laine, cuir, soie...) ou testé sur eux (médicaments...).

Sur le plan nutritionnel, le régime végan, qui n'autorise donc que les fruits, les légumes, les champignons et les céréales, n'est pas forcément dangereux mais son équilibrage est assez complexe. Mieux vaut être docteur en biologie pour éviter toute carence notamment chez les petits.

Imaginons un monde où le véganisme serait généralisé : les conséquences sociales, économiques, culturelles et médicales seraient désastreuses. La physionomie du littoral serait bouleversée : les ravissants ports de pêche avec leurs petits bateaux colorés qui font le charme de Saint-Jean-de-Luz ou Douarnenez disparaîtraient en créant une crise économique majeure dans les villes portuaires.

Le bannissement des crustacés et coquillages modifierait radicalement le bassin d'Arcachon et l'ensemble des bassins ostréicoles. Accessoirement, la gauche caviar devrait changer de nom puisque les œufs de poisson seraient interdits. Les montagnes dépériraient à vive allure parce que l'élevage et la production de fromage et de produits laitiers sont la seule agriculture possible lorsque les terrains sont en pente ou que le temps est froid. Le maïs et le blé ne poussent pas à 1 500 mètres d'altitude. La disparation de l'industrie laitière et fromagère bouleverserait des régions entières où l'exode rural serait massif : les fabricants de roquefort ou de reblochon devraient quitter leurs montagnes.

Sans animaux, nos paysages perdraient leur identité : la Normandie sans vache, ce n'est plus la Normandie. Les alpages et les prairies deviendraient des landes disharmonieuses et la fin des ruches modifierait les écosystèmes végétaux.

La mode française serait handicapée par l'interdiction du cuir, de la soie et de la laine. Logiquement, la gastronomie française serait condamnée à mort puisque tous ses plats emblématiques disparaîtraient. La choucroute, la potée, la bouillabaisse et l'aïoli, les soufflés, le cassoulet, la côte de bœuf, la poule au pot et la poularde, le pot-au-feu, la pipérade basque, le bœuf bourguignon, les crêpes, le far breton, la raclette et la fondue savoyarde, la quiche lorraine, le coq au vin, le foie gras, les gougères, les escargots, le gratin dauphinois, la blanquette de veau, le poulet frites ainsi que la quasi-totalité des pâtisseries... seraient bannis sur-le-champ.

Les médicaments testés sur des animaux sont interdits par le véganisme : or, 100 % des médicaments sont testés sur des animaux ! Un nouveau médicament contre la leucémie infantile est d'abord essayé sur des animaux et non sur nos enfants. Un pourcentage très élevé des médicaments voit leur développement arrêté après la découverte d'effets toxiques graves voire mortels pendant l'expérimentation animale. La médecine végan serait donc bouleversée par l'interdiction des tests sur animaux puisqu'il faudrait expérimenter les médicaments sur des cobayes humains ce qui entraînerait un nombre incalculable de morts.

Le véganisme est acceptable tant qu'il se limite à quelques bobos militants. Sa généralisation créerait un monde étriqué, triste et moche. Conduit avec rigueur par des gens bien informés, le régime végan ne conduit ni à la maladie ni à la mort, mais il détruirait la France telle que nous la connaissons. La mort des terroirs, l'abandon des montagnes et la fermeture des ports de pêche tueraient l'âme de la France. Derrière un discours bienveillant, le véganisme une idéologie dangereuse.

La décroissance, on a essayé entre 1940 et 1944

Une majorité de Français souhaite la décroissance. Selon un sondage Odoxa, 54 % des Français pensent qu'il faut changer fondamentalement notre mode de vie, nos déplacements et réduire drastiquement notre consommation pour résoudre les questions écologiques.

Les Français ont la mémoire courte : nous avons déjà connu la décroissance. Entre 1941 et 1944, nous avons un formidable laboratoire de la décroissance : la richesse par habitant a baissé de 30 à 40 %. Tout était rationné : alimentation, tissu, produits industriels, transports.

L'occupation allemande entraîne la fin des échanges commerciaux, ce qui fait chuter la croissance économique, affaiblit le pouvoir d'achat et ouvre une période de pénurie. La vie est rythmée par les cartes de rationnement. Des décrets imposent la fermeture des pâtisseries et l'interdiction de la vente d'alcool. La ration journalière individuelle moyenne est de 250 grammes de pain, 25 grammes de viande, 17 grammes de sucre, 8 grammes de matière grasse et 6 grammes de fromage.

En 1943 et 1944, par manque de farine et de combustible la fabrication de pain est difficile, ce qui rend la carte de pain inutile. Les rations deviennent faméliques, de 1230 calories en moyenne par jour dans les grandes villes en 1941 elles tombent à 1 100 calories en 1942. Début 1944, dans l'Ouest chaque adulte a droit à 12 grammes de viande et 3 grammes de beurre par jour, un œuf tous les 15 jours et 10 grammes d'huile par mois.

On cultive sur les balcons et dans les cours. Les jardins de l'avenue Foch sont transformés en zone agricole.

Des tickets sont nécessaires pour obtenir tissus, vêtements, laine, chaussures. Faute de cuir, pour faire durer les vieilles chaussures on posait des semelles de bois fixées par des clous ; les chaussures étaient parfois taillées dans de vieux pneus de voiture.

La décroissance affamait les couches populaires mais les collabos y échappaient. L'écrivain Jean-François Dominique raconte les dîners fastueux chez Henri Louis Chamberlin, dit Henri Lafont, le chef de la Gestapo française installé au tristement célèbre centre de torture de la rue Lauriston : « Les fameux dîners du vendredi. Le Tout-Paris mondain accumule les bassesses pour y être invité. La chère y est toujours succulente en ces temps de disette : caviar, saumon, volailles fines, viandes de choix, fromages affinés sont servis à profusion. Les vins les plus rares coulent à flots. » Seuls les collabos, et légitimement les médecins, avaient des tickets d'essence.

La baisse du pouvoir d'achat et de la production fait chuter la qualité de la médecine. Faute d'argent, les malades psychiatriques étaient abandonnés et mouraient de faim.

À cause de la décroissance, les Français grelottent d'autant plus que les hivers de la guerre sont parmi les plus froids du XXe siècle en Europe de l'Ouest. La « collaboration horizontale » permettait aux femmes de récupérer des victuailles ou des tickets de rationnement auprès de leurs amants de la Wehrmacht et d'échapper aux restrictions. Un million de Français de 2019 sont issus de ces unions sexuelles temporaires qui furent davantage alimentaires que sentimentales : le chanteur Gérard Lenorman a découvert à l'âge de quarante ans qu'il était le fruit d'une telle union.

La décroissance attire 54 % des Français : ils ne réalisent pas que cela signifie en réalité baisse du pouvoir d'achat. La décroissance et le rationnement font fantasmer l'écologie politique. Le philosophe écologiste Serge Latouche propose une grève de la consommation : « Et si, paradoxalement, l'âge d'or du rationnement était devant nous ? Et si le rationnement, de conjoncturel, devait devenir demain la règle de vie ? Et si le rationnement était non seulement une exigence pressante pour éviter des solutions pires encore comme la loi de la jungle ou la fuite en avant technoscientiste pour trouver des solutions, mais encore une opportunité à saisir pour arriver à mieux vivre ? Et si le rationnement, au lieu d'être une contrainte subie ou même librement consentie, devenait l'occasion d'inventer un autre type de société ? »

La médecine serait dramatiquement impactée : si la richesse nationale baisse, comment paierait-on les nouvelles chimiothérapies anti-cancéreuses qui coûtent entre 60 000 et 500 000 euros par an et par malade ? Comment financerons-nous les nouveaux traitements contre la myopathie (1,7 million de dollars par patient) ou contre la cécité (850 000 dollars par patient) ? La société française ne résisterait pas à la décroissance : nous aurions rapidement une révolution modèle 1793.

Les Verts construisent un toboggan pour Marine Le Pen

Le chaos créé dans les esprits par les délires verts prépare l'avènement d'un changement politique radical.

La gauche a cessé d'être favorable au progrès au tournant des années 1990. Tout bronzé à son retour de Grèce, le candidat du Parti socialiste aux Européennes, Raphaël Glucksmann, a expliqué sur France Inter que les week-ends à Barcelone seraient désormais très chers et donc réservés aux riches. Convaincre les classes populaires qu'il faut vivre une vie frugale semble bien plus facile que de se battre pour augmenter la croissance. Pour la tête de liste socialiste aux élections européennes de 2019, l'avenir est clair : vendons la noblesse de la pauvreté aux Gilets jaunes et réservons les Paris Barcelone à la gauche caviar. Il faut reconnaître que répéter « on va tous mourir » est plus simple que d'expliquer comment lutter contre le leadership technologique chinois pour maintenir le pouvoir d'achat des Gilets jaunes !

Le 14 mars 2019, Jean-Luc Mélenchon s'est enthousiasmé des conséquences de l'interdiction du glyphosate : « C'est une bonne nouvelle, cela va créer beaucoup d'emplois. » Nicolas Hulot s'est félicité de cette même perspective. Ce serait un désastre pour les paysans et un immense marché pour les chirurgiens orthopédistes : le désherbage manuel est le plus court chemin vers l'arthrose du genou... Il semble difficile de croire que ce programme proposant non plus aux pauvres d'améliorer leur vie mais aux classes moyennes de vivre comme les pauvres recueillera l'adhésion des électeurs. Alfred Sauvy répondit à un ministre qui, passant devant des bulldozers, regrettait les emplois supprimés par rapport au temps de la pelle et de la pioche : « Monsieur le ministre, il y aurait encore plus d'emplois sauvegardés si le travail se faisait à la petite cuillère. » On pourrait rajouter : « mais avec des salaires de misère, ou avec l'impossibilité d'entreprendre ces travaux avec les salaires actuels, donc la destruction totale des emplois ».

Sur Europe 1, Fanny Agostini milite pour le retour du cheval de trait qui lui semble être un vrai atout pour l'agriculture : « L'exemple actuel à Cuba peut nous donner un aperçu. Aujourd'hui 100 % du transport de nourriture des paysans vers les habitants se fait à cheval. » C'est effectivement la meilleure méthode pour que nos agriculteurs aient demain le niveau de vie des Cubains…

Le sondage IFOP pour le *JDD* d'octobre 2019 créditait Marine Le Pen de 45 % des voix au second tour de la présidentielle de 2022 : elle est aux portes du pouvoir. Tout faux pas de la majorité peut désormais l'amener à l'Élysée. Or, Emmanuel Macron est tombé dans le piège vert. Il pense à tort que la prochaine élection présidentielle se jouera sur l'écologie.

Du coup, La République en Marche se perd dans une vision anticonsumériste. La lutte contre le CO_2 est le meilleur argument pour renforcer l'État Nounou. L'infantilisation des Français théorisée par Mathieu Laine dans « La grande Nurserie » se poursuit à vive allure. La croisade lancée par la ministre Élisabeth Borne, contre le Black Friday a montré le mépris des élites macronistes pour la consommation populaire. Consommer moins est devenu le cœur du message gouvernemental.

En réalité, cette stratégie verte renforce considérablement Marine Le Pen. L'écologie politique agite trois chiffons rouges pour ceux qui sont tentés par l'expérience Le Pen : la volonté décroissantiste de baisser le pouvoir d'achat à des fins environnementales, le combat intersectionnel et la promotion du grand remplacement. Autant de raisons qui pourraient pousser bien des électeurs de sauter le pas.

Convaincre les Français que le macronisme est synonyme de baisse du pouvoir d'achat serait tragique. Les nouveaux « Damnés de la terre » qui sont secoués par le tsunami technologique sont spontanément attirés par Marine Le Pen. Au moment où l'économie de la connaissance affaiblit ceux qui sont mal préparés à l'économie du big data, il est suicidaire d'expliquer que l'objectif ultime du macronisme est de brider la consommation populaire. Par ailleurs, la politique environnementale et énergétique est payée *in fine* par les Français modestes pour un résultat plus que modeste. Nous dépensons 7 milliards d'euros par an pour subventionner des éoliennes et panneaux solaires que nous importons principalement de Chine et dont le bilan CO_2 est déplorable. Les Gilets jaunes nourrissent les lobbies verts au détriment de leur pouvoir d'achat, ce qui les pousse à la révolte[1].

Les collapsologues surestiment l'acceptation par le corps social d'une politique de réduction du CO_2 passant par la décroissance. On a vu ce que produit une toute petite baisse du pouvoir d'achat des Gilets jaunes induite par la taxe carbone : on imagine ce que donnerait une baisse de 30 à 50 % du pouvoir d'achat des classes populaires que les adeptes de Greta Thunberg réclament. Sa victoire idéologique amènerait les extrêmes au pouvoir ! Le piège politique est renforcé par le fait que ce sont les catégories soiciales défavorisées qui sont le plus convaincues par les thèses effondristes. 73 % des sans diplômes sont convaincues de l'effondrement. Le discours collapsologique renforce le Rassemblement National.

1. Et la population n'a pas réalisé que l'électricité est désormais taxée à 55 % pour financer les éoliennes et panneaux photovoltaïques totalement inutiles en France.

Face à notre perte de vitesse économique, nous découvrons avec stupéfaction que des pays autoritaires offrent plus de sécurité, une meilleure école et un niveau de vie supérieur. Le jour où les Français comprendront que les habitants de Singapour ont le double de leur niveau de vie… ils demanderont des comptes à la classe politique. Bien sûr, la haute bourgeoisie préfère la démocratie libérale… mais les électeurs de Mélenchon et de Le Pen préféreront – hélas – un régime fort qui mise tout sur la science et leur donnerait un haut niveau de vie et de sécurité !

Par ailleurs, les discours antiscientifiques aliènent le soutien des zones rurales au pouvoir. La diabolisation du glyphosate par le gouvernement pour faire plaisir aux écologistes a désigné les agriculteurs comme étant des assassins environnementaux. À quoi bon se fâcher avec les agriculteurs alors qu'abandonner le glyphosate handicape l'agriculture de conservation des sols et impose de revenir au labour qui est écologiquement néfaste ? Le Président ne cesse d'écouter les prêcheurs de l'apocalypse qui démoralisent les Français, cachent que la France est vertueuse sur le plan environnemental et poussent à maltraiter les « petits blancs » des zones rurales et périurbaines. Le Président laisse les Ayatollahs verts lâchement soutenus par certains ministres opportunistes et incompétents en sciences gonfler le poids électoral du Rassemblement National au lieu de réaffirmer que grâce au nucléaire la France est un pays leader en émission de gaz à effets de serre par unité de richesse produite.

Ensuite, le déplacement du discours de Greta Thunberg de la lutte contre le CO_2 vers le gauchisme intersectionnel rend encore plus illusoire toute tentative de séduire l'écologie politique sans s'aliéner une grande partie des classes moyennes populaires, ni renforcer le Rassemblement National. « Le système d'oppression patriarcal, colonialiste et raciste a créé et alimenté la crise climatique. Nous devons le démanteler », a-t-elle écrit le 29 novembre 2019. L'icône suédoise est passée à un discours que les Indigènes de la République ne désapprouveraient pas : aux yeux de l'électorat, ce glissement ne peut que légitimer un peu plus les positions d'Éric Zemmour et favoriser le Rassemblement National.

Enfin, les écologistes œuvrent à convaincre que le grand remplacement est un projet réel et non une théorie complotiste. Dans *L'Obs* du 3 janvier 2019, l'ancien ministre de l'Environnement Yves Cochet explique : « Ne pas faire d'enfant supplémentaire, c'est le premier geste écologique. Les pays riches sont les premiers à devoir décroître démographiquement et la limitation des naissances nous permettrait de mieux accueillir les migrants qui frappent à nos portes. » L'égérie des bobos verts, l'astrophysicien Aurélien Barrau défend une vision proche : « Les pays à haute croissance démographique sont plutôt des pays pauvres et on imagine aisément la forme de colonialisme que représenterait le fait de leur imposer un mode de vie orthogonal à leurs attentes ».

Les Occidentaux doivent prioritairement décroître démographiquement, confirme Antoine Bueno[1] : « Bonne nouvelle pour la planète, la France fait moins d'enfants. Du point de vue du réchauffement climatique, la naissance d'un Américain ou d'un Français est une bien plus mauvaise nouvelle pour la planète que la naissance de dix

1. *Le Point*, 18 janvier 2020.

Nigérians. Depuis cinq ans, le nombre de naissances françaises ne cesse de chuter. Et c'est une excellente nouvelle pour la planète ! »

De fait, les écologistes sont ethnomasochistes : ils proposent la disparition de la civilisation occidentale pour laisser la place aux migrants. L'écologie politique euthanasie le macronisme ; les ayatollahs verts travaillent ainsi inlassablement à l'élection de Marine Le Pen.

Des jeunes déclarent sur les réseaux sociaux : « Je ne veux pas faire d'enfant, pour diminuer mon empreinte CO_2... » C'est désolant puisque – hors immigration – la population s'effondre en Europe contrairement à l'Afrique qui va dépasser 4 milliards d'habitants à la fin du siècle. L'ONU prévoit que le Nigéria, grand comme le Texas, va atteindre 740 millions d'habitants... L'urgence n'est pas de pousser les adolescents européens à se faire stériliser, c'est de les convaincre de faire plus de bébés et de promouvoir le planning familial en Afrique subsaharienne.

Le carbone devient l'équivalent de la volonté de Dieu autrefois : la raison ultime qui peut tout justifier, qui légitime le clergé qui se réclame de lui et entreprend de régenter nos vies.

Jusqu'où ira la chasse au carbone ?

Toute activité humaine produit du CO_2 : respirer, manger, bouger, construire, enfanter ! La réglementation du CO_2 permet donc de contrôler toute activité humaine.

Le fameux climatosceptique Richard Lindzen[1] paraphrase George Orwell et sa fameuse devise de 1984 : « Celui qui contrôle le passé, contrôle le futur. Celui qui contrôle le présent a le contrôle du passé. » Pour Lindzen, cela devient : « celui qui contrôle le carbone, contrôle la vie ! ». En régulant nos émissions de CO_2, on peut réglementer chaque aspect de notre vie puisque chacune de nos activités, de nos plaisirs produit du CO_2. Une lutte irréfléchie contre le CO_2 est l'instrument idéal d'une dictature implacable. Le Gosplan du CO_2.

C'est le rêve ultime du bureaucrate. Jean-Luc Mélenchon en appelle à la planification écologique. Cela lui donnerait un contrôle de chaque instant sur nos vies ! Dire que la lutte contre le réchauffement climatique est la porte ouverte à la dictature n'est pas une provocation inutile : c'est la terrible réalité.

Il faut se méfier d'un monde où posséder un Border Collie est un crime écologique, regarder une vidéo porno un attentat contre l'avenir, manger une entrecôte un péché envers Gaïa et où les agriculteurs deviennent des assassins.

Manger son chien et réduire le sexe

L'empreinte carbone d'un chien est deux fois supérieure à celle d'un Land Cruiser qui parcourt 10 000 kilomètres par an comme l'expliquent les professeurs Brenda et Robert Vale de l'université de Victoria, architectes spécialisés dans le développement durable qui ont publié *Est-il temps de manger le chien ? Le vrai guide pour une vie responsable*.

1. Lindzen est un climatosceptique assumé.

Les chercheurs ont analysé l'empreinte carbone des animaux domestiques en prenant en compte leur alimentation et la surface agricole nécessaire à leur fabrication. « L'impact annuel d'un berger allemand ou de chien de taille similaire est le même que celui de conduire une grosse voiture », explique Brenda Vale. Leur étude, publiée dans le *New Scientist*, a montré qu'il fallait 0,84 hectare pour produire la nourriture annuelle d'un chien. Le *New Scientist* a demandé à un chercheur du Stockholm Environment Institute de York de refaire les calculs. Il a fait remarquer que « posséder un chien est vraiment un luxe, notamment à cause de l'empreinte carbone de la viande ».

Selon les chercheurs, l'empreinte carbone d'un chat est nettement inférieure à celle d'un chien, mais représente quand même l'équivalent de celle d'une Golf.

Les hamsters sont plus écolos, soit l'équivalent d'un écran de télévision. Mais l'animal de compagnie le plus éco-responsable est le poisson rouge, avec une empreinte équivalente à deux téléphones portables. Pour les deux universitaires écologistes, manger le chiot juste après sa croissance est donc un geste hautement éco-responsable.

Un autre geste souhaitable pour l'environnement serait de réduire les pratiques sexuelles. Le sexe est catastrophique en matière d'empreinte carbone. Il génère des bébés qui ont une empreinte carbone désastreuse sur une vie entière depuis que la mortalité infantile s'est effondrée. L'acte sexuel lui-même produit beaucoup de CO_2 à cause de l'effort physique. Par ailleurs, le sexe on line est également catastrophique : les services et infrastructures permettant le streaming de vidéos en ligne produisent 300 millions de tonnes de CO_2 par an, ce qui représente 1 % des émissions de dioxyde de carbone mondiales. Les services de vidéo à la demande tels que Netflix représentent un tiers des émissions. Le visionnage de vidéos pornographiques génère chaque année autant de CO_2 que des pays comme la Belgique et deux fois plus que la Suisse, émettant environ cent millions de tonnes de CO_2 par an.

Le groupe écologiste français The Shift Project, fondé par l'écologiste Jean-Marc Jancovici, a réalisé cette étude. Allant plus loin dans les restrictions, le magazine *We demain* propose même aux adolescents de cesser de se laver pour sauver la planète...

La haine de l'humanité n'est jamais loin

Luc Ferry a montré combien l'amour de la Nature peut parfois cacher la haine de l'homme. Convaincu que la terre doit passer avant l'homme, le célèbre anarcho-écologiste Theodore Kaczynski dit Unabomber réalisa une série d'attentats meurtriers. Le Manifeste d'Unabomber, *The Road to Revolution*, constitue une bible de la radicalité verte. Unabomber expliquait en 2009 : « Un petit désastre maintenant en évitera un plus grand à l'avenir. »

Steven Pinker s'insurge : « Comme de nombreux mouvements apocalyptiques, le fondamentalisme écologique est empreint de misanthropie, avec notamment une indifférence à la famine, la tendance à se complaire dans des fantasmes macabres d'une planète dépeuplée, et un penchant pour des comparaisons rappelant le nazisme et associant les êtres humains à des parasites, des agents pathogènes ou à un cancer. »

Pour les écologistes antispécistes comme Peter Singer, il n'y a pas de différence entre l'homme et les animaux. Ils ne doivent faire l'objet d'aucun test en laboratoire : il vaut mieux les effectuer chez des nourrissons ou des handicapés mentaux.

Que faire face à la souffrance des proies à la merci de leur prédateur ? Les antispécistes considèrent que la nature est mal faite et proposent de castrer les prédateurs, de modifier leur génome afin de supprimer le désir de manger de la viande ou encore de les tuer, pour sauver un plus grand nombre de proies. Pierre Bentata s'étonne que, partant d'une posture égalitariste entre humain et animal, les antispécistes deviennent ainsi les maîtres absolus du règne animal. L'antispécisme inspire des groupes d'activistes comme le Front de libération des animaux, qui a envoyé des lettres piégées au Premier ministre britannique.

C'est le philosophe norvégien Arne Næss qui, au début des années 1970, posa les bases de cette réflexion radicale sur la place de l'humanité dans son environnement. Depuis, les groupes anthropophobes se sont multipliés.

Certains écologistes prônent l'arrêt de la reproduction de l'espèce. John Holdren, le conseiller scientifique du président Obama, fut un temps favorable à l'établissement d'un gouvernement mondial qui pourrait recourir massivement à la stérilisation forcée pour réduire la population humaine.

Pour les écologistes radicaux, l'humanité est un cancer sur terre. L'Église de l'euthanasie préconise que nous nous suicidions tous pour laisser une Nature immaculée. Son mot d'ordre est simple : « Économisez la planète, suicidez-vous ! » Cette Église, reconnue officiellement aux États-Unis, propose l'humanicide contre l'écocide. D'autres activistes antihumains sont regroupés au sein du VHEMT (Volontary Human Extinction Movement) qui appelle les humains à s'abstenir de se reproduire pour provoquer l'extinction de l'Humanité afin d'éviter la détérioration environnementale. Le VHEMT a été fondé en 1991 par L.U. Knight, un militant écologiste américain qui s'est lui-même fait stériliser.

Le Front de libération de Gaïa, par exemple, incite ses adeptes à pratiquer le suicide ou l'avortement afin de réduire la menace humaine. Ce genre de groupes condamnent l'industrie pharmaceutique et la médecine qui prolongent la vie de la gangrène humaine. Gerald Bronner rappelle que Dave Foreman, le fondateur d'un groupe appelé « Earth First ! », explique à propos des famines africaines : « Le pire que l'on puisse faire en Éthiopie serait d'aider les indigents. Le mieux serait de laisser la nature trouver son propre équilibre, de laisser les gens là-bas mourir de faim. »
Le philosophe Pierre Latouche[1] a étudié les groupes écologistes anti-humains.
William Stanton, auteur de *The Rapid Growth of Human Population*, est alarmant : « Le scénario de réduction de la population avec la meilleure probabilité de succès, selon Stanton, doit être darwinien dans tous ses aspects, avec aucune des sensibleries qui ont dorloté la seconde moitié du XXe siècle dans un brouillard épais de politiquement correct. » « L'immigration est interdite. Les arrivants non autorisés sont traités comme des criminels. L'avortement ou l'infanticide sont obligatoires si le fœtus ou le bébé s'avèrent très handicapés (la sélection darwinienne élimine les inaptes). Quand, par l'âge avancé, par un accident ou une maladie, un individu devient plus un poids qu'un bénéfice pour la société, sa vie est humainement arrêtée. Le plus grand obstacle dans le scénario ayant le plus de chance de succès est probablement la dévotion inintelligente du monde occidental pour le politiquement correct, les droits humains et le caractère sacré de la vie humaine. Aux sentimentalistes qui ne peuvent pas comprendre le besoin de réduire la population de Grande-Bretagne de 60 millions à environ 2 millions sur cent cinquante ans, et qui sont outrés par la proposition de

1. *Vers une société d'abondance frugale*, mille et une nuits, 2011.

remplacement des droits humains par une froide logique, je pourrais répondre : "Vous avez eu votre temps." »
M. King, un des responsables des stratégies démographiques : « Essayez le planning familial, mais si cela ne marche pas, laissez mourir les pauvres parce qu'ils constituent une menace écologique. »
Vers 1950, William Vogt prône une réduction drastique de la population : « Une guerre bactériologique à grande échelle serait un moyen efficace, si elle était énergiquement menée, de rendre à la Terre ses forêts et ses pâturages. » C'est la « solution finale » du problème écologique.
Paul Watson de l'ONG Sea Shepherd Conservation Society a écrit : « Nous devons radicalement et judicieusement réduire la population humaine à moins d'un milliard d'individus. Il faut pour traiter un organisme du cancer une thérapie radicale et invasive, guérir la terre du virus humain nécessitera également une approche radicale et invasive. »
Certains écologistes français militent pour la disparition de l'humanité. C'est le cas de l'ancien assistant du commandant Cousteau, Yves Paccalet, qui fut tête de liste lors des élections régionales de 2010 pour Europe Écologie Les Verts. Dans *L'Humanité disparaîtra, bon débarras !*, il considère que l'humanité est un cancer pour la planète et doit être éliminée par tous les moyens possibles.

Euthanasie écologique

Une lutte irraisonnée contre le carbone pourrait avoir des conséquences graves.

Interrogé sur sa vision, l'écologiste Jean-Marc Jancovici affirme dans le magazine *Socialter* : « Le premier point est de limiter dès que nous pouvons la croissance démographique. » Il explique : « Dans les pays occidentaux il y a un premier moyen de réguler la population de façon raisonnablement indolore. Ne pas mettre tout en œuvre pour faire survivre les personnes âgées malades à l'image du système anglais qui ne pratique, par exemple, plus de greffe d'organes pour des personnes de plus de 65 ou 70 ans. On en revient à ce que disait Georgescu-Roegen : tous les moyens qu'on va dépenser pour faire vivre des vieilles personnes dans de très mauvaises conditions c'est autant de moyens que vous ne mettez pas à disposition des jeunes pour trouver leur place dans un monde plus contraint. C'est un peu brutal mais ça me paraît être un moindre mal par rapport aux autres modes de régulation que nous avons connus : la famine, la maladie, et le conflit en ce qu'il augmente la maladie et la famine. »

Derrière la défense des papillons, on découvre que l'écologie politique devient inhumaine. Le droit au suicide assisté quand le patient le demande alors qu'il est en situation désespérée ne doit pas être confondu avec l'euthanasie économico-écologique que proposent certains écologistes. Je suis favorable à ce qu'un citoyen puisse demander à finir une vie qui ne lui apporte plus de plaisir mais je suis révolté qu'on ne finance pas les soins d'une grand-mère très malade mais heureuse de vivre pour voir grandir ses petits-enfants.

L'interview de Jancovici est inquiétante puisque la limitation des soins aux personnes âgées est susceptible à ses yeux « de réguler la population de façon raisonnablement indolore » ; cela suppose donc une action à grande échelle ! Cette vision anti-vieux se développe dans d'autres pays européens : aux Pays-Bas, une députée écologiste a également envisagé la fin des soins aux personnes âgées.

L'écologisme dérive vers le totalitarisme anti-humaniste. Les écologistes doivent réfléchir : l'écologie politique nous rend malthusien et inhumain. De la défense des coquelicots au fascisme vert, il y a hélas un chemin. Le basculement de l'amour des libellules vers une doctrine de mort est possible : une fois l'homme réduit à un élément de la nature parmi d'autres, nos vies ne sont pas plus importantes que celles des animaux. Si les lois sont dictées par la nature qui est prioritaire, il reste peu de place à notre humanité.

La dérive vers une « euthanasie écologique » est justifiée par l'idée qu'il faut choisir entre traiter l'enfant leucémique ou la grand-mère, ce qui conduit à une hideuse guerre générationnelle ! Si le malthusianisme conduit le plus sage des écologistes, dont la critique de l'impasse des énergies renouvelables est remarquable, à penser qu'il faut limiter les soins aux personnes âgées malades : que vont imaginer les extrémistes verts. Paniqué par l'apocalypse, l'ancien ministre de l'Environnement, Yves Cochet, a acheté un terrain sur lequel il dispose d'eau, de chevaux pour se déplacer, car « les voitures ou l'avion n'existeront plus », ou encore de bois pour s'approvisionner en énergie lorsque l'électricité n'existera plus. « À cause de cet effondrement, ce qu'on a connu comme hécatombe dans les deux guerres mondiales nous paraîtra peu », annonce Yves Cochet dans *Brut*, qui pense qu'il restera 200 à 300 millions de terriens dont lui et sa fille grâce à son terrain. Cette stratégie survivaliste est profondément égoïste ! L'ancien ministre dispose de 7 hectares. La France compte 20 millions d'hectares utilisables : il faut, en effet, retirer les zones construites, les hautes montagnes, les falaises et gorges, les lacs et rivières, les forêts domaniales, les zones protégées... Dans ce monde, il y aurait de la place pour 5714285 Français : soit 8 % de la population. On comprend pourquoi les écologistes collapsologues veulent réduire la population. La vision apocalyptique du monde conduit mécaniquement à l'horreur. L'écologie ne doit pas devenir inhumaine : nos aînés sont une richesse et non une variable d'ajustement de la transition écologique.

Heureusement, les prêcheurs de l'apocalypse ont tort : l'espérance de vie sur terre a doublé en un siècle, il n'y a jamais eu aussi peu de famines et le niveau de vie n'a jamais été aussi fort. La science va une fois de plus nous aider : nous surmonterons la crise environnementale sans passer par la case de l'euthanasie écologique.

L'opinion est mûre pour accepter l'horreur écologique

L'opinion a été convaincue que la fin du monde est probable. Les milliards de morts promis par les prophètes de l'apocalypse commencent à anesthésier le sens moral : pour éviter ces 1000 holocaustes, tous les sacrifices deviennent acceptables. Le plus extraordinaire est que des propos aussi bouleversants peuvent être tenus sans aucune réaction politique ou médiatique. Aucune autre cause ne justifierait l'abandon de nos vieux parents. Plus grave encore : personne dans la sphère intellectuelle, politique ou médiatique ne s'est insurgé. Ne pas soigner les personnes âgées pour diminuer notre empreinte carbone paraît légitime. C'est en réalité monstrueux.

Nous devons nous ressaisir. La banalisation de l'horreur écologique n'est pas acceptable.

Éloge de la sélection naturelle purificatrice

Certains collapsologues flirtent avec des théoriciens proches du nazisme. Derrière une idéologie d'extrême gauche, on retrouve des idées bien troublantes. Yves Cochet[1] décrit non sans une certaine jubilation le rôle purificateur des grandes catastrophes. Pour lui, les drames rendent l'humanité plus forte en éliminant les plus faibles. Les références à la grande peste sont politiquement inquiétantes.

Yves Cochet explique : « La deuxième étape, dans les années 2030, s'annonce comme la plus pénible, compte tenu du brusque abaissement de la population mondiale (à cause des épidémies, des famines, des guerres), de la déplétion des ressources énergétiques et alimentaires, de la perte des infrastructures (y aura-t-il de l'électricité en France en 2035 ?) et de la faillite des gouvernements. Ce sera pour l'humanité une période de survie précaire et malheureuse au cours de laquelle l'essentiel des ressources nécessaires proviendra de certains restes de la civilisation industrielle – un peu comme, après 1348 et pendant des décennies, les survivants de la peste noire en Europe purent bénéficier, si l'on peut dire, des ressources non consommées par la moitié de la population qui avait été décimée en l'espace de cinq ans. L'activité quotidienne se résumera à chercher un abri, une eau et une nourriture saines, et à lutter contre le froid. L'agriculture intensive et les transports de masse ayant disparu, la recherche de ces ressources s'effectuera à l'échelon local et, le plus souvent, hors des villes… Certains

1. *Devant l'effondrement, op. cit.*

groupes humains auront pu s'établir près d'une source d'eau et stocker quelques conserves alimentaires et médicamenteuses pour le moyen terme, en attendant de réapprendre les savoir-faire élémentaires qui permettront de reconstruire une civilisation authentiquement humaine. »

« C'est aussi un choix dicté par l'observation de la bizarrerie sanitaire d'après 1348 en Europe : la mort soudaine de la moitié la plus faible de la population a agi comme une sélection darwinienne, laissant en vie des personnes qui ont vécu plus longtemps et en meilleure santé que leurs prédécesseurs. S'il en va de même dans les années 2040 et au-delà, non seulement la croyance collective dans le libéral-productivisme se sera effacée et aura été remplacée par la permaculture, mais l'espèce humaine elle-même – si elle n'a pas disparu – aura acquis une plus grande résistance biologique. Après l'effondrement des années 2030 et 2040, les sociétés locales résilientes auront été fortement décomplexifiées : ce seront des sociétés plus égalitaires, caractérisées par la sobriété énergétique et la modestie des moyens, et peuplées d'individus multifonctionnels. »

En réalité, l'écologie politique imagine un monde décroissant où la médecine disparaît et laisse la place au retour de la sélection darwinienne.

Jacques Tertrais a montré que le pessimisme radical est un obstacle au choix rationnel. Une application littérale du « principe de responsabilité » prôné par Jonas, fondé sur ce qu'il appelle une « heuristique de la peur », conduirait à abandonner bon nombre de projets scientifiques susceptibles d'améliorer la vie de millions d'êtres humains. Le catastrophisme est toujours un bon argument de propagande pour l'autoritarisme, qui sait exploiter le sentiment d'insécurité. Il fait le bonheur des extrémistes religieux et des idéologues prêts à restreindre les libertés pour le bien de la planète.

Les terroristes de l'environnement : le deuxième terrorisme vert

Paul Molga des *Échos*[1] a enquêté sur les écoterroristes. Au nom de la planète, des mouvements écologistes se radicalisent et s'en prennent à la civilisation industrielle, avec des méthodes plus agressives que Extinction Rebellion. L'objectif est d'accélérer la chute de nos sociétés pour reconstruire un monde plus durable.

Le réseau Deep Green Resistance est né en 2011 aux États-Unis et compte 200 membres. Les États-Unis et la Grande-Bretagne sont les deux pays les plus touchés par l'écoterrorisme. Ces écrits sont de véritables modes d'emploi anarchistes, des abécédaires de l'écoterroriste. Son ouvrage le plus abouti s'intitule du nom de l'organisation : *Deep Green Resistance*.

Les fondateurs de Deep Green Resistance – Derrick Jensen, la féministe Lierre Keith et l'agriculteur biologique militant Aric McBay – décrivent une organisation internationale capable, comme Daesh, de contamination idéologique à travers les réseaux. Ils désignent également les « cibles tactiques » et comment les détruire : barrages, sociétés pétrochimiques, automobiles ou agroalimentaires, laboratoires de recherche…

Paul Molga explique que Deep Green Resistance veut accélérer l'effondrement de la civilisation industrielle. Elle soutient que les systèmes politiques, économiques et sociaux actuels ne parviendront pas à modifier la trajectoire

1. 16 octobre 2019.

de destruction de la planète. « Pour sauver l'humanité, il faut faire sauter les points faibles des systèmes industriels. Leur chute aura un effet d'entraînement », assène Derrick Jensen. Elle appuie les propos littéraires de son mentor. « La seule volonté des populations pour changer de mode de vie ne va pas suffire à transformer nos sociétés. Nous devons forcer le pas. C'est en cela que notre organisation diffère des autres : nous ne prônons pas la décroissance, mais la déconstruction. »

Le FBI estime ainsi que depuis 1990, au moins 1 200 actes d'écoterrorisme ont été commis sur le sol américain. Il considère aujourd'hui l'écologie radicale comme la principale menace terroriste après le fondamentalisme islamique. La formation extrémiste, ITS, a signé sa première action violente au Mexique en 2011, blessant grièvement un universitaire. Depuis, elle a revendiqué l'envoi de dizaines de colis piégés, l'assassinat d'un employé de la faculté de chimie de l'université du Mexique et au moins cinq attentats à la bombe.

Le dernier, perpétré en janvier 2019 devant l'université de la capitale chilienne, a fait cinq blessés. Un échec selon l'organisation qui dit regretter dans un communiqué « qu'elle n'ait tué personne ». Dans un communiqué elle résume sa pensée : « Tous les êtres humains civilisés méritent de mourir » et milite pour le retour à l'état sauvage et aux racines primitives de l'homme. Xale, membre fondateur d'ITS, décrit les motivations de cette organisation : « Nous voulons participer à la déstabilisation de l'ordre établi, et prendre part à la paranoïa collective, pour terroriser les bonnes habitudes d'une société corrompue par son hypocrisie. »

Rien n'est encore arrivé en France, mais les autorités jugent sérieusement cette nouvelle menace terroriste. Paul Molga a interrogé Eric Denécé, qui dirige le Centre français de recherche sur le renseignement (CF2R) : « Les écoterroristes suivent un parcours de fanatisation idéologique. Au départ, il y a un discours politico-philosophique qui agrège de plus en plus de fidèles et les convainc de s'engager dans une action militante. Mais il suffit de quelques individus radicaux pour faire basculer le mouvement avec l'idée que si l'opinion publique ne comprend pas la cause défendue, c'est qu'elle est aveugle et qu'il faut donc l'éclairer, même contre son gré. L'activisme violent devient alors une option sérieuse. » Au pays basque espagnol, 2000 personnes étaient protégées par des gardes du corps au pic de l'action terroriste d'ETA. La violence et l'intolérance peuvent pousser à toute vitesse.

Garde du corps est un métier d'avenir

Édouard Philippe a expliqué le 2 juillet 2018 l'importance pour lui du livre *Effondrement*[1] de Jared Diamond : « Si on ne prend pas les bonnes décisions, c'est une société entière qui s'effondre littéralement, qui disparaît. Je trouve que cette question-là est une question assez obsédante. Moi, elle me taraude beaucoup plus que certains ne peuvent l'imaginer. Comment est-ce qu'on fait pour que notre société humaine n'arrive pas au point où elle serait condamnée à s'effondrer ? » Qui sème la panique récolte la violence politique.

En affolant la jeunesse, nous risquons de faire émerger une violence incontrôlable. Je partage les craintes de

1. Jared Diamond, *Effondrement*, Gallimard essais, 2006.

Guillaume Bigot : « Si vous endoctrinez la jeunesse en lui expliquant que dans trois dizaines d'années la nature et l'humanité sont en danger de mort, vous préparez une radicalité politique qui va justifier le recours aux armes. »

On a déjà vu ce que peut donner ce type de lâcheté politique. Au début des années 1970, le président algérien Houari Boumédiène a favorisé les radicaux religieux pour combattre ses opposants au sein du FLN. L'addition est arrivée en 1991 : la guerre civile algérienne a fait 150 000 morts.

Convaincre la jeunesse que la fin du monde arrive est le meilleur moyen de produire de la violence politique. N'oublions jamais que le patron de Renault Georges Besse, l'ancien Premier ministre italien Aldo Moro, le patron des patrons allemands Hanns-Martin Schleyer et des dizaines d'autres ont été assassinés par des extrémistes politiques, il y a quarante ans.

Si nous laissons les prophètes de malheur agir, le métier d'avenir ne sera pas scientifique ou ingénieur, mais garde du corps.

Édouard Philippe doit changer de livre de chevet...

La jeune Suédoise au marketing finement ciselé qui a envahi les médias menace de fanatiser la jeunesse.

Pourquoi il faut combattre Greta Thunberg

Le blasphème écologique n'étant pas encore interdit, j'ose critiquer la prêtresse de l'écologie politique. Le message de Greta Thunberg est catastrophique. Il aggrave le réchauffement climatique à cause de l'intermittence des énergies renouvelables, il panique la jeunesse et il décourage l'Europe de rattraper son retard technologique.

Greta Thunberg, réussite marketing de la décennie

En révélant son lourd dossier psychiatrique, ses parents en ont fait un bouclier humain inattaquable. La technique est éprouvée : Saddam Hussein lui-même a emprisonné des enfants occidentaux dans des lieux stratégiques afin de prévenir les frappes par missiles. Mettre en avant des enfants présentant une souffrance est répugnant mais d'une efficacité redoutable. Les libéraux sont tétanisés, craignent d'être traités de « vieux cons » et se taisent. Les prêcheurs d'apocalypse ont donc trouvé l'égérie parfaite : aucun recul, aucun esprit critique, aucun sourire, aucun humour, aucune capacité à résister à la manipulation et un discours naïf, répétitif et hypnotique. Ne tombons pas dans le piège machiavélique que nous ont tendu les officines qui ont fabriqué « le produit Greta Thunberg » : il faut certes protéger Greta, qui est une victime manipulée mais nous devons combattre sans relâche les idées qu'elle véhicule.

Sa décision de faire la grève de l'école a été très commentée. Beaucoup se sont émus – à raison – que cette enfant se prive d'une éducation, pourtant vitale pour mener son combat. Comment expliquer ce choix, et faire comprendre à la jeune fille que l'école est une arme, non un frein ? Il est consternant que ses parents l'aient autorisée à quitter l'école, ce qui va aggraver ses troubles obsessionnels ! Lors du World economic forum, elle a tenu des propos terribles : « Pourquoi étudier pour un futur qui bientôt n'existera plus ? » Cette pensée apocalyptique dépressive est catastrophique pour la jeunesse.

La dramatisation est dangereuse parce qu'elle empêche de choisir la meilleure politique énergétique comme Zeke Hausfather et Glen Peters l'ont montré[1].

1. « Emissions – the 'business as usual' story is misleading », in la revue *Nature*, 2020.

Réduire les émissions de CO_2 va être compliqué. Il faut donc éviter les discours simplistes et contre-productifs comme celui de Greta Thunberg.

La réalité derrière les slogans de la transition énergétique a de quoi inquiéter. Les écologistes travaillent – souvent en toute bonne foi – à augmenter non seulement les émissions de CO_2 mais aussi de particules fines lesquelles sont cancérigènes et néfastes pour nos poumons, notre cœur et notre cerveau.

Comme le monde écologique s'est bâti sur le combat anti-nucléaire, les stratégies qui sont défendues ne sont pas des stratégies de réduction du CO_2. Ce sont, en réalité, des stratégies de sortie du nucléaire – qui ont pour conséquence une augmentation, du CO_2.

Le Groupement international d'experts sur le climat confirme dans son rapport 2018 que le nucléaire est indispensable pour réduire le réchauffement climatique.

Les scénarios roses supposent que la part du nucléaire augmente de +59 % à +106 % dès 2030 et de +98 % à +501 % en 2050.

Le discours de Greta Thunberg contribue à la diabolisation du nucléaire : 86 % des jeunes Français pensent que le nucléaire émet du CO_2 et participe au réchauffement climatique. Inversement, les jeunes sont convaincus que les éoliennes et panneaux solaires diminuent le CO_2 et la pollution ; la vérité est qu'ils les augmentent considérablement.

En fermant Fessenheim pour faire plaisir à Greta Thunberg et ses militants, Emmanuel Macron va augmenter le réchauffement climatique et sacrifier des vies – en Allemagne et dans l'Est de la France – dans des zones qui seront touchées par la pollution supplémentaire des centrales à lignite allemandes.

Le solaire (80 grammes de CO_2 produits par kilowattheure – kwh) et surtout l'éolien (11 grammes de CO_2 par kwh) sont en apparence aussi verts que le nucléaire (4 à 6 grammes de CO_2 par kwh) ou l'hydraulique (6 à 12 grammes de CO_2 par kwh). Ce sont les chiffres mis en avant par les écologistes et les industriels du renouvelable.

En réalité si l'on ferme les centrales nucléaires, dès que le soleil faiblit, que la nuit tombe ou que le temps est calme avec peu de vent, il faut allumer des centrales à charbon (820 grammes de CO_2 par kwh), au fioul (650 à 1515 grammes de CO_2 par kwh), au gaz (420 grammes de CO_2 par kwh) ou à la biomasse (jusqu'à 950 grammes de CO_2 par kwh). L'Allemagne en fait déjà l'amère expérience. Le parc éolien et solaire allemand (105,000 MW) se rapproche du double de l'immense parc nucléaire français (63,000 MW) mais il produit beaucoup moins : 140 Térawattheures par an contre 400 ! Le taux de charge moyen des panneaux solaires est de 11 % en Allemagne et de 13 % en France : nous ne sommes pas au Maroc !

Le stockage de l'électricité serait bien sur la solution, mais cela reste incroyablement coûteux en investissement et en métaux rares dont une poignée de pays ont le monopole. Pour des résultats encore très décevants : Mercedes vient de créer un gigantesque centre de stockage ; il n'absorbe que la production d'une seule centrale électrique pendant unc minute. Et nous sommes au maximum de notre potentiel hydro-électrique de stockage-pompage.

C'est la raison pour laquelle l'Allemagne, après avoir investi 500 milliards d'euros en éolien et solaire, produit 8,6 fois plus de gaz à effet de serre et de particules fines cancérigènes par KWh que la France. Et les chiffres allemands seraient encore plus catastrophiques sans les massives exportations d'électricité nucléaire française à très faible contenu en CO_2. Les éoliennes et panneaux solaires augmentent donc le CO_2 et la pollution à cause de leur intermittence. Le 4 mars à 12 heures, la fermeture de Fessenheim était intégralement compensée par des centrales au fioul qui produisent 200 fois plus de CO_2 par KWh[1].

Fermer la centrale nucléaire de Fessenheim va mécaniquement diminuer les exportations d'électricité française vers l'Allemagne. Sa puissance – 1 800 Mégawatts – est très utile quand l'éolien et le solaire allemands tombent à zéro. L'Allemagne qui ferme la totalité de ses centrales nucléaires va compenser les moindres exportations françaises en augmentant l'activité de ses extrêmement polluantes centrales à lignite ou à gaz. L'écologiste Jean-Marc Jancovici explique dans *Le Figaro* : « Sortir du nucléaire ne fait rien pour le climat : ce qui sort des tours de refroidissement n'est que de la vapeur d'eau. Prenons l'exemple de l'Allemagne : en 2002, la puissance installée pilotable[2] était de 100 GW. En 2017, elle est... de 100 GW. On a rajouté 100 GW supplémentaires d'éolien et solaire, sans supprimer le pilotable, car le pays demande de l'électricité y compris quand il n'y a ni vent ni soleil. Le développement des énergies renouvelables électriques est donc défavorable pour l'emploi global, sans aucun bénéfice pour le CO_2. »

---

1. www.electricitymap.org.

2. Les moyens de productions pilotables sont ceux qui peuvent être allumés à tout moment en fonction des besoins. Ce n'est pas le cas du solaire qui est présent aux moments où l'on a le moins besoin d'électricité, quand il fait beau et chaud.

Les Français pensent faire des sacrifices pour la bonne cause tant les écologistes les ont convaincus du bienfait des renouvelables.

Les ayatollahs verts et industriels du renouvelable qui instrumentalisent Greta Thunberg et la jeunesse veulent nous amener dans l'impasse allemande : les seuls gagnants seraient les chasseurs de subventions des industries éoliennes et solaires. En outre, suivre Greta entraînerait notre vassalisation par la Chine qui a le monopole des métaux rares nécessaires[1] aux énergies renouvelables et la Russie qui fournit le gaz nécessaire pour produire l'électricité quand il n'y a ni vent ni soleil. L'affreuse réalité c'est que, aujourd'hui encore, les énergies intermittentes ne sont vertes que quelques heures par jour et sont indirectement des énergies noires la plupart du temps. Noires comme le charbon, le gaz et le fioul. Nous gaspillons des milliards pour augmenter nos émissions de CO_2, renforcer la dépendance au gaz de Poutine et bousiller nos poumons. Pour accepter une situation aussi folle, il faut être cynique, idéologue ou n'avoir juste pas regardé les chiffres. Tout le monde sur www.electricitymap.org ! Vous serez fascinés par notre bêtise collective… alimentée par une stratégie de communication mali(g)ne des industriels « verts ».

Nos marges de manœuvre budgétaires sont gaspillées à subventionner la production chinoise de panneaux solaires. Les subventions aux énergies « vertes » vont atteindre 10 milliards d'euros par an, soit 3 fois le budget du CNRS.

1. Guillaume Pitron l'a expliqué dans *La guerre des métaux rares*, les liens qui libèrent, 2018.

Ne soyons pas les idiots utiles des Machiavel verts

Greta Thunberg est l'outil idéal pour imposer aux jeunes une réduction massive de leurs libertés : les ayatollahs éco-locatastrophistes les persuadent qu'on brûlera dans l'enfer du réchauffement climatique, sauf s'ils acceptent une dictature verte qui nous renverrait au Moyen Âge.

Lénine qualifiait les bourgeois de gauche d'idiots utiles de la révolution ; les jeunes qui suivent Greta Thunberg sont les idiots utiles de lobbies mal intentionnés et d'officines cherchant à faire avancer leur agenda révolutionnaire quand il ne s'agit pas de servir les intérêts des industriels des énergies soi-disant renouvelables.

L'écolo-catastrophisme et son cortège de peurs sont l'instrument parfait pour proposer une nouvelle utopie qui est un substitut à la dictature marxiste. La stratégie de la panique est redoutablement efficace : 27 % des Australiens âgés de 10 ans à 14 ans pensent qu'ils vivront la fin de ce monde avant de devenir adultes.

En instrumentalisant la jeunesse, on impose un agenda liberticide au nom des bons sentiments. Les ambassadeurs de Greta Thunberg organisent une grève de l'école pour exiger que nous divisions au minimum par quatre notre consommation énergétique, ce qui ramènerait la consommation des Français entre celle du Nigéria et de l'Égypte. Ils proposent une politique malthusienne, rétrograde qui aurait des conséquences sociales, politiques et climatiques catastrophiques. L'adolescente suédoise sert de caution à des militants qui veulent imposer des mesures fantaisistes. Stopper le développement économique entraînerait guerres et famines et empêcherait les pays du tiers-monde de dépolluer leur environnement.

Les médias ont obéi à l'injonction de Greta Thunberg : « Je veux que vous paniquiez. » Ce discours vise en réalité à nous faire accepter la fin de l'économie de marché et du libre-échange. J'ai débattu à la télévision avec les ambassadeurs français de Greta Thunberg : ils ne sont pas verts, ils sont rouge vif…

Drieu Godefridi a répondu non sans humour à Greta Thunberg : « Si tes idées de décroissance et de réduction forcée de la population avaient été mises en œuvre avant ta naissance, chère Greta, eh bien, tu n'existerais tout simplement pas. Car, si nous sommes aujourd'hui 7,5 milliards d'êtres humains à la surface du globe et que le pourcentage de personnes qui souffrent de la faim n'a jamais été aussi faible, c'est à ce progrès technologique que tu voues aux gémonies, que nous le devons. Les idées que tu soutiens ne sont pas neuves. Elles datent, en réalité, de l'*Essay on the Principle of Population* que publiait Thomas Malthus, en 1798 pour prédire – déjà ! – l'effondrement inéluctable de l'humanité, alors peuplée d'un milliard d'âmes. Malthus, comme Ehrlich et leurs semblables intellectuels, font abstraction d'un facteur – dont tu professes l'exécration – le progrès technologique. Ce progrès a permis à l'Inde et la Chine d'éradiquer la famine, pour la première fois de leurs histoires, alors que leurs populations n'ont jamais été aussi importantes. T'avouerai-je, chère Greta, que j'ai été peiné par le passage sur ton enfance volée. Vois-tu, il y a des expressions que, dans ta situation, il serait préférable d'éviter. L'enfance volée, c'est celle de l'enfant juif mené au camp de concentration parce que juif. L'enfance volée, c'est celle de l'enfant khmer, ukrainien ou russe mené au goulag en raison de l'origine sociale de ses parents. L'enfance volée, c'est celle de l'enfant pauvre d'Afrique qui, faute d'accès à l'énergie bon marché, doit subvenir à ses besoins vitaux au lieu d'aller à l'école. L'enfance volée, ce n'est pas celle d'une adolescente qui traverse l'Atlantique dans l'un des plus coûteux voiliers jamais conçus, et qui bénéficie d'une opulence dont nul, dans les générations précédentes, n'avait osé rêver. La vérité, Greta, est que tu es l'une des enfants les mieux privilégiées qui ait jamais foulé le sol de notre belle Terre. Ce monde que tu exècres, chère Greta, ne t'a rien volé. Ce monde de progrès technologique que tu exècres, tu lui dois – nous lui devons tous – la vie. »

La ferveur quasi religieuse entourant cette prophétesse de la fin du monde et de la décroissance est le symbole d'une démocratie qui est devenue hystérique où l'émotion prend le pas sur la raison.

Tous les outils sont utilisés par les prophètes apocalyptiques pour imposer leur agenda, réduire les libertés, bloquer le développement de la technologie, sans se soucier des conséquences sociales de leur archaïsme.

La route verte n'a pas d'issue. En tout cas aucune qui soit réjouissante pour l'humanité ou pour le monde. En agitant devant nous les scénarios du pire, les ultras de l'écologie nous empêchent de voir les vrais défis. Incapables d'imaginer un avenir positif, d'être enthousiastes à propos de l'humanité, nous désertons le champ de bataille du futur. Au moment où l'Europe devrait se mobiliser pour arrêter son déclin industriel et scientifique, ce discours quasi délirant est paralysant et risque de nous fait sortir de l'histoire.

TROISIÈME PARTIE :

LE GRAND SABORDEMENT : NOUS ABANDONNONS LE TERRAIN AU MOMENT DE COMBATTRE

Nous vivons un moment crucial dans l'histoire de notre continent. Nicolas Baverez résume la situation : « Le chaos actuel résulte de l'achèvement simultané de quatre cycles historiques. Le monopole de l'Occident sur l'histoire du monde depuis 1492, battu en brèche par l'émergence de l'Asie qui regroupe la moitié de la population de la planète et assure 40 % de la production. Le leadership des États-Unis qui débuta en 1917 pour s'achever en 2016. L'ordre mondial de 1945, dont Donald Trump poursuit la liquidation. La mondialisation libérale qui prit naissance en 1979 et s'acheva en 2008, débouchant sur le retour en force, des États au détriment des marchés ainsi que le relèvement des frontières nationales contre la société ouverte. »

Nous nous abandonnons aux délices morbides de l'opium écologique au pire moment. Celui où, ailleurs, s'arment – au propre comme au figuré – des nations bien décidées à en découdre. La dépression de la vieille Europe fait un contraste saisissant avec l'extraordinaire dynamisme de l'Asie. Occupés à nous lamenter sur notre sort, à culpabiliser de notre passé comme de notre présent, nous ne voyons pas que le monde bouge. Sans nous. Et donc contre nous.

Au moment où se joue le grand Yalta du XXIe siècle, nous ne sommes une fois de plus pas à la table des négociations, mais dessus. L'Europe est le plat de résistance du menu que s'offrent les nations qui vont maîtriser l'économie de la connaissance. Comme l'Afrique le fut au XIXe siècle.

CHAPITRE I :
LA TROISIÈME GUERRE MONDIALE A COMMENCÉ

En réalité, nous ne sommes pas en guerre contre la fin du monde, mais au début d'une implacable guerre technologique. Nous assistons à une redistribution des cartes dans tous les domaines : économiques, linguistiques, scientifiques, militaires et intellectuels.

Pendant des millénaires, nous avons connu des guerres « chaudes » : elles étaient faites de troupes envahissant des territoires, de combats au corps-à-corps, de déchaînements de violences où cliquetaient les armes et tonnaient les canons. La guerre était cruelle et meurtrière, mais elle était clairement visible, spectaculaire et bruyante.

À partir de 1947, on découvrit une autre sorte de guerre. Silencieuse, elle consistait précisément dans le non-déchaînement d'une violence que l'on tenait pourtant à une pression de bouton. Une guerre froide, faite de gestes symboliques, de discours comminatoires et de bluffs. Une guerre qui a failli devenir très chaude lors de la crise des missiles de Cuba.

Le XXIe siècle est en train de créer un troisième type de guerre. Invisible, elle se joue en silence à travers les câbles de fibre optique formant un gigantesque filet autour du globe. La bataille technologique pour le contrôle du cybermonde et de l'Intelligence Artificielle est différente des guerres traditionnelles. En 1940, la Wehrmacht descendant les Champs-Élysées marquait les esprits et était visible par tous. Les bruits de botte, les drapeaux rouges et noirs déployés partout marquaient clairement l'occupation. En 2020, notre colonisation technologique par les géants de l'IA est silencieuse. L'opinion ne croit pas à cette guerre qu'elle ne voit pas. L'Europe fait preuve d'une grande naïveté face aux ogres technologiques et elle est sidérée par la violence du combat technologique qui s'est engagé entre la Chine et les États-Unis, marginalisant du même coup les autres continents. Nous sommes obsédés par la mesure, et ne parlons que de régulation et de précaution. Obnubilée par les récits de fin du monde, persuadée que l'humanité est parvenue à son terme, la vieille Europe ne voit pas partir le train de l'Histoire.

L'Europe a oublié la guerre

Après le capitalisme marchand inventé par Venise qui s'est déployé entre 1050 et 1750, puis le capitalisme industriel, né en Angleterre grâce à la machine à vapeur, puis à l'électricité et au moteur à explosion, nous sommes désormais dans une troisième phase du capitalisme. Aujourd'hui, le capitalisme cognitif – c'est-à-dire l'économie de la connaissance, de l'Intelligence Artificielle et du big data – connaît une croissance rapide, ce qui modifie radicalement la hiérarchie des individus, des entreprises, des métropoles et des nations.

L'Europe a suivi le chemin exactement inverse de la Chine. Civilisation longtemps dominante dont la suprématie éclatante a culminé lors de l'ère industrielle, elle apparaît bien fragile pour aborder le siècle nouveau. Merveilleuse maman, bienveillante, maternante et douce, l'Europe n'a pas l'arme du moment : l'Intelligence Artificielle.

L'Europe n'a pas perdu la bataille parce qu'elle a été plus faible ou que nos cerveaux n'étaient pas au niveau. Elle a perdu car elle n'a même pas mené la bataille. Elle ne l'a pas menée car elle n'a pas compris ce qui se passait !

Grandeur et décadence des nations

Aucune domination n'est éternelle. Le tableau des évolutions relatives des pays est terriblement cruel pour ceux qui n'ont pas su évoluer.

En 1960, la Corée du Sud avait la même richesse par habitant que les pays pauvres d'Afrique noire et elle n'a rattrapé le Maroc qu'en 1970. Aujourd'hui c'est un géant technologique dans plusieurs domaines clés comme les microprocesseurs, les écrans, les logiciels, les smartphones et le nucléaire.

En 1980, le Maroc était cinq fois plus riche que la Chine : 1 075 dollars par an et par habitant contre 195. La Chine est devenue une grande puissance scientifique, tandis que le Maroc reste un pays pauvre qui connaît encore un taux d'analphabétisme de 40 % chez les femmes. La France était trois fois plus riche que Singapour en 1970.

Ces bouleversements géopolitiques ne doivent rien au hasard, mais sont la conséquence des immenses investissements éducatifs, scientifiques, technologiques des pays d'Asie de l'Est : Singapour, Chine, Taïwan, Hong Kong et Corée du Sud. La part de la Chine dans les dépenses mondiales de recherche a explosé : 2 % en 1995 à 23 % aujourd'hui, c'est-à-dire plus que l'Europe tout entière, et elle se rapproche à grands pas des USA. Les pays d'Asie de l'Est deviennent des géants scientifiques pendant qu'en Europe du Sud (Espagne, Italie et Portugal), on investit à peine un peu plus de 1 % de la richesse nationale – le PIB – en recherche. Le taux est de 2,2 % en France contre bientôt 5 % en Corée du Sud. La montée en puissance des pays asiatiques dans le classement PISA des systèmes scolaires est devenue un tabou pour la classe politique. En sciences, Singapour est numéro un mondial et la Corée du Sud, la Chine, Taïwan et le Vietnam ridiculisent les petits Français. Ainsi, des millions d'ingénieurs et de chercheurs à très haut potentiel sont formés en Asie qui devient le leader du capitalisme cognitif.

Aux Asiatiques les microprocesseurs, à nous les petits boulots ! Les pays asiatiques préparent ainsi leurs enfants à être complémentaires de l'IA. Cela explique que l'Asie conquérante n'a pas peur du futur contrairement aux Européens.

Les bons sentiments ne font pas une politique de puissance. Des solutions existent, même si elles ne sont pas faciles. Elles ont toutes un prérequis : une prise de conscience lucide sur les mutations en cours d'autant plus difficile que l'incertitude est immense.

Vassalisation militaire

Le 20 janvier 1983, le président François Mitterrand s'exprime devant les députés du Bundestag, à Bonn, capitale de l'Allemagne fédérale. Il emploie une formule violente : « Les fusées sont à l'Est, les pacifistes à l'Ouest ! » À cette époque, les Soviétiques installent en Europe centrale des missiles nucléaires SS-20 pointés vers l'Europe occidentale. Face à cette menace, l'OTAN se propose de répliquer en installant en Allemagne fédérale des missiles Pershing orientés vers le bloc soviétique. Les pacifistes et gauchistes occidentaux se mobilisent contre ce projet au nom d'un slogan délicieux : « Plutôt rouges que morts ! » François Mitterrand retourna l'opinion occidentale : les Soviétiques se résignent à démanteler leurs SS-20.

Nous vivons aujourd'hui une situation similaire. Les IA militaires explosent en Chine tandis que les éthiciens de l'IA sont en Occident ! De nombreux intellectuels européens réclament des moratoires sur les utilisations militaires de l'IA.

À Stockholm en juillet 2018, plus de 2 400 personnalités de 90 pays se sont engagées à « ne pas participer ni soutenir le développement, la fabrication, le commerce ou l'utilisation d'armes mortelles autonomes ». Chez Google, de nombreux ingénieurs s'opposent à ce que leur société collabore avec l'armée pour renforcer les IA du Pentagone. En résumé, les pétitions contre les IA militaires ont des milliers de signataires en Occident et zéro en Chine !

En Chine, les BATX (Baidu, Alibaba, Tencent, Xiaomi) sont très proches de l'armée chinoise. Par exemple, Robin Li, le P.-D.G. de Baidu, a joué un rôle majeur dans le lancement du « Plan de développement pour la prochaine génération d'IA » qui a d'importantes ramifications militaires. Le président chinois a d'ailleurs annoncé en 2017 que son pays deviendrait la première puissance militaire grâce à l'IA.

Les créateurs d'Internet étaient persuadés que le web tuerait le nationalisme et la guerre. L'Internet bisounours et bienveillant de 1995 a enfanté l'IA qui deviendra le plus puissant outil militaire que l'Humanité ait connu.

Des robots soldats de plus en plus autonomes vont jouer un rôle croissant sur les champs de bataille et obligent à repenser l'art de la guerre. Après la dissuasion nucléaire, l'art de la guerre s'apprête à connaître la plus grande mutation de son histoire avec la robotisation du champ de bataille et l'émergence d'IA militaires qui dépassent les limites biologiques humaines. L'IA aura rendu inutile et irrationnel l'engagement de combattants humains voués à une défaite certaine.

Face à l'impérialisme chinois, l'Occident doit se réarmer psychologiquement et les GAFA doivent aider l'OTAN à se doter d'IA militaires. Idéaliser le monde et désarmer serait catastrophique : hélas, nos pulsions, nos hormones, nos violences sont toujours présentes.

Désarmer à l'ère de l'IA serait la certitude d'être colonisés. Nous risquons « un Munich de l'IA militaire ». En 2040, qui acceptera d'envoyer ses enfants au casse-pipe, se faire tuer de façon certaine face aux robots tueurs dotés d'IA ? Personne ! Le charmant et bienveillant slogan « non aux robots tueurs » est suicidaire pour la France.

Derrière l'échec de l'Europe sur l'IA, il y aura la vassalisation militaire. L'Europe sera un nain géopolitique, parce qu'elle devient un nain technologique. La France est, depuis le Brexit, la seule puissance militaire numérique européenne et la Défense est le seul ministère français compétent en IA. La faible croissance européenne empêchera d'investir dans la cyber-sécurité et la France[1] ne pourra seule assurer la cybersécurité européenne face au duopole américano-chinois sur l'IA : il faudrait investir des dizaines de milliards d'euros.

Personne n'a avoué à nos concitoyens que notre armée sera en 2030 totalement impuissante en cas de vrai conflit. Même s'ils ne sont pas branchés sur Internet, nos missiles ne décolleront pas, nos avions seront cloués au sol et nos généraux seront aveuglés par les IA américaines ou chinoises.

Aujourd'hui, la traque des djihadistes suppose déjà la coopération des géants du numérique.

Les États-Unis, eux-mêmes sont menacés par l'efficacité technologique chinoise. Michael Griffin, chef technologique du Pentagone, s'est alarmé dans le *Financial Times* du 17 novembre 2018 qu'il faille 16 ans à l'armée américaine pour passer d'une idée technologique à une arme opérationnelle contre moins de 7 ans aux militaires chinois.

Poutine a reconnu que les leaders de l'IA seront les futurs maîtres du monde. Le président chinois a annoncé que son pays deviendrait la première puissance technologique, économique et militaire grâce à l'IA. Au moment où se lance cette course à « l'IA-rmement » selon l'expression de Thierry Berthier, personne à Bruxelles ne pense la guerre et certains veulent bannir les robots militaires, effectivement horribles mais sans lesquels la guerre du futur sera

1. Même si des groupes comme Thales, qui vient de déplacer le cœur de sa recherche en IA en Amérique du Nord, ou des start-ups comme Itrust font des choses magnifiques.

perdue d'avance : même le plus courageux de nos fantassins fuira devant le robot Atlas.

Les dirigeants européens sont les Gamelin de l'IA. Derrière le général Gamelin qui conduisit la France à l'étrange défaite de 1940, il y eut Pétain. Il va se passer la même chose d'ici 2050 : puisque nous ne comprenons pas la guerre en cours, nous devenons une colonie numérique des géants de l'IA.

Pour renverser notre vassalisation, les bons sentiments ne servent à rien : il faut une politique de puissance à l'échelle européenne. Nicolas Dufourcq, le patron de la BPI, l'a bien expliqué : « Il faudra 25 ans pour réaliser notre décolonisation numérique. Autant ne pas perdre de temps ! »

Le partage du monde a lieu sans nous

La nouvelle économie s'explique en trois mots : prime au vainqueur. L'accès aux ressources numériques étant immédiat et illimité, le consommateur choisit le meilleur portail, le meilleur moteur de recherche, le meilleur réseau social. Pourquoi aller sur un moteur de recherche de second ordre quand on peut aller sur Google gratuitement ? Il se crée un monopole ou un oligopole qui laisse extrêmement peu de place aux acteurs marginaux. Les intermédiaires traditionnels sont tués. Asphyxiés. Dissous dans l'insignifiance, l'inexistence numérique puisqu'ils n'apparaissent pas dans les recherches. Il n'y a quasiment pas de place pour le numéro 2 dans l'économie des data. Contrairement aux Jeux olympiques, il n'y a que des médailles d'or.

Les GAFA œuvrent à la puissance américaine et les BATX concourent au projet chinois de devenir la première puissance mondiale d'ici 2049. Les liens entre les GAFA et le pouvoir politique sont plus complexes et les salariés de Google ont manifesté contre la collaboration de leur entreprise avec l'armée américaine. Mais dans les deux cas, les géants sont utilisés comme tête-de-pont de l'influence mondiale des pays dont ils sont issus.

Comme des corsaires modernes, les GAFA et les BATX arraisonnent les marchandises qui passent et perçoivent de force des droits de passage.

Chine et États-Unis se partagent le monde comme l'Espagne et le Portugal se partageaient l'Afrique et l'Amérique du Sud au XVIe siècle. Ou, comme Roosevelt et Staline se sont réparti les territoires à Yalta.

La Chine est persuadée qu'après des siècles de repli sur elle-même, le XXIe siècle marquera le retour de sa domination.

En 1946, quelques années avant sa mort, Albert Einstein dénonce courageusement la ségrégation aux États-Unis. Cet engagement cache en réalité une part méconnue de sa personnalité. Le California Institute of Technology a publié les notes de voyage du physicien prises entre 1922 et 1923 lors de ses voyages. Ces écrits révèlent un racisme profond et décomplexé, en particulier envers les Chinois. Il écrit : « Ce serait franchement dommage que ces Chinois supplantent toutes les autres races. Pour les gens comme nous, cette simple pensée est indiciblement triste. Même les enfants sont sans âme et semblent obtus. » Les réflexions non filtrées d'Einstein montrent que même cette icône des droits civiques nourrissait des pensées racistes sur ceux qui ne lui ressemblaient pas, a déclaré Ze'ev Rosenkranz, responsable des « Einstein Papers » au California Institute of Technology. « Les commentaires racistes et xénophobes dans ses récits sont à l'opposé de son image… C'est un choc de lire ses pensées et de les comparer à ses déclarations publiques. Il ne s'attendait pas à ce qu'on les publie. »

Le mépris d'Einstein pour les Asiatiques – à l'exception des Japonais – est en décalage complet avec la réalité géopolitique et technologique de 2020.

Thierry Breton, dernière chance de l'Europe

Le socialiste Pascal Lamy a eu des mots d'une arrogance inouïe en 2000 : « Il faut bien que nous achetions des T shirts aux Chinois pour qu'ils nous achètent des Airbus ». Dans la guerre technologique, notre continent n'est pas loin d'un décrochage définitif. Le patron d'Accor, Sébastien Bazin, qui a jadis recherché l'autonomie par rapport aux GAFA, questionne : « Peut-être faut-il maintenant que nous nous rapprochions de Google, Amazon et Microsoft ? » Total a quant à lui annoncé qu'il allait confier son exploration pétrolière aux IA de Google… Et Renault s'est allié à Google dans la voiture autonome. Face aux GAFA, nos entreprises n'ont pas de solution alternative européenne. Le décrochage numérique de l'Europe ne doit rien au hasard : nous n'investissons presque rien dans les technologies NBIC ! Par exemple, le budget de recherche d'Amazon approche 30 milliards de dollars par an. À quoi il faut ajouter les presque 2 milliards de dollars que Jeff Bezos investit sur sa fortune personnelle chaque année en recherche spatiale. En comparaison, les investissements de la France dans la recherche sont dérisoires. Le CNRS avec 3,5 milliards représente le huitième de la recherche chez Amazon. L'INRIA qui est le fleuron de la recherche française en informatique et Intelligence Artificielle a un budget qui tourne autour de 250 millions d'euros par an.

L'histoire de l'hébergeur OVH, petit joyau créé par un entrepreneur courageux et talentueux, Octave Klaba, témoigne de l'aveuglement technologique de la France. L'État a investi des sommes folles pour créer avec de l'argent public deux concurrents à OVH dans l'espoir de bâtir un « cloud souverain » : cette chimère bureaucratique est morte et cet épisode a empêché OVH de devenir l'égal du cloud d'Amazon !

Le sursaut exige de sortir du délire mégalomaniaque de la French Tech

Le 9 novembre 2017, le ministre de l'Économie a tweeté : « Je propose que l'Europe crée le champion de l'Intelligence Artificielle que les autres pays nous envieront ! » Ce tweet traduit une réalité bouleversante : Bercy ne comprend toujours rien à l'Intelligence Artificielle, source de tous les pouvoirs au XXIe siècle. La réalité est que l'Europe ne maîtrise aujourd'hui aucune des composantes de l'IA, dont l'industrialisation repose sur le mariage entre la puissance des ordinateurs, les montagnes de données du big data et les réseaux de neurones du deep learning.

Le fondateur de la start-up SNIPS considérée comme une pépite française de l'Intelligence Artificielle, expliquait en 2018 : « Nous allons tuer Alexa. » Alexa[1] forte de ses 10000 ingénieurs et techniciens n'est pas morte et Amazon pèse 1000 milliards de dollars tandis que SNIPS vient de se vendre pour une bouchée de pain.

Thierry Breton, nouveau commissaire européen en charge de l'industrie et du numérique, a fait un bon diagnostic de la situation européenne. Il peut bouger les lignes.

1. Alexa est la box connectée d'Amazon.

La civilisation transhumaniste s'impose en Chine

La révolution NBIC qui va transformer la société se déploie largement à l'initiative des géants du numérique et des savants chinois. Des projets révolutionnaires sont en développement chez les géants chinois de l'Intelligence Artificielle, les BATX. Les autorités chinoises ont assemblé tous les ingrédients nécessaires pour construire un gigantesque système d'innovation.

Le plan Chine 2025 vise à faire émerger des champions technologiques dans l'IA, le data mining et les nouvelles générations de microprocesseurs. La Chine est devenue un leader de la recherche et développement mondial et dépose désormais plus de brevets que les États-Unis.

La Chine possède 30 % des 236 licornes mondiales ; les jeunes start-up valorisées plus d'un milliard de dollars. Le *Financial Times* s'inquiète des progrès chinois en IA appliquée à la finance, qui menacent les institutions financières occidentales.

Aucune norme éthique ne ralentit les transhumanistes chinois : le premier clonage de singe a été réussi début 2018, et la Chine a déjà pratiqué de nombreuses modifications génétiques sur embryons humains. L'acceptation inconditionnelle de l'IA par les Chinois aurait étonné Einstein. Beaucoup de Chinois souhaitent remplacer leur avocat et leur médecin par des IA, tandis que les timides Occidentaux y sont opposés.

La Chine est devenue la première puissance transhumaniste, devant les États-Unis qui connaissent un déclin relatif sans parler de l'Europe en voie de marginalisation technologique. Personne ne pouvait imaginer que les

Asiatiques de l'est auraient déjà 10 points de Quotient Intellectuel de plus que les Occidentaux. Puisque 50 % des jeunes Chinois sont favorables à l'augmentation du QI des enfants en agissant sur les fœtus, le leadership technologique chinois pourrait bien s'accentuer.

Face à une Europe bio-conservatrice et timorée se dresse une Chine transhumaniste décomplexée étrangère à notre culture judéo-chrétienne.

Les études d'opinion internationales menées par Marianne Hurstel de l'Agence BETC illustrent le fossé culturel entre la France et la Chine.

Une première enquête en 2015 avait révélé des différences considérables concernant l'acceptation de l'eugénisme intellectuel. Les Chinois sont les plus permissifs en ce qui concerne ces technologies et n'auraient aucun complexe à augmenter le QI de leurs enfants par des méthodes biotechnologiques, alors que 13 % des Français seulement y seraient favorables. Cette perspective est vertigineuse et effrayante.

Une nouvelle enquête de BETC, publiée en janvier 2018, montre un gouffre entre l'acceptation inconditionnelle de l'IA par les Chinois et les peurs françaises. Près des deux tiers des Chinois, contre un tiers des Français, pensent que l'IA va créer des emplois. Une importante partie de la population chinoise souhaite remplacer son avocat et son médecin par des IA, tandis que les Français y sont farouchement opposés : moins d'un Français sur 10 souhaite être soigné par une IA. Une majorité de Chinois contre 6 % des baby-boomers français pensent que nous aurons des relations amicales voire sentimentales avec les robots et 90 % des Chinois contre un tiers des Français pensent que l'IA sera bonne pour la société. Plus des deux tiers des Chinois pensent que l'IA va nous libérer et nous permettre de jouir de la vie contre un tiers des Français.

L'Empire du Milieu vient également de réussir la fabrication de bébés souris à partir de deux mamans sans aucun spermatozoïde... Nana et Lula, les premiers bébés génétiquement modifiés, sont nés en Chine en 2018. L'annonce a été faite le 26 novembre, par He Jiankui, un chercheur de la Southern University of Science and Technology de Shenzhen. La technique utilisée – CRISPR-Cas9 – a été découverte en 2012 par la Française Emmanuelle Charpentier et l'Américaine Jennifer Doudna. C'est l'équivalent pour nos chromosomes du logiciel Word pour le traitement de texte. La stupéfiante facilité d'utilisation de ces ciseaux moléculaires les met à la portée d'un étudiant en biologie. En 2014, les deux premiers singes modifiés par CRISPR-Cas9 étaient nés en Chine puis des biologistes chinois ont utilisé la méthode sur 86 embryons humains sans aller jusqu'à produire des bébés. Ces expériences ont entraîné des modifications génétiques non souhaitées – comme souvent avec cette technologie – ce qui avait conduit les scientifiques à déconseiller pour le moment la production de « bébés CRISPR ». Cela n'a pas découragé He Jiankui qui a franchi toutes les barrières éthiques sans même demander l'autorisation de son université. He Jiankui a annoncé, par provocation, cette nouvelle bouleversante à la veille de la conférence internationale sur les modifications du génome humain à Hong Kong. Il est clair que les Chinois vont trop vite. Le chercheur a d'ailleurs été condamné à trois ans de prison en décembre 2019. Jennifer Doudna avait déclaré au journal *Le Monde*, en 2016, que la naissance d'un « bébé CRISPR » était « une quasi-certitude » mais elle n'imaginait pas que les choses iraient si vite.

En définitive, la Chine où règne un spectaculaire consensus sur les modifications génétiques, la manipulation cérébrale et le déploiement de l'IA ne ressemble en rien aux stéréotypes xénophobes et racistes d'Albert Einstein et disposera d'une avance considérable dans la société de l'intelligence.

Le rideau de fer numérique

L'administration Trump a peur et veut casser la spectaculaire montée en puissance chinoise dans l'IA, les microprocesseurs et la 5G. En pleine guerre commerciale, Huawei a été placé sur la liste de sociétés chinoises auxquelles il est interdit de vendre des technologies. Donald Trump a expliqué : « Le numéro deux mondial des smartphones est très dangereux… d'un point de vue militaire. Très dangereux. » Obéissant, Google a décidé que Android n'équiperait plus les smartphones de Huawei. Les États-Unis paniquent !

Le *Financial Times* signale que les Chinois multiplient par 3 ou 4 le salaire des grands ingénieurs américains pour les attirer. Eric Schmidt, ancien patron de Google, sonne le tocsin : « D'ici 2020, ils nous auront rattrapés, d'ici 2025, ils seront meilleurs, et en 2030, ils domineront l'industrie de l'IA. »

Cette guerre est aussi financière : le *Financial Times* s'inquiète des progrès chinois en IA financières qui menacent les banques occidentales. La guerre de l'IA est différente de la guerre froide : l'URSS connaissait un effondrement économique alors que la Chine sera bientôt la première économie de la planète. En outre, la Chine est intégrée au commerce mondial, alors que l'URSS n'exportait rien.

L'ambition impériale chinoise se structure autour d'une « Nouvelle Route de la Soie » qui reliera l'Eurasie et l'Afrique, par des voies terrestres, maritimes et numériques et permettra à la Chine d'étendre son modèle politique et économique. La guerre technologique produira donc une démondialisation avec une séparation de l'économie mondiale en deux blocs. Logiquement, le commerce des datas et technologies sera réduit et le « splinternet » divisera bientôt le cybermonde en deux : une bifurcation entre un Internet chinois et un Internet dirigé par les États-Unis. C'est l'équivalent au XXIe siècle du rideau de fer soviétique.

Le « Splinternet » peut euthanasier la francophonie

L'action extérieure de la Chine n'est nulle part plus sensible que sur le continent africain. Le capital de la francophonie, qui nous confère aujourd'hui encore un précieux « soft power », y est gravement menacé.

Le président Macron a rappelé fin 2018 que l'avenir de la francophonie se joue en Afrique : le seul Congo pourrait abriter 200 millions de francophones en 2100. Mais cette francophonie est profondément menacée.

Le Splinternet, c'est-à-dire la cyber-balkanisation d'Internet le long des frontières géopolitiques, a débuté : la

Chine a érigé un « Grand Firewall » qui permet au parti communiste de contrôler le web et certains pays, comme le Pakistan, ont déjà bloqué de pans entiers du Web accusés d'être « blasphématoires et non islamiques ».

Cette partition de l'Internet serait facilitée par les immenses progrès de la Chine en IA : « Vous allez observer un leadership fantastique dans les produits et services en provenance de Chine. » Cette évolution du web faciliterait le plan chinois pour que l'Afrique devienne la Chinafrique. Certains pays d'Afrique francophone apprécient déjà le Grand Firewall chinois, qui permet – grâce à l'IA – une censure très sophistiquée sans bloquer le business. La colonisation numérique de l'Afrique par les BATX chinois peut être foudroyante si le Web éclate vraiment en deux entités séparées. Comme le dit Nicolas Miailhe, président du Think Tank *The Future Society* et expert de la gouvernance de l'IA : « Si la France n'est pas dans le même continent Web que l'Afrique francophone, celle-ci deviendra progressivement mandarinophone. Et nous ne pouvons pas véritablement compter sur l'effet de levier européen car en matière linguistique nos intérêts ne sont pas alignés. »

Ces bouleversements géostratégiques et géo-économiques sont d'autant plus grands que le président chinois a annoncé un plan de 60 milliards de dollars pour former des savants africains et soutenir le développement technologique.

Si nous ne réalisons pas la gravité de notre retard en IA, la francophonie en 2100, ce sera la France, la Wallonie, Genève, Lausanne et le nord du Québec.

Un Mai 68 anti IA est-il possible en Chine ?

La Chine a mis en place le système de contrôle des comportements le plus sophistiqué de l'histoire. *1984*, le roman de George Orwell, est une réalité : bientôt un milliard de caméras dopées à l'IA parviendront, par reconnaissance faciale, à contrôler les comportements des citoyens.

Chaque Chinois est doté d'une note de « crédit social » qui chute chez les opposants et les déviants, ce qui limite la capacité à voyager, se loger, travailler et empêche même vos enfants d'aller à la fac.

Sommes-nous si loin de cette menace dans nos démocraties libérales ? La société du zéro-risque, qui vit l'accident comme un scandale et la menace terroriste justifient les mesures liberticides. Uber, Airbnb nous ont déjà habitués à noter et à être notés.

Amazon a annoncé développer pour le compte du gouvernement américain une technologie de reconnaissance faciale pour lutter contre l'immigration…

Gaspard Koenig explique dans *Le Figaro Magazine* : « Yuval Noah Harari évoque la possibilité que les IA parviennent à nous prodiguer des informations suffisamment puissantes pour que nous soyons convaincus qu'il est de notre propre intérêt de nous laisser guider. La société chinoise est à l'aise avec l'idée que le bien-être du groupe prime. Que leur importe la vie privée si l'on peut réduire la criminalité, améliorer la santé et développer l'éducation ? »

En Occident aussi, beaucoup de gens souhaitent que l'on se dirige vers un effacement de l'individu et donc de la démocratie traditionnelle. C'est le cas de certains écologistes qui considèrent que l'individu consomme trop,

voyage trop, et qu'il faut réduire sa liberté de choix pour réduire son empreinte écologique. La liberté est un concept dépassé répètent en chœur certains adeptes de Greta Thunberg. Les écologistes accepteraient une surveillance par l'IA de nos émissions de CO_2. La démocratie est menacée par la montée en puissance des dictatures technologiques (« technotature » ou « dictatech » comme la Chine) et la chute du libre arbitre liée à l'Intelligence Artificielle. Déciderons-nous d'embrasser le confort et la sécurité que nous donne l'intelligence artificielle ? Et, nous aurons donc un réel problème géopolitique puisque les États qui accepteront de minimiser la protection du citoyen, du consommateur et les libertés auront un avantage.
Avec le principe de précaution et la peur généralisée, il n'est pas impossible qu'on décide d'aller vers un monde moins beau mais plus sûr et plus efficace Le cyberautoritarisme remporte victoires sur victoires contre la démocratie libérale... mais la guerre n'est pas perdue ! On voit à Hong Kong la première bataille populaire contre l'IA avec des parapluies et des masques pour tromper les caméras de surveillance. Il y aura heureusement demain des Mai 68 anti-IA. En Chine et ailleurs...

Les GAFA sont des Corponations

Il ne manquait qu'un protagoniste dans le bal des nouvelles puissances : les « corponations » qui ambitionnent d'ubériser les États et de devenir des puissances géopolitiques.

Les enjeux dépassent le contrôle des contenus haineux et la régulation des médias en période électorale. Les GAFA ont acquis un immense pouvoir économique et géopolitique grâce à l'IA dont ils ont le monopole en Occident : les États sont menacés d'ubérisation.

De fait, l'IA confère à ses propriétaires – les patrons des géants du numérique – un pouvoir politique croissant. Un cofondateur de Facebook, Chris Hughes, a d'ailleurs demandé le démantèlement du réseau social en séparant Facebook et les applications Instagram et Whatsapp. Les politiciens occidentaux eux aussi souhaitent contrôler, réguler et taxer les géants du numérique qui sont devenus les maîtres de l'IA.

L'IA autorise de profondes manipulations des électeurs puisqu'elle permet aux géants du numérique de comprendre notre fonctionnement cérébral. En cela, la convergence de l'IA et des neurosciences bouleverse les notions de libre arbitre et de liberté.

Mark Zuckerberg a démenti vouloir se présenter à la présidentielle américaine. En réalité, il vise plus haut que la présidence des États-Unis. Ses ambitions sont messianiques : il veut être le grand prêtre de communautés numériques agissantes, unissant les citoyens à travers le monde. Son allocution à Harvard, le 25 mai 2017, était un vrai discours politique, un plaidoyer pour une gouvernance mondiale et l'institution d'un revenu universel pour aider les citoyens à surmonter le choc de l'Intelligence Artificielle. Il avait aussi déclaré : « C'est le grand combat de notre époque. Les forces de la liberté, de l'ouverture et des communautés globales, contre les forces de l'autoritarisme, de l'isolationnisme et du nationalisme. Ce n'est pas une bataille entre Nations, c'est une bataille d'idées. » Le 22 juin 2017, il avait comparé Facebook à une église.

Dans le même sens, Larry Page, président de Google-Alphabet, expliquait au *Financial Times*, que les entreprises comme la sienne ont vocation à prendre la relève des dirigeants politiques puisqu'elles comprennent mieux le futur que les hommes politiques. Il préconise que les sociétés comme la sienne produisent la décision politique en lieu et place des élus.

Par ailleurs, la bataille spatiale soulève de grandes questions géopolitiques : Elon Musk deviendra-t-il propriétaire de Mars s'il est le premier à y fonder une colonie ? Mars pourrait être un laboratoire politique puisque la mise en concurrence des institutions de la Terre et de Mars est un rêve pour les libertariens transhumanistes californiens. Les États traditionnels sont clairement mis en concurrence, menacés d'ubérisation à leur tour, à l'exception de ceux qui ont compris les nouvelles règles du jeu et ont déjà commencé à prendre les choses en main.

Les géants du Web se voient comme des entités souveraines capables de décider de la moralité d'une œuvre d'art comme l'*Origine du monde* de Gustave Courbet, explique dans *Le Monde* Nicolas Arpagian qui rappelle qu'avec un système juridique (les conditions d'utilisation), un territoire (les serveurs) et une population (les 2 milliards d'inscrits), un géant comme Facebook coche les cases de certaines définitions d'un État.

L'ambassadeur David Martinon plaide dans *Le Monde* pour préserver un dialogue, car ces interlocuteurs atypiques ont entre leurs mains les cartes des conflits de demain : « Microsoft est meilleur en cyber que 95 % des États. Ces gens-là ont le succès commercial et voient les États peiner à imposer des normes quand eux l'ont déjà fait. Ils ne se considèrent pas comme des sujets de droit mais comme des acteurs du droit, capables de ne pas considérer spontanément un système de droit étatique comme étant supérieur. Il faut accepter le fait qu'elles agissent comme des diplomaties privées. »

Face à ces nouvelles hyper-puissances qui nous considèrent comme des marchés et des esprits à conquérir, le mouvement écologiste radical agit comme un puissant sédatif.

Et le nouveau monde est plus cynique que jamais…

Le monde musulman se couche devant la Chine pour quelques milliards

La population turcophone s'étend sur près de 10 000 kilomètres du nord de la Chine – d'où les premières tribus turques sont originaires – jusqu'à l'Europe occidentale en passant par le Kirghizstan, le Kazakhstan, l'Ouzbékistan, l'Azerbaïdjan, et le Turkménistan[1]. Au cours des migrations qui les ont conduits jusqu'à la Turquie contemporaine,

1. Le Tadjikistan est iranophone.

les peuples turcs ont turquifié les zones conquises. Un habitant de Turquie d'Europe – la région d'Istanbul – peut comprendre un Ouïgour chinois.
La région autonome du Xinjiang, dans l'extrême ouest de la Chine, compte 14 millions de musulmans dont 11 millions de Ouïgours, minorités turcophones et musulmanes sunnites. Couvrant un million et demi de kilomètres carrés, le Xinjiang dispose d'un sous-sol riche notamment en terres rares et constitue la porte d'entrée vers les ex-républiques soviétiques qui présentent un intérêt stratégique majeur pour Pékin. Depuis dix ans, l'opposition entre l'État chinois et les aspirations islamo-nationalistes des Ouïgours a conduit à la « sécurisation » du Xinjiang. L'ONG Human Rights Watch souligne que « le gouvernement chinois a soumis les musulmans du Xinjiang à la détention arbitraire à une échelle massive, à un endoctrinement politique forcé, à des restrictions de la liberté de circulation, ainsi qu'à l'oppression religieuse... ». Des classes d'éducation aux lois sont dispensées aux Ouïgours suspects de « délits » religieux, comme la participation aux prières collectives, posséder une édition du Coran non approuvée par le gouvernement ou enseigner les traditions musulmanes à ses enfants. Plus d'un million de musulmans seraient détenus dans les « camps d'éducation politique ». Pékin veut imposer les coutumes chinoises et désislamiser cette population. Les séances d'endoctrinement se généralisent. Des tuteurs sont imposés aux familles pour leur apprendre à vivre à la chinoise et bien sûr manger du porc. La « Chine Black Mirror » expérimente, grâce à l'Intelligence Artificielle, des technologies de surveillance hautement sophistiquées sur les musulmans Ouïgours et le *New York Times* a révélé la construction d'une gigantesque base de données ADN pour identifier et surveiller les musulmans. Dans le monde bipolaire qui émerge, Chine et États-Unis exigeront des

autres pays qu'ils choisissent leur camp. Le 17 juillet 2019, Human Rights Watch se lamente qu'en dépit des exactions contre les musulmans, 14 pays musulmans (l'Algérie, l'Arabie saoudite, Bahreïn, l'Égypte, les Émirats arabes unis, Koweït, Oman, le Pakistan, Qatar, la Somalie, le Soudan, la Syrie, le Tadjikistan et le Turkménistan) ont signé une déclaration de soutien à la politique chinoise au Xinjiang et fait l'éloge des « mesures de lutte contre le terrorisme et la déradicalisation au Xinjiang » ayant conduit à un « sentiment plus fort de bonheur, d'épanouissement et de sécurité ». Le monde musulman qui a intégré le fait que la Chine devient un leader mondial a largement choisi son camp quitte à sacrifier les populations musulmanes chinoises. Lorsque la France réglemente le voile à l'école, le monde arabo-musulman est choqué et révolté, lorsque la Chine interne ses minorités musulmanes, de nombreux pays musulmans louent la sagesse chinoise. L'Oumma, la communauté des croyants musulmans, est bien fragile face aux enjeux géopolitiques. Le pape François n'a pas non plus protesté lorsque le président chinois a décidé le 6 novembre 2019 de réécrire la Bible.

Logiquement, la Turquie qui protège son « empire linguistique » est le seul pays musulman à protester vigoureusement contre la politique chinoise au Xinjiang.

Les Verts rendent notre retard irréversible

Jean-Pierre Le Goff explique dans *Le Figaro* du 4 juin 2019 : « L'écologie se nourrit du fantasme d'un monde uni et pacifié. L'écoidéologie renforce en même temps la vision noire et pénitentielle de notre propre histoire occidentale qui serait responsable de tous les maux écologiques oubliant au passage que le développement de la production de la science et de la technique a permis la fin du paupérisme et le progrès social. »

La crise collapsologique accélère la montée en puissance de l'Asie selon Eric Van Vaerenbergh : « L'asianisation du monde se fera d'autant plus fortement et rapidement si les démocraties occidentales perdent leurs souverainetés technologiques et qu'elles deviennent incapables de rester aux yeux du monde un modèle politique permettant de conserver le bien-être de l'humanité ! »

La peur névrotique de l'exercice de puissance a empêché l'Europe de comprendre qu'une gigantesque guerre technologique est en cours entre les États-Unis et la Chine. Les Verts vont aggraver la crise. La puissance de la Chine est spectaculaire. La Chine est l'usine du monde, elle devient son cerveau.

L'Europe s'est effondrée dans la plupart des branches industrielles d'avenir : téléphone, IA, nanotechnologies, OGM, agriculture, espace, cyberdéfense.

Pourquoi la France et l'Europe ont-elles accumulé un si grand retard en si peu de temps ?

Sortie de scène

L'Europe a occupé la scène mondiale pendant plus de deux millénaires. Les pays européens se passaient, de siècle en siècle, le sceptre de la puissance, mais cela restait entre nous : l'Antiquité et la Renaissance à l'Italie ; les XVIIe et XVIIIe siècles à la France ; le XIXe au Royaume-Uni, qui avait su prendre le virage industriel plus tôt et mieux que tout le monde. La domination passée de l'autre côté de l'Atlantique au XXe siècle a porté un premier coup dans notre tranquille certitude d'être, naturellement, les maîtres du monde. Mais il ne s'agissait que d'une excroissance de l'Occident, une ancienne colonie britannique qui devait ses réussites à notre héritage. Nous pouvions continuer à nous penser comme un exemple que tous les autres pays du monde regardaient avec vénération…

Le réveil est dur. Les projecteurs de l'Histoire sont désormais orientés ailleurs. On ne regarde plus guère l'Europe avec envie, si ce n'est pour s'approprier ses données et avoir accès à ses consommateurs au confortable pouvoir d'achat. L'Europe n'est plus un exemple, mais une proie consentante.

L'historien Aurélien Duchêne remarque : « Au début du XVe siècle, la Chine distançait l'Europe en tout et menait de grandes explorations maritimes. À la fin du siècle, l'Europe s'engageait dans 500 ans de domination quand la Chine régressait. Pourquoi ? L'élite confucéenne chinoise a imposé un tournant réactionnaire quand les élites européennes ont soutenu scientifiques et explorateurs. Aujourd'hui, l'Europe cède aux dérives anti-sciences des Verts quand la Chine mise sur le progrès technique pour nous supplanter ! »

Les écologistes travaillent concrètement à aggraver notre handicap technologique face à l'Asie de l'Est qui contemple notre suicide géopolitique : sont-ils manipulés par la Chine ? Pendant que nous hurlons « la planète brûle », la Chine conquiert le leadership technologique mondial.

L'économiste Nicolas Bouzou s'est emporté dans *L'Express* sur le suicide technologique de l'Europe en matière d'IA : « L'un de mes amis, tout juste revenu d'une année passée en Asie, me faisait remarquer que l'Europe semblait s'être spécialisée dans les analyses intellectuelles et la morale comme en témoigne la prolifération de comités éthiques sur le numérique, la robotique et l'intelligence artificielle. Voilà une spécialisation confortable, mais qui rend l'Europe plus ridicule que puissante. » L'Europe devient le Café de Flore du monde. Nous passons notre temps à disserter « sur les dangers de l'intelligence artificielle, le jour où elle se retournera contre nous, les risques du tout numérique sur la vie privée, la soi-disant nécessaire appropriation des données par les individus, ne voyant ainsi le numérique qu'avec la lorgnette de la réglementation et de la défiance ». Des leçons de morale d'autant plus vaines qu'elles sont reçues avec une totale indifférence autour du Pacifique.

Pendant cette transition, nous n'avons pas le droit à l'erreur. Chaque faux pas géopolitique sera payé au prix fort par nos petits-enfants. En cédant aux injonctions décroissantistes, nous détruisons leur avenir ! La poussée collapsologique s'affirme au moment même où le centre de gravité du monde s'éloigne de l'Europe.

Le goût du futur est massacré

Alors que les géants du numérique nous proposent un avenir fantasmagorique, optimiste et enchanteur, la majorité de nos philosophes ont peur de tout : de l'islam, des étrangers, des grandes surfaces, de la mondialisation, du commerce international, des technologies NBIC. Les philosophes des Lumières qui décrivaient un bel avenir, plein de promesses, croyant profondément à la science et au progrès et faisaient rêver le monde semblent bien loin.

Comme l'explique l'essayiste Olivier Babeau, « La préoccupation environnementale prend aujourd'hui la forme du souci constant de minimiser son empreinte. L'empreinte carbone, qui est pourtant par définition celle de la vie, est déclinée dans tous les autres domaines : ce sont plus généralement toutes les formes de trace du passage des êtres humains sur terre qui sont vouées à disparaître, y compris celles qui ne sont pas une menace pour l'écosystème. C'est une nouveauté frappante de notre temps. » Dans l'Antiquité, rappelle Babeau, « il était essentiel pour chacun de laisser derrière soi des gens capables d'évoquer votre souvenir. On pensait que le mort conservait une forme d'existence aussi longtemps que quelqu'un se souvenait de lui. [...] Tous les grands dirigeants, des pharaons aux présidents de notre République en passant par les rois, n'étaient préoccupés que de laisser les traces les plus éclatantes possible de leur règne ou de leur mandat. Le simple citoyen lui-même, autrefois, se rêvait bâtisseur. [...] Il n'y avait rien de plus beau ni de plus enviable que de marquer son temps et la terre de son passage. Le nouveau grand projet, c'est de ne pas en avoir. On revendique l'insignifiance. On désigne le rien. On organise le vide. Notre ferveur s'est réfugiée dans le culte de Gaïa. Le culte de Mère nature veut aussi ignorer tout ce que notre bien-être actuel doit à des milliers d'années d'efforts pour contrecarrer la nature et s'abstraire de ses nécessités ».

Aux nouvelles générations, il serait préférable d'inculquer un goût du futur, sans cacher les difficultés qu'elles devront affronter. Il faudrait plutôt apprendre à gérer le pouvoir démiurgique que les technologies NBIC vont nous donner : être des dieux technologiques, ce n'est pas rien ! Préserver notre humanité tout en assumant notre pouvoir immense sur nos cellules, nos neurones et nos chromosomes suppose de nouvelles grilles de lecture du monde, non pas de se complaire dans la nostalgie d'un passé illusoire.

La vision d'un présent constituant un temps de régression généralisée n'est pas seulement stupide, elle est surtout dangereuse. Elle va de pair avec une mauvaise compréhension des enjeux réels, et des dangers effectifs. La domination de l'irrationalité dans le débat européen contemporain est notre plus grand boulet.

L'autoroute de l'histoire en sens inverse

Les recommandations des Verts nous feraient prendre l'autoroute de l'histoire en sens inverse.

Le combat d'Aurélien Barrau contre la 5G est exemplaire. Le 10 mars 2019, sur Facebook, l'astrophysicien a diabolisé la 5G. « Nous n'avons pas besoin, pas envie, de cette débauche insensée ; nous refusons cette idée létale suivant laquelle tout ce qui est technologiquement possible doit être effectivement réalisé, pour la jouissance mortifère de la consommation pure. » « La question consiste à comprendre comment endiguer cette hubris suicidaire de création de besoins matériels qui prévalent sur les ravages insensés que leur mise en acte induit nécessairement sur le vivant. Même avec une source d'énergie parfaitement "propre", l'effet du déploiement serait dramatique. La 5G tue. Non pas à cause des effets des ondes sur la santé humaine. Mais en tant que création artificielle d'un besoin arbitraire aux conséquences dévastatrices. On ne peut plus continuer à faire comme si ces folies n'avaient pas de conséquences. Nous avons déjà tué 70 % du vivant. Préfère-t-on la vie ou le débit du réseau téléphonique ? C'est aussi simple que cela. »

Il propose que l'on bloque la 5G pour des raisons écologiques, au moment où le retard de l'Europe en matière de télécoms devient grave. L'écologiste Jean Marc Jancovici défend lui aussi l'interdiction de la 5G.

Une tribune dans *Libération* exige même de l'astronaute Thomas Pesquet qu'il cesse d'aller dans l'espace… En bloquant les nouvelles technologies, les décroissantistes souhaitent une forte baisse de la production et donc du pouvoir d'achat ce qui multiplierait les Gilets jaunes et fragiliserait la démocratie. En réalité, ce n'est pas l'interdiction des nouvelles technologies qui réglera les crises du XXIe siècle, mais les savants et ingénieurs qui ont, ne l'oublions pas, doublé l'espérance de vie sur terre en un siècle. La 5G a d'ailleurs beaucoup à apporter au combat écologique : développement du télétravail et du tourisme virtuel, optimisation de la production agricole… Le discours collapsologique conduit l'Europe au suicide. Le spécialiste des réseaux Yves Caseau explique : « La 5G, ce n'est pas plus d'énergie pour plus de débit, c'est plus d'intelligence logicielle dans l'utilisation des ondes et des fréquences pour plus d'adaptabilité – nous ne savons pas aujourd'hui quelles sont toutes les applications que cette augmentation des performances va permettre, dans des multiples dimensions (débit mais aussi réactivité ou couverture ou encore démocratisation des usages). On retrouve ici l'erreur majeure de certains écologistes : prévoir l'augmentation du CO_2 est facile, construire des scénarios d'évolution du climat est nécessaire, mais anticiper la réaction du système complexe humain/environnement est très spéculatif – les progrès de la technologie font partie des outils pour permettre l'adaptation qui sera nécessaire, encore faut-il ne pas se priver de ces futurs en faisant semblant de savoir ce qui est possible. »

Quand les Verts fantasment sur *Game of Thrones*[1]

La société industrielle est une « petite fluctuation de l'Histoire » qui ne concerne que 2 milliards de personnes pendant 70 ans, sur une petite partie de la terre, analyse Yves Cochet. Les supermarchés, les téléphones mobiles, l'électricité abondante, les voyages en avion... « Tout cela va se terminer », prévoit-il. Le niveau technologique en 2050 ? Yves Cochet pense que nous serons « entre 1850 ou les Mérovingiens de *Game of Thrones* ». Selon lui, « il n'y aura peut-être pas d'électricité en 2050, nulle part sur terre ». Les constructeurs automobiles ne devraient pas miser sur le véhicule électrique. « Il faut faire des calèches, des fiacres et des diligences », explique-t-il à Renault et Peugeot. Et les haras nationaux devraient passer de 200000 chevaux de trait à 10 millions en 2035, « c'est ça la politique des transports du futur ».

« Privés de moteurs, mais épris de puissance, nous ferons de nouveau appel à la traction animale. Plutôt que sur les bœufs, nous parierons sur les chevaux de trait, plus rapides, plus forts et plus résistants. Ici aussi, cela nécessite une préparation bien en amont pour un bénéfice en aval – principalement, une possibilité de production agricole en faveur des chevaux (un quart des terres cultivées), la fabrication de harnachements spécifiques (harnais, colliers de travail, courroies, sangles...) et de différents types de chariot, des espaces pour leur habitat et, bien sûr, un nombre conséquent de chevaux aptes à l'attelage. Toute une sellerie, une maréchalerie et des infrastructures sont à créer. Le cheptel équin français existant est de l'ordre d'un million de têtes, dont seulement 8 % d'ânes et 6 % de trait, le reste servant au loisir ou aux courses. Si nous voulons

1. *Game of Thrones* est un feuilleton dépeignant un monde médiéval ultra-violent et magique.

> atteindre un million d'ânes et de chevaux de trait en France en 2050, une réorientation des haras devra être effectuée au plus tôt. Ces considérations prophétiques s'appliquent mutatis mutandis à la voile et aux embarcations à rames. »

La fin de l'avion renforcerait les inégalités territoriales

Le besoin en ingénieurs et managers de très haut niveau explose : on estime que le monde manquera de dizaines de millions de travailleurs « ultra-qualifiés » vers 2030.

La bataille fait donc rage pour attirer les meilleurs managers, savants et ingénieurs. Or, les ayatollahs verts proposent désormais d'interdire les vols intérieurs, ce qui serait dramatique pour la cohésion sociale. En réaction, 93 parlementaires de toutes tendances supplient dans une tribune au *Journal du Dimanche* : « Ne jetons pas l'anathème sur les vols domestiques… nous assistons, interloqués, à une multiplication des attaques contre l'avion. Certains de nos territoires sont victimes d'un enclavement qui handicape leur développement. Les lignes aériennes interrégionales sont souvent le seul moyen de leur éviter un isolement mortifère, faute de dessertes routières et ferroviaires adaptées. » Les parlementaires suggèrent d'aider le secteur aérien à adopter une stratégie bas-carbone en développant la recherche au lieu de tuer les lignes intérieures.

La proposition de loi visant à interdire la plupart des vols domestiques aurait effectivement des effets dévastateurs. La baisse de trafic conduirait à la mort de beaucoup d'aéroports régionaux, ce qui supprimerait également les liaisons internationales. Les entrepreneurs, les managers, les innovateurs, les ingénieurs et scientifiques fuiraient les zones concernées qui se dévitaliseraient encore un peu plus.

Quel patron de start-up va s'installer à Brest si l'aéroport ferme ? Bien sûr, Michelin déplacerait sur-le-champ son siège social à Paris…

Le déclassement des perdants de la nouvelle économie n'a pas que des conséquences monétaires : le Prix Nobel d'Économie 2015, Angus Deaton, s'alarme de l'augmentation de la mortalité des citoyens peu diplômés dans les territoires dévitalisés.

L'économie de la connaissance redistribue les cartes à l'avantage des quelques métropoles qui ont investi dans la technologie au détriment des territoires périphériques. De fait, le pouvoir macroniste s'est organisé autour des gagnants du nouveau capitalisme cognitif qui est né à la convergence de l'économie de la connaissance, de l'IA et du big data et les propositions « anti-avions » des Verts achèveraient les territoires marginalisés. Si l'on tue l'avion, le mercato des cerveaux – conséquence logique du capitalisme cognitif – va aspirer les talents français vers les métropoles ; les cerveaux sont de plus en plus mobiles géographiquement… Interdire les vols intérieurs concentrerait encore un peu plus la richesse sur quelques métropoles au détriment des territoires périphériques : c'est le meilleur moyen d'en faire partir les élites indispensables à la nouvelle économie et de multiplier les Gilets jaunes.

Pour renverser la paupérisation des zones périphériques, les bons sentiments ne seront d'aucune utilité : il nous faut garder des talents dans les territoires pour faire monter en gamme l'économie locale et améliorer le pouvoir d'achat des Gilets jaunes.

Au mercato des cerveaux,
la balance cognitive de la France est déficitaire

Pendant que nous combattons les croyances obscurantistes et que nous cherchons à convaincre les Français que la terre n'est pas plate, nous ratons le train de la révolution NBIC.

Pour participer à cette compétition d'un nouveau genre, nous avons besoin des meilleures compétences du monde. Les scientifiques et ingénieurs sont les fantassins du XXIe siècle !

Au moment où la captation des meilleurs cerveaux mondiaux fait rage, la France traite ses savants comme des chiens. Antoine Petit, le patron du CNRS, s'est ému qu'un chercheur français, Bac plus 11 spécialistes en IA, soit payé moins de 3 000 euros par mois dans la recherche publique. Cédric Villani ne cesse de répéter que la fuite des cerveaux est un sujet inquiétant et souhaitait que les chercheurs en IA, qui sont donc payés au lance-pierres, bénéficient d'un doublement rapide de leur traitement. Le président Emmanuel Macron s'y est opposé : il pense à tort que les chercheurs seront éternellement patriotes et masochistes, ce qui est une grave erreur. La recherche française va se volatiliser d'ici 2050 si nous continuons à traiter aussi mal nos savants. Le mercato mondial des cerveaux – conséquence logique du capitalisme cognitif – va aspirer les nombreux talents français : nous garderons les seconds couteaux et nous deviendrons une colonie technologique des géants de l'IA.

Les capitalismes marchand et industriel se manifestent par des flux de produits. Le capitalisme cognitif n'est pas seulement celui de la data : c'est d'abord celui des cerveaux. La matière grise a aujourd'hui la valeur qu'avaient au Moyen Âge les épices, dont le prix correspondait à leur poids en or. La France excelle à produire de magnifiques cerveaux, mais elle n'a pas compris qu'il fallait les garder !

La bataille fait rage pour attirer les meilleurs savants et ingénieurs, ce que la France refuse d'admettre. Les géants du numérique bâtissent leurs empires par l'achat d'une quantité invraisemblable de talents à coups de millions de dollars.

Au-delà du rapide creusement des inégalités entre citoyens, ce hold-up sur les hauts potentiels crée une gigantesque barrière à l'entrée pour les entreprises traditionnelles et les start-up qui pour des raisons financières ou même syndicales ne peuvent pas payer leurs chercheurs plusieurs millions de dollars par an. En 2017, les géants américains de l'IA ont distribué 23,7 milliards de dollars de bonus en actions à leurs cadres pour les décourager de partir vers des start-up. Pour renverser notre vassalisation économique et technologique, les bons sentiments ne seront d'aucune utilité : il nous faut garder les talents au sein du système public de recherche et de nos entreprises.

Alors que le monde est engagé dans une course aux cerveaux, obsédés par l'idée d'attirer à lui les meilleures compétences, nos médias jouent une musique toute différente. La technologie, la science et l'entreprise font l'objet d'une même méfiance, quand elles ne sont radicalement critiquées. La France exporte ses meilleurs cerveaux et importe des cerveaux peu qualifiés. Prenant l'exact contre-pied de la course à l'excellence technologique, nous voguons plein sud : vers l'Eldorado promis de la décroissance, de la frugalité heureuse et des « technologies de nos ancêtres ». Un miroir aux alouettes dont il est essentiel de dénoncer la gravité.

CHAPITRE II : LE LOW-TECH C'EST LA MORT !

De la même façon que « small is beautiful », on voudrait nous persuader des vertus du « low-tech[1] ». Rien ne serait plus beau ni plus souhaitable que de revenir au niveau technologique d'antan. Une idéalisation qui cache les conséquences absolument dramatiques qu'aurait un tel recul. La croissance n'est pas une option, un colifichet inutile que nous n'aurions qu'à retirer pour retrouver la beauté authentique des premiers âges. La croissance est notre seule réelle planche de salut.

La croissance est plus indispensable que jamais

Nous sommes devenus les seigneurs du monde et nous devons assumer. Il faut apprendre à coopérer avec la nature sans pour autant revenir au Moyen Âge. La décroissance, au nom d'une vision religieuse de la Nature, serait un égoïste caprice d'Occidentaux blasés. Nous devons remercier nos ancêtres – Homo Habilis, Ergaster, Heidelbergensis et des

1. Le low tech englobe les technologies simples par opposition au high-tech.

milliers de générations d'Homo Sapiens... – d'avoir combattu et domestiqué la Nature depuis près de deux millions d'années. Et nous devons continuer. La liste de ce à quoi nous devons renoncer si nous prenons la direction de la décroissance en étonnera plus d'un.

La prophétie des collapsologues
pourrait être auto-réalisatrice.
Sans croissance, 1793 est au bout du chemin.

Le progrès ne tombe pas du ciel. Améliorer les conditions de travail des ouvriers était et demeure toujours une question importante : ce n'est pas par l'instauration de mesures autoritaires que la situation s'est améliorée, mais par les efforts constants d'une multitude d'ingénieurs, de chercheurs, de travailleurs, d'entrepreneurs qui ont réussi à proposer un ensemble de moyens, notamment technologiques, permettant de réduire grandement la pénibilité du travail.

Améliorer l'espérance de vie, réduire la mortalité infantile, cela ne s'est pas fait par la planification, la contrainte et les amendes. Ce sont les médecins, chercheurs et l'ensemble des professionnels dédiés à repousser la maladie et la mort qui sont à remercier.

En sens inverse, la prophétie des collapsologues pourrait être auto-réalisatrice : en prévoyant l'effondrement, ils savent sans l'avouer qu'ils le provoquent. Sauf à rêver d'un *Game of Thrones* purificateur, ou à suivre Jancovici qui propose de cesser de soigner les personnes âgées très malades, la croissance est indispensable.

Un monde où beaucoup de gens sont fragiles a besoin d'un énorme État-Providence et donc de croissance. L'IA va marginaliser une partie significative de la population qui aura besoin d'un État-providence encore plus généreux. On ne peut espérer réguler la guerre des intelligences que dans la croissance. À défaut, le nombre de Gilets jaunes va mécaniquement augmenter.

Personnaliser l'éducation grâce aux neurosciences, afin de réduire les inégalités intellectuelles sources de toutes les inégalités sociales dans une économie de la connaissance, va coûter des milliards d'euros par an.

Rater notre entrée dans le capitalisme cognitif aurait des conséquences irréversibles. Quoi qu'on en pense, les technologies de neuro-enhancement[1] s'imposeront et les nations qui ne pourront les offrir à leurs citoyens – en les faisant rembourser à 100 % par la Sécurité sociale – déclineront irréversiblement.

Par ailleurs, le vieillissement de la population fera exploser les dépenses de santé. La prise en charge de l'Alzheimer et des cancers des seniors est inenvisageable sans croissance. Les pays décroissants ne pourront payer les nouveaux traitements et deviendront des mouroirs démoralisants.

À un moment charnière de l'histoire de l'humanité, les pays sans croissance seront marginalisés et ne participeront pas à la définition de l'homme 2.0. Que l'on soit transhumaniste ou bioconservateur, notre voix ne sera pas entendue si nous sommes technologiquement vassalisés.

La normalisation technologique suppose un rapport de force favorable. C'est grâce à sa forte croissance que la Chine a colonisé les organismes internationaux de

1. Technologies d'augmentation des capacités cognitives.

normalisation qui ont une importance cruciale dans la définition de l'avenir.

La fin de l'histoire n'ayant pas eu lieu, l'Europe doit se réarmer car le parapluie de l'OTAN devient fragile. Des centaines de milliards sont nécessaires pour exister entre la Chine et les USA. La France va devoir investir pour que le Sahel ne devienne pas son Afghanistan[1].

Pour rentrer dans la guerre technologique, l'Europe doit considérablement augmenter ses dépenses de recherche et développement.

Une Europe décroissante perdrait tout soft power et toute attractivité. L'interdiction ou la diabolisation de l'avion se traduirait par un éclatement immédiat de la France d'Outre-mer. Le recul de l'économie française permettrait à la Chine d'imposer encore plus rapidement la Chinafrique au détriment de l'espace francophone.

L'affaiblissement économique de l'Europe diminuerait sa voix dans la diplomatie climatique ; or, l'Europe est le continent le plus vertueux en terme de politique environnementale...

Le découplage en cours entre prospérité et démocratie est intenable. Les pays autoritaires et pro-technologie garantiront de meilleures conditions de vie à leurs citoyens qu'une Europe décroissante. Misérables, des démocraties décroissantes ne tiendraient pas face aux puissances conquérantes de l'Asie, fussent-elles autoritaires. Il serait alors facile de convaincre l'opinion que démocratie parlementaire = baisse du pouvoir d'achat tandis que dictatech = prospérité ce qui conduirait à une rapide victoire des extrêmes.

1. La neutralisation des groupes islamistes au Sahel est beaucoup plus difficile que prévu.

Décarboner l'économie repose largement sur des technologies chères. L'ingénierie écologique est incompatible avec la décroissance. Si l'air de Paris ou celui de Londres sont plus purs qu'en 1955, c'est grâce à la technologie.

Quel que soient les mécanismes compensateurs, l'indispensable passage à une fiscalité sur le CO_2 se traduira par des transferts de richesse que seule la croissance peut amortir.

Une économie décroissante ferait fuir une large partie des élites technologiques et financières, ce qui aggraverait le déclassement de nos pays.

Sans croissance, l'énorme dette publique devra être remboursée au détriment du pouvoir d'achat, ce qui entraînera des tensions sociales ingérables.

La fermeture relative des frontières liée à la guerre commerciale empêchera d'amortir les coûts grâce aux exportations, l'Europe doit donc davantage amortir ses nouveaux produits sur son marché intérieur, ce qui sera impossible, s'il décroît.

L'immigration massive a conduit à une montée des communautarismes. Le développement des banlieues va exiger des investissements massifs : la décroissance euthanasierait le 93.

La décroissance freinerait les transferts de richesse des métropoles vers les zones moins dynamiques. Les égoïsmes territoriaux s'accentueraient et la dévitalisation des territoires pauvres rentrerait dans un cercle vicieux. Comme au XVIIIe siècle, des écarts gigantesques apparaîtraient entre Paris et le Massif central ou la Haute-Marne à l'image du fossé entre Casablanca et le haut Atlas marocain.

La décroissance créerait un monde étriqué et démoralisant pour la jeunesse. La honte de l'avion poussée par les ambassadeurs de Greta Thunberg empêchera les jeunes

Européens de voir le nouveau monde hypertechnologique qui se construit ailleurs.

La technologie de 1960,
les mélenchonistes et le SIDA

Le recul technologique signifierait fondamentalement le renoncement à des avancées scientifiques auxquelles nous tenons précieusement.

François Ruffin[1], leader insoumis et lieutenant de Jean-Luc Mélenchon, explique que nous devons faire une pause technologique pour le bien-être écologique de la planète : « Le bonheur naîtra d'autre chose que du progrès technologique ». L'idéalisation réactionnaire et conservatrice du passé a désormais contaminé la gauche de la gauche. Revenir au passé conduirait à des catastrophes notamment sanitaires.

Qu'aurait fait, par exemple, l'humanité face au sida avec la technologie de 1960 ? Nous subirions une pandémie dramatique sans aucun espoir de mise au point d'un traitement. Tout dans la lutte contre le sida était inaccessible à la science de 1960. Guérir le sida en 1960 était aussi impossible que d'aller sur la lune avec la science de 1920. Quel que soient les moyens mis en œuvre.

Le microprocesseur n'a été inventé qu'en 1971. Le séquençage intégral de l'ADN en 2006. La transcriptase reverse, enzyme cruciale pour comprendre le VIH, a été découverte en 1971. La cible du virus, les lymphocytes T CD4 ont été identifiés à l'orée des années 1980 et n'auraient pu l'être avec la technologie de 1960. Le pilotage du traitement fait appel à la mesure de la charge virale dans le

1. François Ruffin, *Il est où le bonheur*, les liens qui libèrent, 2019.

plasma sanguin qui était totalement inaccessible à la science des années 1960.

Si le sida avait touché l'humanité des années 1960, il aurait entraîné une hécatombe mondiale. Avant son éradication, la variole a tué 300 millions de terriens au XXe siècle, le sida en aurait tué beaucoup plus. Jamais la science de cette époque n'aurait pu lutter contre ce fléau. La société se serait défendue par l'ostracisation et l'isolement des malades comme du temps de la peste. Les homosexuels qui ont été fortement touchés par l'épidémie auraient été soumis à un terrible contrôle policier voire internés pour freiner la transmission de l'épidémie.

Il a fallu toute la science des années 1990, 2000 et 2010 pour combattre efficacement la maladie qui a tué une trentaine de millions de personnes. Fantasmer sur les années 1960 est irresponsable !

Le sida et la syphilis ont deux causes : les transports internationaux et la sexualité. Ce sont deux maladies principalement vénériennes qui sont arrivées en Europe par bateau puis par avion. Les conquistadors ont attrapé la syphilis auprès des Indiens d'Amérique du Sud et l'ont ramenée en Espagne d'où elle a contaminé toute l'Europe. Le sida est né dans le bassin du Congo au début du XXe siècle, a migré à Haïti puis aux États-Unis avant d'arriver en Europe vers 1980[1].

Face à un nouveau péril apporté par la technologie de transport, que fait-on ? On interdit le sexe, le bateau et l'avion ou on invente les antibiotiques redoutablement efficaces contre la syphilis et les antiviraux qui permettent

1. Les analyses virologiques faites récemment sur les échantillons biologiques de malades morts de maladies inexpliquées ont montré que quelques marins européens ont été touchés dès les années 1920.

aujourd'hui de juguler l'épidémie de VIH ? Posé dans ces termes, il paraît difficile d'imaginer qu'une majorité se prononce pour la frugalité médicale, qui va pourtant de pair avec la frugalité économique. Et n'oublions jamais que les dépenses de Sécurité sociale croissent beaucoup plus vite que la richesse nationale, si celle-ci baisse le budget de la santé s'effondrera. L'épidémie de coronavirus montre à quel point, il serait dangereux de désarmer technologiquement.

La bataille contre le cancer
est une bataille contre la nature

Les militants verts qui font l'éloge de la décroissance low-tech en cachent les conséquences pour les cancéreux. La cancérologie low tech aurait une conséquence simple : 100 % des malades mouraient, comme jadis.

Un Français sur deux et une Française sur trois auront un cancer. À force de terroriser la population à propos des risques cancérologiques liés à l'environnement, on en oublie qu'avant la chimie moderne, le cancer faisait déjà des ravages. Le cancer existe dans le règne animal depuis fort longtemps : des tumeurs ont été découvertes sur des ossements de dinosaures. Le cancer n'est pas une maladie nouvelle, née avec l'industrialisation et la pollution. L'impression de nouveauté est liée au fait que la fréquence du cancer augmente avec l'âge, que le dépistage s'est développé (et quand on cherche, on trouve) et à la médiatisation de la maladie. Le risque de survenue d'un cancer augmente avec l'âge. Longtemps, l'espérance de vie moyenne a été trop courte pour laisser aux tumeurs le temps de se développer. Avec une espérance de vie de 25 ans en moyenne en 1750, le risque de développer un cancer était moindre.

Un enfant qui mourait à huit ans de la rougeole ne risquait pas de développer un cancer de la prostate, qui survient autour de la soixantaine. Les médias se sont fait l'écho d'une forte augmentation des cancers dans le monde : il est clair qu'une large partie des Africains et Asiatiques qui avaient une tumeur dans leur village n'étaient pas diagnostiqués. L'arrivée de la médecine en zone rurale fait mécaniquement monter le taux de cancers…

Des progrès ont été faits au XXe siècle, mais la fameuse « guerre contre le cancer », déclarée en 1971 par le président américain Nixon, promettant l'éradication de la maladie avant 1990, a été un échec malgré des moyens colossaux. La faute à une vision naïve de la maladie, dont la complexité génétique échappait totalement à la communauté scientifique.

Le corps humain est constitué d'environ 100 000 milliards de cellules génétiquement identiques. Le renouvellement des tissus – des cellules naissent et meurent en permanence – exige plusieurs millions de divisions cellulaires par seconde à partir des cellules-souches. Complètement déroulé, l'ADN des 46 chromosomes d'une seule de nos 100 000 milliards de cellules mesure 4 mètres de long. Nos cellules fabriquent donc chaque jour la quantité astronomique d'1 milliard de kilomètres de nouvelles molécules d'ADN pour les nouvelles cellules. Chacun d'entre nous produit donc chaque jour une longueur d'ADN égale à 3000 fois la distance de la terre à la lune ! Chaque division cellulaire peut être l'occasion de ratés, de mutations de l'ADN. Lorsqu'une cellule se divise, son ADN doit être recopié puisque chacune des deux cellules « filles » doit posséder l'ensemble des chromosomes après la division. En quelques heures, les 3 milliards de bases chimiques de l'ADN sont recopiées par la machinerie cellulaire qui est une sorte d'imprimante 3D. Chaque seconde, il y a environ 2 500 milliards de cassures d'un ou deux brins des molécules d'ADN de nos cellules. La nature est bien faite : le taux d'erreur lors du recopiage de l'ADN est faible, grâce à de nombreuses protéines qui sont spécialisées dans le dépistage des erreurs de recopiage et dans leurs corrections. La machinerie cellulaire de réparation de l'ADN est incroyablement efficace mais les cellules accumulent toutefois des mutations qui peuvent favoriser le cancer. Le cancer survient lorsqu'un facteur interne (mutation héritée) ou externe (exposition à un facteur favorisant le cancer comme le tabac, l'alcool, l'obésité ou l'exposition au soleil) augmente le nombre d'erreurs lors du recopiage de l'ADN ou accroît la fréquence des cassures de l'ADN mal réparées.

Les cancers sont des maladies génétiques, provoquées par la « mutation », c'est-à-dire l'altération, de certains morceaux de nos chromosomes. La mutation initiale peut exister chez nos parents, peut être apparue dans le spermatozoïde, l'ovule ou l'embryon, ou être apparue ultérieurement dans notre vie. Parfois, la malchance suffit à provoquer une mutation provoquant le cancer, ce qui explique qu'une personne vivant dans les meilleures conditions avec la meilleure hygiène de vie n'est pas à l'abri de la maladie. Les autres cas de cancer, 15 à 20 % du total, sont héréditaires. La victime vient au monde avec une mauvaise mutation de son ADN.

En définitive, le cancer survient à cause de mutations qui se produisent dans une seule cellule sur les 100 000 milliards qui composent notre organisme. Cette cellule, et sa descendance, vont acquérir progressivement de nombreuses anomalies dans leur comportement biologique : par exemple, la capacité de se reproduire de plus en plus vite, de devenir immortelle et de refuser de se suicider lorsque les signaux provenant des autres cellules l'exigent. Ou bien encore la capacité de se séparer des cellules environnantes pour coloniser l'organisme : ce sont les métastases. Les mutations qui favorisent la prolifération des cellules sont sélectionnées et conduisent la cellule cancéreuse à ne plus obéir aux messagers chimiques du reste de l'organisme. Certains gènes peuvent favoriser l'apparition du cancer mais il n'y a pas de gène du cancer : c'est la mutation de certains gènes, absolument indispensables au fonctionnement cellulaire dans leur forme non mutée, qui conduit au cancer.

Le génome – inscrit dans les molécules d'ADN de nos 46 chromosomes – contient l'ensemble du matériau génétique d'un être vivant. En 2003, pour la toute première fois, le génome humain a été intégralement séquencé. Cet exploit retentissant, que d'aucuns pensaient impossible, a coûté 3 milliards de dollars et demandé treize ans d'efforts à un consortium international de 20 000 chercheurs. En 17 ans, le coût du séquençage a été divisé par 3 millions ! La même opération de lecture de l'ADN ne coûte plus aujourd'hui que 1 000 dollars et se réalise en quelques heures.

Il est désormais possible d'étudier les mécanismes du cancer à l'échelle du génome entier (21 000 gènes et leurs séquences régulatrices), et non plus d'un seul gène. Les scientifiques ont publié le 5 février 2020 dans *Nature*, le Global Cancer Atlas qui comporte 795 000 milliards d'informations génétiques sur les cancers. La lecture de l'ADN d'une seule tumeur génère 10 000 milliards de données brutes. Le séquençage intégral du génome des tumeurs a montré que chaque cancer est une maladie unique, avec sa propre signature génétique. C'est pourquoi les remèdes sont d'autant plus efficaces qu'ils sont personnalisés.

En conséquence, chaque cancer doit être soigné grâce à une thérapie sur mesure. Tel est le grand défi des années qui viennent : l'élaboration de thérapies ciblées, s'attaquant précisément aux caractéristiques génétiques du malade et de sa tumeur.

Les codes secrets de la maladie seront cassés par la technologie et non par la décroissance. La science de 2020 ne peut pas euthanasier le cancer ! 45 % des adultes et 20 % des enfants succombent encore à leur cancer. Aller plus loin exige d'utiliser tous les outils de la grande révolution NBIC.

Le cancer sera maîtrisé grâce à la techno-médecine qui marie la robotique, les outils à l'échelle nanométrique (des capteurs dans le corps), la chirurgie des gènes, la régénération des organes par les cellules-souches et l'Intelligence Artificielle, enfant naturel de la puissance informatique et des algorithmes. La médecine sera personnalisée et prédictive.

Des cocktails de médicaments sur mesure, la manipulation génétique de nos globules blancs, des nanotechnologies réparatrices transformeront le cancer en maladie chronique gérable, exactement comme le sida. Il sera même possible d'agir avant l'apparition de la maladie. L'une des étapes suivantes sera le monitoring permanent des personnes en bonne santé. Des implants donneront l'alerte dès l'apparition de la première cellule cancéreuse dans l'organisme… Bill Gates et Jeff Bezos viennent d'investir dans ce que l'on appelle « la biopsie liquide » : l'analyse de l'ADN circulant dans le sang permet de repérer les morceaux d'ADN mutés qui signalent des années avant les premiers symptômes ou les premières anomalies radiologiques, la présence d'une tumeur.

Les tumeurs même généralisées seront sous contrôle et les patients pourront reprendre une vie normale, comme un séropositif bénéficiant d'une trithérapie anti sida. Mais le coût des nouveaux traitements comme la manipulation génétique des lymphocytes T pourrait dépasser 300 000 euros par an. Ce n'est pas l'économie décroissante qui mettra fin au règne du crabe ! Les militants verts qui font l'éloge de la décroissance low-tech en cachent les conséquences pour les cancéreux. La décroissance et le freinage du progrès empêcheraient la victoire finale contre le cancer dont l'incroyable complexité est désormais connue.

La médecine régénérative
ne se fera pas sur un mode low cost

200 centenaires français en 1950, 550 000 en 2070.

Trouver un remède contre Alzheimer va coûter des centaines de milliards. La génération du baby-boom devient celle d'Alzheimer : 900 000 Français seraient déjà touchés par les démences séniles. Il existe cinq voies envisageables pour traiter ou ralentir l'Alzheimer : les médicaments, les cellules-souches régénératrices, la thérapie génique, les nanotechnologies et les implants électroniques intracérébraux.

En matière de cellules-souches et de thérapies géniques, la quasi-absence de progrès depuis dix ans a refroidi les médecins : le chemin de l'éprouvette au malade atteint d'Alzheimer est long et décourageant. Ces retards de la médecine régénérative sont cruels : la complexité d'Alzheimer a été sous-estimée !

Les nanotechnologies nous feraient entrer dans le bricolage du vivant à l'échelle moléculaire mais elles sont embryonnaires. Nos corps seraient parcourus par d'innombrables nanorobots capables de se mouvoir, de communiquer pour réparer nos molécules et gènes défectueux. Ces robots pourraient mesurer la concentration de protéines dans les neurones ou nettoyer notre cerveau de toute présence indésirable. Cette vision à la Star Trek est au mieux accessible à l'horizon 2050.

Le laboratoire Biogen a déclaré vouloir déposer début 2020 une demande d'autorisation pour l'Aducanumab, un nouveau médicament contre Alzheimer, auprès de l'agence américaine des édicaments, la FDA. Ce traitement est un anticorps monoclonal qui permettrait de diminuer les agrégats de la bêta-amyloïde, une protéine qui s'accumule et crée des plaques dans les tissus cérébraux des patients. Cette molécule réduirait de 23 % le déclin cognitif et freinerait jusqu'à 40 % la perte d'autonomie. Pour l'instant ce médicament montre une stabilisation de l'état neurologique chez les patients mais il ne fait pas régresser les symptômes, d'où l'importance de traiter tôt les patients.

Il faut confirmer ces données mais c'est un véritable espoir pour ma génération qui arrive à l'âge où l'Alzheimer se déclenche… Par ailleurs, le médicament ne sera pas accessible immédiatement en France. En effet, après l'autorisation par la FDA – l'agence américaine du médicament, il faut compter une année ou deux supplémentaires.

Le traitement pourrait coûter autour de 20 000 euros par an et par patient. Avec 1 250 000 alzheimeriens en France vers 2030, traiter tous les malades coûterait 25 milliards d'euros par an. Une forte croissance économique sera nécessaire pour financer cela. De toute façon, aller plus loin exigera toujours plus de technologie et une Sécurité sociale qui ne soit pas asphyxiée par la décroissance.

L'éducation du futur aura besoin de plus qu'un tableau noir

L'éducation du futur ne pourra pas seulement se contenter de balades instructives dans la campagne comme l'imaginait Rousseau dans son *Émile*. Si c'était le cas, le problème du budget de l'Éducation nationale aurait été vite résolu. Hélas, mettre les enfants au même niveau demandera énormément de moyens et des technologies de pointe.

Dans la petite enfance, le tissu cérébral se construit à une vitesse qui défie l'entendement : il se forme chaque seconde, un million de connexions – les synapses – entre neurones. Un rythme que l'individu ne retrouve plus jamais ensuite : la petite enfance est le moment où la plasticité du cerveau est maximale et l'impact de l'éducation le plus fort.

La complexité de l'éducation se résume en trois points clés. D'abord, l'apprentissage modifie dynamiquement l'organisation du cerveau : suivre un simple cours crée, détruit ou modifie des milliers de milliards de synapses et crée même de nouveaux neurones[1]. Ensuite, l'architecture du cerveau à un moment donné – son câblage et sa dynamique électrochimique – influence massivement la capacité d'apprendre. Enfin, les méthodes pédagogiques modulent les effets de l'éducation sur l'organisation cérébrale.

1. Ce dernier point fait encore débat entre les spécialistes.

Le cerveau est donc un ordinateur atypique : le hardware et le software sont fusionnés. Il n'y aura aucune pédagogie miracle parce que les interactions entre éducation, structure et fonctionnement du cerveau sont innombrables.

La complexité intimidante du cerveau impose un immense travail de réflexion sur la neuro-éducation pour que l'éducation quitte son amateurisme, comme les docteurs ont dépassé le stade des médecins de Molière.

Il est urgent d'entourer nos enfants, surtout les plus petits issus de milieux défavorisés, de spécialistes de la transmission de la connaissance… sans nier la nécessité de la douceur dans les crèches et les écoles primaires.

C'est une évolution comparable à ce qu'a connu la médecine : jadis la chirurgie était pratiquée par les barbiers qui n'avaient aucune formation scientifique tandis qu'aujourd'hui plus personne n'accepterait de se faire opérer par son coiffeur.

On exige des Bac plus 10 au bloc opératoire ; on exigera des Docteurs en neurosciences à la tête des crèches ! Cette montée en gamme de la prise en charge des petits enfants impliquera notamment de cesser de sous-payer nos enseignants et éducateurs. Il n'est pas normal que ceux qui cultivent les cerveaux biologiques de nos enfants soient cent fois moins bien payés que les programmeurs qui nourrissent l'Intelligence Artificielle. Le ministre de l'Éducation nationale semble conscient de ces enjeux. Dans son livre, *L'école de demain*, Jean-Michel Blanquer insiste sur l'intérêt d'utiliser les neurosciences pour développer des techniques de transmission des savoirs plus efficaces. Il s'agit d'établir des cartes cognitives des élèves et pour guider de façon personnalisée les acquisitions. Les méthodes d'enseignement doivent faire leur révolution, faisant une large place aux expérimentations et au développement de l'esprit critique plus que jamais utile face à l'IA, comme le souligne François Taddéi. L'enseignement doit être décrété grande cause nationale.

Déclarer forfait dans la course technologique, ce n'est pas seulement nous affaiblir économiquement, couper la route de la lutte contre le changement climatique, interdire la guérison à nos malades et éloigner nos travailleurs de l'emploi. C'est condamner notre modèle de société ouverte et la souveraineté de notre nation.

Sans technologie, l'individu libre disparaîtra

Notre dépendance au progrès va plus loin que l'économie, l'école ou les conforts de la santé. Nous ne pouvons même pas nous contenter de dire, comme semblent le suggérer certains, qu'il suffira de renoncer aux progrès de la médecine et de laisser mourir les malchanceux et les seniors. Le problème est plus grave. C'est de technologies dont nous avons besoin pour rester autonomes.

Cyber guerre froide

La stratégie du président chinois est limpide : utiliser l'IA des BATX pour simultanément contrôler les citoyens et devenir la première puissance mondiale d'ici 2049. Face aux technotatures, il faudra nous défendre. En matière de défense, l'IA conférera un tel avantage au pays leader que nous nous dirigeons vers une cyber-guerre froide sino-américaine.

Logiquement, l'IA panique les autorités antimonopoles qui ne savent pas réglementer les services qu'elle produit contrairement aux anciens géants industriels qu'il suffisait de découper en morceaux – comme la Standard Oil de Rockefeller le fut en 1911.

Puisque l'IA est le cœur de la puissance militaire au XXIe siècle, l'Europe qui a perdu la guerre technologique aura besoin d'être protégée et doit accepter la Realpolitik : notre cybersécurité ne peut être assurée que par l'OTAN et les GAFA. Amazon a annoncé développer pour le compte du gouvernement américain une technologie de reconnaissance faciale pour lutter contre l'immigration. Un premier pas qui en annonce d'autres. Jeff Bezos a également affirmé qu'Amazon continuerait à soutenir le Pentagone : « Si les big techs ne soutiennent pas le ministère de la Défense, ce pays aura de gros soucis. » Les liens entre les GAFA, l'armée et les services de renseignement vont rester forts. Et le Pentagone s'opposera au démantèlement des géants de l'IA qui donnerait à la Chine le leadership militaire mondial. Si l'Occident cassait en morceaux les GAFA, au moment où la Chine soutient énergiquement ses champions en IA pour devenir la première puissance mondiale, il serait vraiment urgent d'apprendre le mandarin à nos enfants.

La contre-révolution d'Internet : l'espoir trahi

1992 aura marqué le pic de l'aveuglement occidental. Cette année-là, Francis Fukuyama, ancien conseiller du président Bush, publie *La Fin de l'histoire et le Dernier Homme,* où il clame « qu'il ne reste aucun rival idéologique sérieux à la démocratie libérale » après la chute du mur de Berlin.

Selon Fukuyama, l'ère de la démocratie libérale sera une mer d'huile, si calme, trop calme : « La fin de l'histoire sera une période fort triste. Dans l'ère post-historique, il n'y aura plus que l'entretien perpétuel du musée de l'histoire de l'humanité. » Autrement dit, la seule chose à craindre dans l'avenir, c'est l'ennui.

L'effondrement de l'empire soviétique en 1989 laissait présager une ère d'apaisement par l'unification des peuples autour du modèle occidental de la démocratie libérale, qui deviendrait civilisation universelle.

Depuis 1992, les choses se sont pourtant passées bien différemment.

Certains observateurs avaient vu que le feu couvait sous la cendre. Rapidement après la publication du livre de Fukuyama, un autre auteur prend le contre-pied exact. Professeur à Harvard, Samuel Huntington avait publié en 1993, en réponse à Fukuyama, un article intitulé : *The Clash of Civilizations*.

La thèse de Huntington est que le monde évolue vers l'éclatement, les clivages et les rivalités plutôt que vers l'unification et la paix. « Si le XIXe siècle a été marqué par les conflits des États-nations et le XXe par l'affrontement des idéologies, le siècle prochain verra le choc des civilisations car les frontières entre cultures, religions et races sont désormais des lignes de fracture. »

Huntington pense que l'erreur de Fukuyama est profonde. Non, « la modernisation n'est pas synonyme d'occidentalisation ».

Fukuyama n'avait pas prévu que le numérique allait dynamiter les anciennes structures économiques et politiques.

Les débuts d'Internet ont été accueillis avec l'enthousiasme des Français accourant au-devant des jeeps américaines à la Libération. Les créateurs d'Internet étaient persuadés que le réseau deviendrait le principal outil de promotion de la démocratie. Pour la première fois, la liberté d'expression allait être garantie à chaque habitant de la terre. Le citoyen allait disposer d'un outil de communication qui allait redonner au débat politique toute sa profondeur, en court-circuitant les médias. Les dictatures allaient naturellement s'effondrer.

Nous nous sommes lourdement trompés.

On imaginait que l'Internet resterait le monopole des industriels de la Silicon Valley et serait l'outil qui imposerait les valeurs libérales au monde entier. Le fétichisme technologique a dispensé les intellectuels de réfléchir à la complexité des interactions entre la technologie, la politique et la géopolitique. L'Occident n'a absolument pas perçu l'utilisation que les régimes autoritaires allaient faire des technologies de l'information. Sous la pression des GAFA qui pensent que l'anonymat et la privacy sont des reliques absurdes et des pouvoirs publics qui veulent contrôler les activités illégales et surveiller les terroristes, l'Internet de 1995 n'est plus qu'un lointain souvenir. La bienveillance naïve des fondateurs d'Internet les a empêchés de comprendre qu'Internet est une technologie constamment reconfigurée. Il faut dire que le Web[1] a été bâti par une élite de démocrates libertariens californiens, très intelligents, pacifistes, antiracistes et bienveillants.

Quand Francis Fukuyama expliquait que le numérique allait rendre la vie impossible aux régimes autoritaires,

1. Après sa naissance à Genève en 1989.

Wired ajoutait qu'un clavier est plus puissant qu'une épée et que l'Internet allait nous permettre de récupérer le pouvoir des gouvernements et des multinationales et l'ancien Premier ministre suédois Carl Bildt était persuadé que les murs numériques des censeurs et des dictateurs allaient s'effondrer aussi sûrement que le rideau de fer entre l'Occident et le bloc soviétique. Cette idée que la démocratie était à portée de tweets s'est effondrée lorsque le printemps arabe s'est révélé une dangereuse illusion.

Alors que le politologue de Harvard prévoyait une grande vague de démocratisation, nous vivons une floraison de régimes autoritaires. L'Intelligence Artificielle repère un dissident 1000 fois plus vite que les agents de renseignement traditionnels. Les réseaux sociaux sont une mine inespérée de renseignements pour les régimes policiers. Le slogan « le PC est incompatible avec le CP (communist party) » apparaît rétrospectivement bien naïf. Nicholas Kristof au *New York Times* était persuadé qu'en donnant au peuple chinois de la bande passante Internet à haut débit, le parti était en train de creuser sa tombe.

Bien loin d'être un frein à leur domination, le web dopé à l'IA devient au contraire le réacteur nucléaire des régimes autoritaires. Pire, certains industriels comme Jack Ma, le fondateur d'Alibaba, pensent que l'IA va permettre au Parti communiste chinois de piloter l'économie mieux que le marché capitaliste ! La démocratie libérale qui se pensait, il y a vingt ans, vainqueur par K.-O. de tous les autres régimes pourrait redevenir minoritaire sur terre ; l'autoritarisme digital progresse à pas de géants...

L'économiste et essayiste Olivier Babeau décrit bien dans *L'Opinion* la réalité terrifiante du régime chinois. Dans le train Pékin-Shanghai, les passagers peuvent entendre l'annonce suivante : « Chers passagers, les gens qui circulent sans tickets, se comportent de façon inappropriée ou fument dans les espaces publics seront punis selon la réglementation et seront signalés à la base de données de crédit individuel. Pour éviter une dévalorisation de votre crédit personnel, veuillez vous conformer au règlement. »

La Chine, souligne Babeau, « a mis en place en l'espace de quelques années le système de contrôle des comportements le plus élaboré et le plus implacable de l'histoire humaine. Toutes les actions sur les réseaux sociaux, les échanges sur WeChat, les déplacements, les achats, toute la vie des Chinois en un mot fait l'objet d'un contrôle centralisé ». La note de crédit social attribuée à chaque citoyen conditionne ses capacités à se loger, voyager, inscrire ses enfants à l'université. Bref, à vivre. De quoi faire saliver d'envie Mao, Staline, et tous les dictateurs que la terre a portés.

Nos démocraties sont-elles immunisées contre le risque d'une telle dictature ? Le recul de la démocratie numérique ne se limite pas aux pays émergents : les citoyens occidentaux sont eux aussi surveillés par les États. Les lois sécuritaires ont réduit les libertés et permettent la surveillance de masse sous prétexte de lutte antiterroriste. « La société du zéro risque, qui vit l'accident comme un scandale ; l'inquiétude contre la diffusion des fausses nouvelles qui encourage à bannir l'anonymat sur internet ; la menace terroriste enfin : autant de facteurs justifiant par avance les mesures liberticides », prévoit Babeau.

Habitués à la notation en toutes circonstances (les taxis, les restaurants, les hôtels…), nos esprits sont préparés. « L'enjeu de la prochaine décennie est d'imaginer un modèle de société ouverte qui nous permette de profiter des bénéfices du numérique sans en réaliser le terrible potentiel totalitaire. Nos démocraties ne survivront que si elles parviennent à incarner une alternative efficace au modèle hyper-centralisé et autoritaire de la Chine. Sinon, elles en seront juste une version sympa, enrobée d'un peu plus de câlins mais au fond exactement semblable. »

Les intellectuels et les chercheurs libertariens ont cru que la technologie allait changer la nature profonde de l'humanité. En réalité la nature humaine, nos pulsions, notre violence et notre structure hormonale changent beaucoup moins vite que la technologie. Nos passions se projettent directement sur l'espace numérique – haine, violence, désinformation, influence et contre-influence.

Contrairement à la vision de 1995, Internet renforce le pouvoir des forts et affaiblit les faibles. La révolution technologique a surtout renforcé les tyrans.

Même le co-créateur du web Tim Berners-Lee est déçu comme il l'a raconté dans *Vanity Fair* : « Le Web était censé servir l'humanité, mais c'est un échec sur de nombreux points. » Le scandale Cambridge Analytica qui ébranle l'empire Facebook, la prolifération des fake news, la mainmise de plus en plus forte des GAFA sur l'économie du Web le conduisent à demander qu'on régule les grandes plateformes.

Il pointe les grands problèmes du Web, « de la désinformation et de la publicité politique douteuse à une perte de contrôle sur nos données personnelles ». Tim Berners-Lee déplore « qu'une poignée de plateformes » soit en mesure de « contrôler quelles idées et opinions sont vues et partagées ». Cette « concentration de pouvoir a permis de faire du Web une arme à grande échelle », avec l'utilisation des réseaux sociaux pour diffuser des théories conspirationnistes, attiser les tensions sociales et manipuler les élections.

L'Europe s'est jetée avec avidité sur la thèse de la fin de l'Histoire défendue par Fukuyama. Elle l'a embrassée avec délectation. N'indiquait-elle pas que l'Occident était aussi le vainqueur éternel de l'histoire ? Douce musique que nous avons écoutée en boucle. À partir de 1992, l'Europe s'endort, s'élargit à l'infini, désarme, détruit ses frontières extérieures, désinvestit, se désintéresse des nouvelles technologies, préfère le Minitel à Internet, et devient un gigantesque État providence bienveillant et bisounours. Résultat : l'Europe de 2020 est parfaitement adaptée au monde de 1820 après le congrès de Vienne qui organisa le concert des Nations pour réguler l'Europe post-napoléonienne… Mais, pas du tout au monde technologique, cruel et instable qui arrive.

Les risques existentiels

Au-delà de la place de l'Europe, la technologie est indispensable pour protéger l'avenir de l'humanité.

Le futur a toutes les chances d'être plein d'épreuves. Si la technologie est dans certains cas la cause de ces épreuves – ou un facteur aggravant –, elle en est aussi l'unique solution crédible.

Le philosophe Nick Bostrom[1] a introduit la notion de risque existentiel et de catastrophe planétaire.

Parmi les catastrophes planétaires figurent les changements climatiques, les pandémies et les guerres nucléaires, les risques liés aux nanotechnologies ou à une Intelligence Artificielle hostile, ainsi que des événements d'origine spatiale tels que des impacts de météorites.

1. La totalité de ses publications sont accessibles sur www.nickbostrom.com

Ainsi, un risque existentiel détruit l'humanité alors qu'une catastrophe planétaire laisserait une chance de reconstruction de la civilisation.

Bostrom identifie quatre types de catastrophes planétaires[1]. Les « bangs » sont des catastrophes brutales comme les guerres nucléaires, l'utilisation agressive de nanobiotechnologies et les impacts cosmiques. Les « écroulements » (crunches) sont des scénarios de dégradation sociale progressive, qui détruisent la civilisation, par épuisement des ressources naturelles, ou par pressions dysgéniques abaissant l'intelligence moyenne. Les « hurlements » (shrieks) sont des scénarios dystopiques, tels que des régimes totalitaires utilisant des intelligences artificielles pour contrôler l'espèce humaine. Les « gémissements » (whimpers) sont des déclins graduels des valeurs, puis de la civilisation.

Les principaux risques existentiels, c'est-à-dire d'extinction de l'espèce humaine, sont principalement des causes exogènes naturelles, comme la chute d'un astéroïde de grande taille, une éruption volcanique à grande échelle et sur une longue période (trapps de Sibérie ou du Deccan), des épisodes d'anoxie océanique (extinctions du Dévonien ou de la fin du Paléozoïque), une glaciation générale touchant l'ensemble de la planète ; l'explosion d'une supernova ou un sursaut gamma proche du système solaire.

En revanche, les catastrophes planétaires correspondent plutôt à des causes humaines : l'apocalypse nucléaire, un effet dysgénique, une surpopulation catastrophique, une pandémie[2] accidentelle ou criminelle, des accidents nanotechnologiques ou une IA hostile.

1. Global Catastrophic Risks, Oxford Edition, 2008.

2. Le risque principal est l'apparition d'agents infectieux génétiquement modifiés ou entièrement artificiels. Si elles ne sont pas strictement réglementées, les technologies permettant

L'encadrement de la technologie suppose beaucoup de technologie. Bill Gates estime qu'un nouveau virus pourrait tuer 30 millions d'êtres humains, la première année. Une équipe de chercheurs canadiens a réussi à fabriquer une souche du virus de la variole, en commandant via Internet des produits biologiques, avec un budget dérisoire. Or, la variole a tué des centaines de millions d'êtres humains et les souches virales seraient résistantes au stock de vaccins existants. La puissance d'un iPhone se rapproche de la puissance du superordinateur de 2001 que le CEA a utilisé pour simuler la bombe atomique française. Il n'est pas raisonnable d'envisager de désapprendre la technologie.

Histoire des « presque fins du monde »

De nombreuses pandémies ont eu un effet dévastateur comme la peste noire entre 1347 et 1352 et la grippe espagnole de 1919 : une pandémie globale pourrait constituer une menace réaliste contre la civilisation.
La période actuelle (l'Holocène) est considérée comme un épisode interglaciaire au milieu d'une oscillation régulière entre glaciations et déglaciations, d'une périodicité de 50000 ans. Une nouvelle glaciation constituerait certainement une catastrophe planétaire, mais l'intervention du réchauffement climatique modifiera probablement l'évolution des climats.
L'éruption d'un supervolcan peut amener à un hiver volcanique semblable à un hiver nucléaire, lié à une importante pollution. L'éruption de Toba s'est produite en Indonésie

des manipulations génétiques des caractéristiques des virus risquent de devenir aisément accessibles dans l'avenir.

il y a environ 71 500 ans ; cette éruption semble avoir réduit les populations humaines à quelques dizaines de milliers d'individus.
Le supervolcan de Yellowstone a connu, au cours des derniers 17 millions d'années, une douzaine de « superéruptions » dont la dernière, il y a 640 000 ans, a recouvert de cendres tout l'ouest des États-Unis et du Mexique.
Ce type d'éruption entraîne d'importantes conséquences sur le climat global, pouvant aller jusqu'à déclencher une glaciation si le soleil reste caché longtemps par les cendres, ou au contraire un réchauffement climatique si les gaz à effet de serre l'emportent. À une petite échelle, cela s'est produit en 1816 après l'éruption du Tambora, avec une « année sans été ».
Un autre risque de catastrophe planétaire est un mégatsunami qui pourrait être causé par l'effondrement d'une île volcanique ou un impact cosmique se produisant dans l'océan.
Plusieurs astéroïdes sont entrés en collision avec la terre au cours de son histoire. L'astéroïde de Chicxulub, par exemple, est la cause la plus probable de l'extinction des dinosaures il y a 66 millions d'années. Un objet d'un kilomètre de diamètre frappant la terre détruirait probablement la civilisation, et à partir de trois kilomètres, aurait de bonnes chances de provoquer l'extinction de l'humanité. Le scénario d'une collision combine plusieurs des catastrophes planétaires vues précédemment : hiver d'impact, déclenchement d'éruptions volcaniques et mégatsunami (si l'impact a lieu dans l'océan), mais aussi séismes, tempêtes de feu.
En dehors des impacts d'astéroïdes, et d'éruptions solaires exceptionnelles, les autres menaces identifiables correspondent typiquement à des scénarios à très longue échéance. Ainsi, le Soleil passera inéluctablement par

une phase d'expansion (le transformant en géante rouge englobant la Terre) dans quelques milliards d'années ; à long terme montrent qu'une collision entre Mercure et la terre a une probabilité non négligeable de se produire.
De nombreux événements très énergétiques, tels que les sursauts gamma, les supernovas et les hypernovas, constitueraient des risques existentiels s'ils se produisaient à moins de quelques centaines d'années-lumière de la terre (une hypernova pourrait être la cause de l'extinction de l'Ordovicien-Silurien).
Nick Bostrom est moins inquiet d'une intelligence extraterrestre, les distances interstellaires sont telles qu'un conflit avec l'humanité semble peu vraisemblable.

La réduction des risques existentiels bénéficie surtout aux générations futures ; en fonction de l'estimation de leur nombre, on peut considérer qu'une diminution même légère du risque a une grande valeur morale. La colonisation de l'espace est une autre proposition faite pour augmenter les chances de survie face à un risque existentiel, mais des solutions de ce type, inaccessibles actuellement, exigeront le recours à l'ingénierie à grande échelle.

Nick Bostrom considère ainsi que tout ce qui pourrait empêcher l'humanité de développer pleinement son potentiel est un risque existentiel.

« Les dinosaures ont disparu parce qu'ils n'avaient pas de programme spatial. Et si nous disparaissons parce que nous n'avons pas de programme spatial, nous l'aurons bien cherché », expliquait Larry Niven, au *New York Times* en 1999. Alors que la sixième Conférence internationale de défense planétaire se tient à l'université du Maryland, le patron de la Nasa, Jim Bridenstine, a estimé que la Terre devrait connaître un impact d'astéroïdes d'ici soixante ans. « Nous devons nous assurer que les gens comprennent qu'il ne s'agit pas d'Hollywood, ni de films. Il s'agit en fin de compte de protéger la seule planète que nous connaissons, pour accueillir la vie, la planète Terre », a-t-il déclaré.

Lors de cette conférence, près de 300 astronomes, scientifiques, ingénieurs et experts des situations d'urgence planchent également sur la manière de répondre le plus efficacement à une telle menace : 21 443 astéroïdes menacent la terre…

Il faut dévier l'objet ou évacuer la population. S'il fait moins de 50 mètres, les experts préconisent d'évacuer la région susceptible d'être frappée. Deux semaines avant l'impact, on peut prédire le pays touché. Quelques jours avant, la précision est de quelques centaines de kilomètres. Pour les plus gros objets, l'idée n'est pas d'envoyer une bombe atomique comme dans le film *Armageddon* car cela pourrait créer des morceaux dangereux. Il s'agit de lancer un satellite kamikaze vers l'astéroïde pour le dévier. La Nasa testera l'idée sur un vrai astéroïde de 150 mètres, en 2022, avec la mission DART.

Allons-nous devenir débiles ?

La dernière menace qui plane concerne nos capacités cognitives elles-mêmes. Le Professeur Nick Bostrom classe la baisse de nos capacités intellectuelles parmi les écroulements.

Un article paru dans le journal *Cell* a fait l'effet d'une bombe. L'auteur démontre que nos capacités intellectuelles vont chuter dans le futur, du fait d'une accumulation de mutations défavorables dans les zones de notre ADN qui régulent notre organisation cérébrale.

En fait, deux tendances contradictoires sont à l'œuvre. La première est positive : le métissage de l'espèce humaine permet le mélange – porteur d'innovations biologiques – des variants génétiques. L'espèce humaine s'est, en effet, séparée il y a 75 000 ans en différents groupes qui ont chacun connu des variations génétiques. Le mélange actuel assure un brassage génétique entre les différents rameaux qui étaient séparés avant les transports modernes.

La seconde tendance est beaucoup plus inquiétante et contrebalance la première. Les variants génétiques défavorables s'accumulent dans le génome humain. Cette accumulation récente est déjà perceptible : une étude publiée dans la revue *Nature* fin novembre 2012 révèle que 80 % des variants génétiques délétères dans l'espèce humaine sont apparus depuis 5 000 à 10 000 ans seulement. À chaque génération, 70 bases chimiques de notre ADN sont mal recopiées par la machinerie cellulaire[1], lors de la fabrication des spermatozoïdes et des ovules. Ces fautes de copie sont les interstices où naît le changement. Si le taux d'erreur avait été nul, aucune évolution des espèces ne se serait produite, et nous serions toujours des bactéries ! Les mutations négatives étaient éliminées par la sélection naturelle : les génomes concernés ne se transmettaient pas, faute que leur propriétaire atteigne l'âge de la reproduction.

En faisant émerger notre cerveau, l'évolution darwinienne a cependant créé les conditions de sa propre éradication : nous avons considérablement adouci les rigueurs de la sélection en nous organisant en société humaine solidaire.

1. 1 000 en incluant les séquences dites CNV.

L'effondrement de la mortalité infantile est la traduction de cette moindre pression sélective. Elle touchait environ 30 % des enfants au XVIIe siècle, aujourd'hui autour de 0,3 %...

Beaucoup des enfants qui survivent de nos jours n'auraient pas atteint l'âge de la reproduction en des temps plus sévères. La sélection aboutit finalement à se supprimer elle-même : il n'y a notamment – et fort heureusement – plus d'élimination des individus qui ont de moins bonnes capacités cognitives.

La médecine, la culture, la pédagogie compenseront cette dégradation, pendant quelque temps. Mais notre patrimoine génétique a vocation à se dégrader continûment sans sélection darwinienne.

Cela veut-il dire que nos descendants vont tous devenir débiles en quelques siècles ou millénaires ? Évidemment pas ! Les bio-technologies vont compenser ces évolutions délétères.

À court terme, le séquençage de l'ADN du futur bébé est révolutionnaire. Il est possible de réaliser un bilan génomique complet du fœtus à partir d'une prise de sang chez la future mère.

Cette technique va étendre le champ de l'eugénisme intellectuel que l'État promeut déjà avec le dépistage de la trisomie 21 (96 % des trisomiques dépistés sont avortés). Puis, dès 2030, les thérapies géniques nous permettront de corriger les mutations génétiques qui menacent notre fonctionnement cérébral. La fin de la sélection darwinienne va nous pousser à pratiquer une ingénierie génétique de notre cerveau qui pourrait bouleverser notre avenir.

La technologie est notre planche de salut. Elle va de pair avec un modèle économique fondé sur la libre entreprise. Il est urgent de réaffirmer la prééminence de la science face aux programmes de retour au Moyen Âge que nous vendent les Khmers verts. Le message que les jeunes doivent entendre n'est pas une imprécation contre les technologies et une résignation face aux catastrophes qui viennent. Ce n'est pas le moment de rester prostré en attendant que le sable du désert nous recouvre. Ce n'est pas non plus le moment de briser les statues de l'ancien monde. Il faut imaginer le nouveau monde en gardant le meilleur de l'ancien. Un défi nettement plus exaltant, il faut en convenir, que l'attente du jugement dernier prostré dans une hutte en terre glaise !

QUATRIÈME PARTIE :

L'AVENTURE HUMAINE NE FAIT QUE COMMENCER

Le succès de Greta Thunberg exprime la faiblesse d'un Occident cultivant l'autodépréciation avec passion. Les fleuves de plastique ne viennent pas de chez nous et les prêcheurs de l'apocalypse cachent que la France est le pays qui produit le moins de CO_2 au monde par unité de richesse grâce au nucléaire et a été clasée deuxième pays le plus écologique au monde par l'université de Yale. Il est plus facile de sadiser un peuple masochiste qu'une Chine conquérante. Une extrême gauche en mal de crédibilité ne recule devant aucune manipulation pour effrayer les populations, assurer que la fin du monde est imminente, instrumentaliser des enfants, fanatiser des jeunes influençables par une propagande incessante. Ils martèlent à l'envi ce qui est leur postulat premier : le libre échange, la consommation démocratisée et le confort pour le plus grand nombre ne seraient tout simplement pas compatibles avec l'écologie.

Nous avons besoin de solutions scientifiques pour maîtriser nos pollutions et préserver la terre, d'arbitrages économiques pour la transition énergétique, pas d'un nouveau culte de Gaïa.

Le fossé est vertigineux entre une écologie hystérique qui voudrait transformer le monde en une immense communauté de néo-Amishs[1] s'éclairant à la bougie, et les transhumanistes qui ouvrent la perspective de nous faire sortir de notre corps. Entre *Star Wars* et *Le Nom de la Rose*, l'incapacité à se parler est totale. Les premiers nous projettent dans des milliards d'années tandis que les seconds ne voient pas d'avenir à l'humanité au-delà de quelques décennies. Les premiers parlent de la façon dont nous pourrons empêcher la mort de l'univers... les seconds ne parlent que de la mort de l'humanité pour sauver la terre.

Jeune terrien, choisis ton combat !

1. Les Amishs sont une communauté religieuse américaine qui refuse le progrès technologique, ce qui les conduit à utiliser des carrioles au lieu des voitures et à refuser l'électricité.

CHAPITRE I : 2100 : NOUS N'ALLONS PAS GRILLER !

L'optimisme n'est pas à la mode. Il semble aujourd'hui que proposer une vision positive de l'avenir soit une forme de provocation, une négation du dogme de la fin du monde. C'est oublier que nous n'en sommes pas, et de loin, à notre première alerte concernant l'apocalypse, et que la technologie nous sauve déjà depuis des millénaires. Elle va continuer.

Sciences, modestie et doutes

La science et la médecine doivent rester humbles. On a longtemps pensé que l'ulcère gastroduodénal avait une forte composante psychosomatique avant de découvrir qu'il est dû à la bactérie Helicobacter Pylori ! Le célèbre Bruno Bettelheim a imposé une vision psychiatrique de l'autisme et popularisé le concept de « mère réfrigérateur ». Il a écrit : « Je soutiens que le facteur qui précipite l'enfant dans l'autisme est le désir de ses parents qu'il n'existe pas. La pathologie de la mère est souvent grave et dans beaucoup de cas son comportement envers son enfant offre un remarquable exemple de relation anormale. » Cette sommité mondiale a ignoblement culpabilisé deux générations de mamans, alors que les mères ne sont pour rien dans l'autisme qui est une maladie neuro-biologique du cerveau de leur enfant, présente dès la naissance !

Lors de la publication en 1914 de la théorie de la dérive des continents, 100 % des scientifiques s'y sont opposés. Alfred Wegener est mort bien avant la reconnaissance de ses pairs dans les années 1960.

Quand les savants français vénéraient Staline

L'histoire des sciences donne quelques tristes exemples de cas où, du fait de pressions idéologiques et politiques, d'authentiques délires scientifiques ont pu être cautionnés.

Dans les années 1940, le Parti communiste connaît un rayonnement intellectuel exceptionnel : Paul Langevin, Paul Éluard et Picasso y adhèrent. Ces intellectuels vont être instrumentalisés dans l'incroyable affaire Lyssenko.

Trofim Lyssenko (1898-1976) domina la biologie soviétique sous Staline. Il affirmait avoir mis au point des méthodes permettant d'imposer des caractères héréditaires voulus à des plantes, et même de transformer à volonté une espèce en une autre. Il dénonçait la « génétique bourgeoise » comme une imposture et avait fini par étouffer tout débat scientifique.

Ses opposants furent exclus de l'Université, beaucoup furent déportés en Sibérie par Staline. Lyssenko affirmait transformer le blé en avoine ou en orge et les virus en microbes, ce qui passionna Staline. Il affirmait que ses résultats étaient incompatibles avec la génétique « officielle » mais étaient conformes au marxisme-léninisme, à la dialectique et aux idées suivant lesquelles dans la nature l'acquis domine l'inné. La génétique traditionnelle était présentée comme une science petite-bourgeoise. Le délire de Lyssenko contamina beaucoup d'intellectuels communistes. Le PCF somme les scientifiques de défendre l'URSS et la génétique prolétarienne lyssenkienne. En 1948, Victor Joannès, membre du Comité central, déclara : « Comment peut-on parler de science sans citer une seule fois le nom du plus grand savant de notre temps, du premier savant d'un type nouveau, le nom du grand Staline ? ».

À partir de fin août 1948, la déportation au Goulag des généticiens « bourgeois » s'est accélérée, ce qui a permis une diffusion rapide des théories lyssenkiennes. Le lyssenkisme est alors présenté par ses partisans comme l'exemple réalisé d'une « science prolétarienne » capable de dépasser les horizons d'une « science bourgeoise » fruit de l'idéologie d'une classe sociale aux abois...

Les savants communistes sont sommés de défendre la génétique prolétarienne contre la génétique bourgeoise. Le patron du CEA Frédéric Joliot-Curie et celui du CNRS Georges Tessier sont tous les deux staliniens. Tessier qui est généticien est tiraillé entre la fidélité au camarade Staline et ses doutes sur Lyssenko mais il se tait.

En octobre 1948, le poète stalinien Louis Aragon autopromu généticien fait la promotion du lyssenkisme. Aucun biologiste communiste ne s'oppose à ces théories. Beaucoup se taisent, adhèrent au lyssenkisme ou font passer la fidélité à Staline avant la science. Le biologiste Marcel Prenant est exclu du Comité central en 1950, après une dénonciation par la très stalinienne Annie Kriegel pour sa tiédeur lyssenkienne.

Pourtant, il y eut des biologistes courageux. Le généticien soviétique Nikolaï Vavilov, opposé au lyssenkisme, affirma dès 1939 : « On pourra nous mener au bûcher, nous brûler vifs, mais on ne pourra pas nous faire renoncer à nos convictions, à un fait simplement parce que quelqu'un de haut placé le désire, non, c'est impossible. » En août 1940, la police politique l'arrête pour sabotage culturel et le jette au secret dans un cachot sans fenêtre. Vavilov désespéré mourra de privation en 1943 au goulag.

Ne supportant plus la contradiction entre sa fidélité au parti et ses convictions, un jeune généticien français se suicida.

Le phénomène Lyssenko est un exemple extrême de la perversion de la science par l'idéologie, souvent avec l'assentiment de la communauté scientifique. Jean Rostand prévient : « Ne tombons pas dans le ridicule de politiser les chromosomes. » Le Prix Nobel Jacques Monod rompt avec le PCF et parle de « l'épisode le plus étrange et le plus navrant de toute l'histoire de la Science ». L'URSS et le PCF ont mis 20 ans pour abandonner le lyssenkisme et la science prolétarienne. En février 1965, Lyssenko est démis de ses fonctions et on découvre qu'il a truqué les données. Comment des gens intelligents ont-ils pu délirer à ce point et l'URSS a-t-elle pu détruire sa recherche biologique s'interrogent l'historien Deniz Uztopal et le philosophe Dominique Decourt qui ont le mieux décrypté le délire idéologique « Lyssenko ».

Éloge des climatosceptiques[1]

Le Prix Nobel William Nordhaus prend la défense des climatosceptiques. Nombre de scientifiques sont agacés par les réflexions des détracteurs toujours à brandir quelque sombre donnée ou tendance pointant dans une direction qui paraît contredire la théorie commune expliquant le changement climatique.
Les détracteurs peuvent brandir l'argument des pauses qui s'observent dans le réchauffement, comme durant la période de 2000 à 2010, ou des observations satellites qui diffèrent des observations sur le terrain, ou les études qui indiquent que l'agriculture pourrait bénéficier de la fertilisation par le CO_2.
Il est tentant de souhaiter que les critiques disparaissent tout simplement.
Néanmoins, l'histoire des sciences nous enseigne que nous devons être attentifs à la possibilité d'autoriser un faux consensus, d'ignorer les incohérences des rumeurs, de s'en tenir trop fermement aux doctrines existantes.
La bonne réponse à faire aux détracteurs consiste donc à examiner attentivement leurs arguments et à déterminer s'ils sapent en effet les théories standard.
Les scientifiques et les économistes doivent se confronter aux arguments contradictoires avec la même vigueur qu'ils mobilisent pour défendre la validité de leur propre approche.
Il existe une infime possibilité que le monde ne se réchauffe pas dans les années à venir. On ne peut jamais être sûr que les théories du réchauffement climatique soient correctes à 100 %.
Il vaut mieux dire : « Au vu de la science fondamentale, des nombreux modèles climatiques à travers le monde, des efforts scientifiques férocement compétitifs qui mettent à l'épreuve

1. Je n'ai jamais été climatosceptique. En revanche, je ne crois pas à l'apocalypse climatique.

> les hypothèses et le raisonnement, et de l'accumulation de preuves concordantes, il est très probable que les théories soient correctes. Peut-être ne sommes-nous sûrs qu'à 95 %. Mais nous ne pouvons pas attendre d'être certains à 100 %, car la certitude absolue ne peut jamais être atteinte dans les sciences empiriques. Et si nous attendons d'être complètement certains, il pourrait être trop tard pour y mettre un frein. »

Toutes les fins du monde ont échoué

Si nous sommes encore là pour prévoir des fins du monde, c'est parce que les précédentes ont toutes échoué…

Les prédictions apocalyptiques sont récurrentes : quand j'étais jeune médecin, le discours dominant était que nous allions tous souffrir de cancers de la peau, à cause de la disparition de la couche d'ozone. Elle se reconstitue et sera complètement restaurée vers 2050 grâce à la technologie et nous ne sommes pas tous morts de cancers cutanés.

À propos des malthusiens, *The Economist* se lamente : « Le fait d'avoir toujours eu tort par le passé les conforte dans l'idée qu'ils auraient raison dans l'avenir. » Le malthusianisme est une théorie qui ne s'est jamais vérifiée dans l'histoire d'aucun pays. Mais l'idéologie est invincible. Paul Ehrlich s'est toujours trompé mais en 2019, il organise la pétition apocalyptique de 11 000 scientifiques sur l'environnement !

Les prédictions fantaisistes sont légion

Ronald Bailey rappelle quelques-unes des prédictions catastrophistes faites par les écologistes lors de la première crise collapsologique[1].

Le 22 avril 1970, des millions d'Américains participaient au premier Jour de la Terre. Ce Jour de la Terre de 1970 a déclenché un déluge de prévisions apocalyptiques. « Il nous reste au maximum environ cinq ans pour faire quelque chose », déclarait l'écologiste Kenneth Watt, le 19 avril 1970, au Swarthmore College, en Pennsylvanie. George Wald, biologiste à Harvard, affirmait : « La civilisation disparaîtra d'ici quinze ou trente ans si l'on ne prend pas immédiatement des mesures pour faire face aux problèmes qui se posent à l'humanité. » Le *New York Times* paniquait : « L'homme doit mettre fin à la pollution et préserver ses ressources, pour sauver l'espèce humaine d'une intolérable dégradation et d'une éventuelle extinction. »

De nombreux écologistes prévoyaient d'horribles famines. « Il est déjà trop tard pour éviter une famine massive », déclarait Denis Hayes, organisateur du Jour de la Terre. Peter Gunter, professeur à l'Université du nord du Texas, écrivait : « Les démographes s'accordent presque unanimement : en 1975, des famines étendues apparaîtront en Inde, et elles progresseront jusqu'à toucher en 1990 l'ensemble du sous-continent indien, le Pakistan, la Chine et le Moyen-Orient, ainsi que l'Afrique. En l'an 2000, voire avant, l'Amérique du Sud et l'Amérique centrale n'auront plus rien à manger… » L'imminence d'une famine mondiale due à l'explosion de la

1. Reason.com, septembre 2015, avril 2016 et mai 2020, et *Courrier International*, novembre 2004.

« bombe démographique » était le grand souci de 1970. Le plus célèbre défenseur de cette thèse était le biologiste Paul R. Ehrlich, de l'université Stanford. Dans un best-seller tiré à des millions d'exemplaires : *La Bombe P*, il expliquait : « La croissance démographique dépassera inévitablement et complètement toutes les maigres augmentations que nous pouvons réaliser en matière de ressources alimentaires. Le taux de mortalité progressera jusqu'à ce qu'au moins 100 à 200 millions de gens meurent de faim chaque année au cours de la prochaine décennie. » Paul R. Ehrlich affirmait qu'entre 1980 et 1989 des milliards d'individus, dont 65 millions d'Américains, c'est-à-dire 1 Américain sur 5, périraient dans « la grande hécatombe ». Paul R. Ehrlich expliquait en 1970 dans *Look* : « J'ai peur. J'ai une fille de 14 ans que j'aime énormément. Je connais beaucoup de jeunes, et leur monde est en train d'être détruit. Mon monde est en train d'être détruit. J'ai 37 ans, et je voudrais arriver jusqu'à l'âge de 67 ans dans un monde raisonnablement agréable, et ne pas mourir dans une sorte d'holocauste pendant la prochaine décennie. » Paul R. Ehrlich n'est pas mort dans un holocauste, et le monde est beaucoup plus heureux qu'il ne l'imaginait.

Il prévoyait des famines massives à partir de 1980 : « quelle que soit l'urgence des programmes que nous pouvons mettre en place aujourd'hui. Désormais, plus rien ne pourra éviter une montée importante du taux de mortalité mondiale », « en 1984 nous serons tout bonnement en train de mourir de soif », « nos adolescents d'aujourd'hui risquent fort de ne jamais parvenir à l'âge d'homme ». Il préconisait, comme le rappelle Drieu Godefridi, un chapelet de mesures concrètes visant à enrayer le « cancer » de la démographie : l'avortement, « moyen radical de contrôle démographique », le déversement de substances stérilisantes dans l'eau potable, un « renversement complet de notre système de valeurs », « modifier notre mode de vie » et jusqu'à la stérilisation forcée, par vasectomie, des populations qui ont fâcheusement tendance à se reproduire « comme des lapins ».

Ehrlich inaugure l'anti-humanisme de l'écologisme contemporain, la volonté de ramener par la contrainte la population humaine 500 millions d'habitants, ce qui serait la solution finale au problème écologique.

En janvier 1970, *Life* écrivait : « Dans une décennie, la pollution atmosphérique contraindra les citadins à porter des masques à gaz [...]. En 1985, la pollution atmosphérique aura réduit de moitié la quantité de lumière solaire atteignant la terre [...]. » L'écologiste Kenneth Watt déclarait au magazine *Time* que « Au rythme actuel d'accumulation de l'azote ce n'était qu'une question de temps pour que l'atmosphère ne laisse plus passer de lumière et que les terres ne soient plus cultivables ».

Dans son discours au Swarthmore College, Kenneth Watt expliquait : « Cela fait une vingtaine d'années que la planète est en train de se refroidir considérablement. Si la tendance actuelle se poursuit, la température moyenne du globe aura perdu quelque 4 degrés en 1990, et 11 en 2000. C'est environ deux fois plus qu'il n'en faudrait pour nous faire entrer dans une ère glaciaire. »

Le futur est plus opaque que jamais

Restons humbles face au futur. Nous sommes aujourd'hui face à une rupture radicale : l'humanité va devoir prendre des décisions qui l'engageront de façon irréversible dans le domaine du climat, des manipulations génétiques, des modifications cérébrales et de l'intelligence artificielle.

Pour piloter la révolution technologique, prédire le futur est donc essentiel, mais n'a jamais été aussi difficile ! En 1995, le plus grand spécialiste des réseaux, Robert Metcalfe, s'engagea à manger le texte de son discours si le web ne s'effondrait pas de manière catastrophique en 1996. En 1997, il mangea sa tribune devant 1 000 spectateurs. La difficulté d'imaginer le futur des Intelligences Artificielles est que nous vivons avec l'IA l'équivalent de développement du Cambrien, il y a 550 millions d'années, où il y a eu une explosion en quelques millions d'années de multiples formes de vies[1]. Ce foisonnement est extrêmement difficile à prévoir.

Les NBIC et l'IA génèrent au surplus d'énormes fantasmes, ce qui rend encore plus difficile une réflexion lucide. Nos biais cognitifs et la projection de nos peurs sur l'IA obèrent toute vision rationnelle des risques.

L'Homo Deus est balbutiant, en rodage. La gouvernance et la régulation des technologies qui modifient notre identité seront certes fondamentales. Mais l'homme découvre ses pouvoirs démiurgiques et n'a aucune expérience de leur régulation. Être un dieu n'est pas facile. Cela s'apprend.

Combien de temps durera la phase d'essai et d'erreur par laquelle l'apprentissage se fera ? Certaines erreurs seront-elles d'ailleurs fatales ou bien parviendrons-nous à rectifier le tir à temps ? Il n'y a, a priori, aucune règle de conduite qui semble moins risquée qu'une autre : tout interdire, c'est accumuler un retard suicidaire, ne rien interdire, c'est, comme Gribouille, se jeter dans l'eau de peur d'être mouillé.

1. Dont nous sommes tous les héritiers.

Mais qui va prendre les décisions ? L'innovation est désormais dans les mains des géants du numérique et plus seulement des États. Le pouvoir politique se fragmente avec l'émergence de nouveaux décideurs. Le politique n'est plus dans le cockpit. Il est de plus en plus assimilable à l'hôtesse se chargeant de notre confort plutôt qu'au pilote qui maîtrise le voyage. Les nouveaux pilotes de l'avion ne dépendant d'aucune élection et n'ont pas de contre-pouvoir pour freiner leurs pulsions. La décision du patron d'Amazon d'investir massivement dans la conquête du cosmos est inattendue : aucun État ne peut décider aussi vite que Jeff Bezos ! Cela accroît les surprises. Les décisions des industriels transhumanistes ne nécessitent aucun consensus social : elles peuvent entraîner en retour de violentes oppositions en Occident au moins qui seront difficiles à anticiper.

Les NBIC vont entraîner une quête de sens aux conséquences imprévisibles. La volonté de doter l'homme de pouvoirs démiurgiques est en rupture avec l'idéologie judéo-chrétienne qui fonde la société occidentale. Craig Venter, l'un des experts qui a réalisé le premier séquençage ADN, a répondu lorsqu'on l'accusait de jouer à être Dieu : « Nous ne jouons pas ! » Les transhumanistes veulent supprimer toutes les limites de l'humanité et démanteler tous les impossibles grâce aux NBIC. Nos sociétés n'y sont pas philosophiquement préparées. Ces perspectives abyssales fragiliseront nos démocraties. À l'heure où l'homme devient un mélange de chair et d'algorithmes, la définition même de la dignité humaine est bouleversée.

Outre Pacifique enfin, les projets transhumanistes chinois dans les cartons des BATX sont mal connus. Le fondateur de Google Brain – Andrew Ng – explique que les Chinois savent bien ce que les Occidentaux font mais que la réciproque n'est pas vraie !

Jamais la vitesse d'évolution de notre société et l'incertitude sur sa direction n'auront été aussi grandes. Par conséquent, les futurologues et prospectivistes vont beaucoup tâtonner et se tromper sous la pression de l'aléatoire. Leur tâche reste pourtant essentielle. Les futurologues vont dire de plus en plus d'âneries. Il faut autoriser les prospectivistes à se tromper : l'échec des prédictions est très formateur !

Ce que nous ne prenons jamais en compte ? Les ressources inouïes de notre propre génie.

Jean-Philippe Delsol explique : « Tous ceux qui prolongent des courbes à partir des données passées se trompent parce qu'ils ne prennent pas en compte la créativité de l'homme, sa réactivité pour corriger, amender, transformer sans cesse ce monde imparfait qui le fait vivre toujours mieux. Or, et c'est là le point crucial, ce vaste mouvement est le fruit de la libération des énergies individuelles, de l'ouverture des marchés, de la concurrence, de la liberté d'entreprendre. Il a commencé en Occident après les révolutions libérales inaugurées par les États-Unis et la France à la fin du XVIIIe siècle et s'est amplifié après la chute du Mur qui a marqué la faillite du socialisme. »

Les ressources du génie humain

Le principal actif de l'humanité est son intelligence. Elle est notre ressource ultime. C'est grâce à elle que nous avons survécu à la nature et que nous l'avons mise à notre service. On oublie aussi, surtout en France, le magnifique mécanisme du marché. Il est l'outil le plus performant pour gérer les ressources rares – et elles le sont à peu près toutes. C'est grâce à lui que nous évitons les pénuries, que les ressources rares sont moins utilisées car elles deviennent plus précieuses. Nous n'avons pas d'autre choix que de faire une nouvelle fois confiance au génie humain pour relever les défis liés au climat.

Demain ne se pense pas à technologie constante

En 1894, le *Times* de Londres écrivait que dans cinquante ans toutes les rues de Londres seraient enfouies sous deux mètres de crottin : l'automobile changea la donne.

Les écologistes jouent à un jeu dangereux en préconisant de planifier l'avenir énergétique pour le siècle à venir sans imaginer le moindre progrès.

C'est absurde. Si l'on s'était livré au même exercice en 1900, les scientifiques n'auraient pas pu prévoir toutes la technologie du XXe siècle. Or, compte tenu du rythme effréné de l'innovation technologique, nous avons moins de chances de prévoir correctement l'avenir que les chercheurs de 1900.

La pénurie est impossible

Lorsque Napoléon III reçoit le Roi de Siam, les hôtes de marque auront des verres en aluminium, tandis que les autres se contenteront de verres… en argent. En 1886, l'aluminium peut être extrait au moyen d'un procédé électrique. Son coût s'effondre. La rareté de l'aluminium n'a dépendu que de notre niveau de connaissance technique.

Par son inventivité technique, l'homme fait croître les ressources exploitables de façon exponentielle comme l'économiste Julian Simon l'a montré. Il n'est pas jusqu'au concept de « ressource » qui ne soit, en fait, proprement humain. Drieu Godefridi explique comment l'homme change les ressources. Quand l'homme vit de chasse et de cueillette, la population des poulets est peut-être de quelques dizaines de milliers à la surface de la Terre. Elle se dénombre aujourd'hui en milliards. Les réserves actuelles de poulets ne viennent pas s'imputer sur une ressource « poulets » dont elles ne seraient jamais qu'une fraction : c'est la ressource elle-même que l'homme crée. L'important n'est pas l'existence d'une limite théorique globale – que personne ne conteste –, mais la croissance exponentielle des ressources exploitables, y compris les matières primaires, qui empêche de situer la limite théorique. La principale ressource de l'humanité, c'est l'homme.

Sylvie Brunel s'emporte contre les indicateurs malthusiens : « En réalité, l'empreinte écologique, qui renvoie à la notion de capacité de charge, reprend les mêmes erreurs méthodologiques que celles du pasteur Malthus [...]. La terre peut être surpeuplée avec un milliard d'hommes s'ils vivent avec de pauvres techniques, mais elle peut aisément en porter dix fois plus si nous agissons intelligemment, en gérant au mieux notre capital naturel. La totalité des terres cultivées de la planète n'excède pas aujourd'hui 3 % de sa superficie. »

Sylvie Brunel pense que l'humanité a toujours migré pour fuir les déserts, trouver de l'eau, se protéger des océans, s'abriter des catastrophes naturelles, éviter les violences de la nature ; qu'elle n'a jamais disposé d'autant d'outils pour anticiper et s'adapter.

Imaginons qu'il manque du cuivre sur terre en 2030. Son prix grimpera rapidement. Cela aura plusieurs conséquences.

Les industriels économiseront le cuivre et découvriront des produits de substitution : les ailes d'avion étaient jadis principalement faites de métal ; elles sont de plus en plus faites de fibres de carbone dont la pénurie est inimaginable. Des milliers de start-up vont développer des produits de substitution et développer le recyclage du cuivre. Ce qui est rare est économisé : on peut constater que personne ne jette l'or par la fenêtre...

Les compagnies minières chercheront de nouveaux gisements et exploreront des méthodes non conventionnelles pour trouver du cuivre : nodules polymétalliques du fond des océans, exploitation des gisements extraterrestres comme Jeff Bezos le prévoit... Le prix du cuivre s'effondrera bientôt.

En 1980, l'économiste Julian Simon, agacé par la lecture du livre *La Bombe P* d'Ehrlich, lui propose de faire un pari, sur les prix des métaux. Ehrlich était convaincu qu'ils monteraient en raison de la pénurie croissante de matières premières, tandis que Simon affirmait le contraire. Les deux se sont mis d'accord sur cinq métaux (chrome, nickel, cuivre, étain et tungstène) et sur la date, 1990. Dans la logique malthusienne et catastrophiste de Ehrlich, le prix des matières premières ne pouvait qu'exploser. Julian Simon prédisait que leur prix baisserait. Dix ans plus tard, le prix des matières premières choisies par Ehrlich avait baissé de 38 %. Ehrlich s'est incliné et a signé un chèque de mille dollars à Simon.

Nous laisserons aux générations à venir des ressources dont elles ne sauront que faire. Comme la pierre, comme le charbon, comme le pétrole, comme mille ressources naturelles, on abandonnera le cuivre non parce qu'il sera épuisé mais parce qu'on n'en aura plus besoin.

Inquiet de la pénurie de bois, Colbert a planté la forêt de Tronçais pour alimenter la marine royale en bois jusqu'en l'an 2000…

L'économiste Pierre Tarissi est très optimiste. La technologie explique l'incroyable recul des famines, des épidémies et de la mortalité infantile grâce aux nombreux objets quotidiens encore inimaginables naguère : automobile, smartphone, salle de bains, machines à laver, avions de ligne.

Chercheurs, industriels et ingénieurs se retrouvent devant trois problèmes majeurs à résoudre : produire toujours plus d'énergie à un coût de plus en plus bas sans émettre de CO_2, éliminer la production de déchets non recyclés, remplacer les matières premières au fur et à mesure de leur raréfaction…

Les chercheurs, industriels et ingénieurs travaillent sans relâche à innover et écraser les prix de revient des biens et services nouveaux, pour fabriquer ces produits en consommant toujours moins d'énergie, de matières premières et de travail humain, et en produisant toujours moins de déchets.

Une vingtaine de millions de chercheurs exercent dans le monde.

Les progrès des méthodes de conception sont gigantesques depuis des décennies et progressent de plus en plus vite avec les outils de simulation de plus en plus performants. Ils permettent dès ce stade de calculer les structures « au plus juste » et de les construire avec le strict minimum de matériau.

Pour Pierre Tarissi, faciliter et accélérer ces évolutions est la première tâche de gouvernants se voulant « écologiques » !

L'enrichissement et la croissance protègent l'environnement

Jacques Tertrais rappelle qu'une augmentation de 1 % de la richesse par habitant se traduit par une réduction de 1,3 % de la part de la population vivant en situation d'extrême pauvreté. Ainsi, l'élimination du paludisme se produit quand les sociétés atteignent 3100 dollars par an de richesse.

Il existe également une corrélation entre enrichissement et amélioration de l'environnement : par exemple, plus le revenu par habitant augmente, plus la pollution aérienne diminue, et plus les forêts sont entretenues (le seuil se situant autour de 4600 dollars). La meilleure manière d'améliorer l'environnement est de s'enrichir. Les concentrations de particules et celles de dioxyde de soufre culminent lorsque les sociétés affichent un revenu par habitant de 3280 et 3670 dollars respectivement. Une fois ces limites franchies, les sociétés commencent à investir pour obtenir un environnement de meilleure qualité, et notamment de l'eau et de l'air propres. La croissance facilite l'ajustement démographique : l'amélioration de la santé conduit à une diminution de la mortalité infantile, et la modernisation réduit la « valeur » du travail des enfants. La fécondité commence à baisser lorsque le revenu annuel par habitant atteint 1000 à 2000 dollars. *The Economist* conclut : « La meilleure protection contre le réchauffement planétaire est la prospérité planétaire » et non la décroissance.

Les écologistes avaient seulement sous-estimé deux facteurs fondamentaux : la technologie, qui peut servir à protéger l'environnement, et les mentalités, qui évoluent avec le niveau de richesse. C'est pourquoi les prévisions alarmistes sont presque toujours prises en défaut.

L'environnement ne devient un enjeu majeur qu'une fois la population suffisamment riche pour se tourner vers des produits plus propres et sanctionner les entreprises polluantes.
À l'échelle de la planète, on observe une corrélation forte entre les performances économiques et la qualité de l'environnement. Selon le classement de l'université de Yale, les pays les plus performants sur le plan environnemental sont aussi parmi les plus riches, avec en 2018, un trio de tête composé de la Suisse, de la France et du Danemark. Les pays les plus dégradés sont tous situés en Afrique ou en Asie du Sud.
Sylvie Brunel remarque que les prédictions dramatiques ne prennent jamais en compte les ruptures technologiques qui ne sont jamais prédictibles. Les prophètes ne cessent d'inventer de nouveaux dangers, forcément majeurs, alors que le propre de l'humanité a toujours été de faire face au risque et de trouver des réponses. Face aux sécheresses, l'irrigation. Face à la pollution, la dépollution. Face à la menace de la submersion, les digues et la protection des rivages. Face à la demande énergétique, des sources d'énergie sans cesse renouvelées. Face à la disparition de certaines espèces, des mesures de protection et de sauvegarde. Rien n'y fait : il nous faut sans cesse croire au pire. Oui, une éruption volcanique peut provoquer un hiver qui assombrira et refroidira la terre pendant plusieurs années, comme après l'explosion du Tambora en 1815. Et alors ? Nous vivons depuis toujours sur un gigantesque volcan. Devons-nous cesser immédiatement toutes nos activités et nous agenouiller pour prier ? Ou bien devons-nous mettre en place les systèmes les plus avancés de prévision et de prévention pour continuer malgré tout d'avancer ?

Le zéro pollution est absurde

Steven Pinker défend une vision moderniste de l'écologie. L'écomodernisme[1] commence avec la prise de conscience qu'un certain degré de pollution est inéluctable. Quand des êtres humains utilisent de l'énergie, ils augmentent nécessairement les déchets et la pollution. Mais Pinker explique que l'industrialisation a été bonne pour l'humanité. Elle a nourri des milliards de personnes, doublé la durée de vie, considérablement réduit l'extrême pauvreté et, en remplaçant les muscles par des machines, facilité l'abolition de l'esclavage, l'émancipation des femmes et l'éducation des enfants. Elle a permis aux gens de lire la nuit, de vivre où ils voulaient, d'avoir chaud en hiver, de voir le monde et de multiplier les contacts humains. Tous les inconvénients en termes de pollution doivent être mis en balance avec ces bienfaits. Steven Pinker est optimiste : « Les solutions permettant de profiter de plus de calories, de lumens, de watts, de bits et de kilomètres tout en engendrant moins de pollution et en utilisant moins de terres constituent en soi un défi technologique que le monde parvient de mieux en mieux à résoudre. Quand les pays commencent à se développer, ils donnent d'abord la priorité à la croissance plutôt qu'à la préservation de l'environnement. Mais à mesure qu'ils s'enrichissent, leurs préoccupations se tournent vers l'environnement. Si les gens ne peuvent disposer d'électricité ils donnent d'abord la priorité à la croissance plutôt qu'à la préservation de l'environnement. Mais à mesure qu'ils s'enrichissent, leurs préoccupations se tournent vers l'environnement. Si les gens ne peuvent disposer d'électricité qu'au prix d'une certaine quantité de smog, ils feront avec le smog, mais dès qu'ils seront en mesure de s'offrir à la

1. Terme qui signifie une écologie qui ne renonce pas au progrès.

fois l'électricité et l'air pur, ils mettront le prix pour bénéficier de ce dernier. » La croissance économique profite à l'environnement grâce aux avancées technologiques, mais aussi grâce au progrès des valeurs morales.

Pourquoi l'Antiquité a raté sa révolution technologique ?[1]

Pourquoi a-t-il fallu tant de temps pour que l'homme apprenne à maîtriser la vapeur, ou l'électricité ?
Les cinq GPT (general purpose technologies), allant de la machine à vapeur à l'intelligence artificielle, en passant par l'électricité, le moteur à explosion et le transistor, ont toutes augmenté de manière exponentielle la productivité humaine. Et aucune n'a plus de 300 ans. Pourquoi Rome n'a-t-elle pu concevoir de machine à vapeur, ou comprendre le fonctionnement de l'électricité ? La machine à vapeur, qui a permis à l'homme d'utiliser une quantité d'énergie jamais égalée auparavant, fut la pièce maîtresse de la révolution industrielle. Si Rome avait réussi à maîtriser la vapeur, qui sait si l'empire n'aurait pas traversé les âges ?
Une machine à vapeur utilise la chaleur d'un combustible (généralement du charbon) pour faire bouillir de l'eau dans un conteneur clos. Cette vapeur exerce une pression qui s'accumule en haut du conteneur, ce qui finit par élever un piston. Ce dernier peut être utilisé pour faire tourner un engrenage, ce qui transforme le potentiel thermique du charbon en énergie mécanique. Avec quelques modifications, le piston peut être mû continuellement tant que la vapeur circule. Les travaux de Thomas Savery et Thomas

1. Cette idée a été développée par mon fils Thomas Alexandre dans *La Tribune*, le 24 mars 2019.

Newcomen aboutirent à ce mécanisme relativement simple, mais révolutionnaire, avec un premier prototype en 1712. Un piston, un conteneur, de l'eau et du combustible ? Ces éléments étaient pourtant tous disponibles du temps de Rome. Pourquoi l'Angleterre, et pourquoi pas Rome ? On pourrait invoquer l'hypothèse d'un manque technologique : en effet, l'imprimerie de Gutenberg, couplée au papier, permettait une transmission du savoir bien plus rapide, et plus démocratique à partir du XVe siècle. Pour les Romains la connaissance était rare, car son médium (le marbre, ou le papyrus) était cher. De plus, le pourcentage de la population obligé de se consacrer à l'agriculture était bien plus élevé sans les nombreuses améliorations propres au Moyen Âge, tel que l'assolement triennal. En réalité, l'homme a frôlé la révolution industrielle dès l'Antiquité. En effet, l'Égyptien hellénisé Héron d'Alexandrie avait, dès le premier siècle après J.-C., conçu l'Éolipyle, utilisant la vapeur pour faire tourner une sphère sur un axe fixe. Resté au stade de simple divertissement, faute de combustible rentable (la machine nécessitait environ 100 kg de bois pour chaque heure de fonctionnement) et d'association avec un piston, l'Éolipyle ne pouvait être précurseur d'une révolution industrielle. Un homme fournissait plus d'énergie que l'Éolipyle, et consommait bien moins de combustible. Cette technologie était dès lors peu attirante, surtout pour Rome qui disposait d'un stock illimité d'esclaves. Ainsi, la vapeur, qui fonctionnait à ses débuts de manière sous-optimale, était bien plus intéressante pour une Angleterre avec seulement 7,7 millions d'habitants en 1800, où la main-d'œuvre était rare. Le contexte socio-économique détermine ainsi l'innovation.
Un autre exemple troublant est la pile électrique de Bagdad. En 1930, l'Autrichien Wilhelm König découvre un étrange artefact en forme de pot qui renferme un

dispositif complexe : un fil de fer entouré d'un cylindre de cuivre. En y ajoutant du jus de fruits acide, le dispositif produit un courant de l'ordre d'un Ampère. Cette pile antique, dont la fonction reste discutée aujourd'hui, montre néanmoins que l'homme fut à deux doigts de découvrir deux des cinq GPT – la machine à vapeur et l'électricité – bien avant notre révolution industrielle. Thomas Kuhn, dans *Les Structures des révolutions scientifiques*, a montré que le progrès scientifique est jalonné de « changements de paradigmes ». Sans un changement radical du mode de pensée, les Grecs étaient donc tout simplement incapables de concevoir une quelconque utilité pratique en l'Éolipyle.
Qui sait à côté de quelles technologies en apparence simples nous passons aujourd'hui ? Les écologistes rétrogrades nous empêchent de découvrir des technologies permettant de changer radicalement la problématique énergétique.

Claude Lelouch, l'Intelligence Artificielle et les collapsologues

Le grand argument des écologistes est qu'une croissance perpétuelle est impossible dans un monde fini. En réalité, cet argument de bon sens est faux : l'innovation produit toujours plus de richesse en consommant de moins en moins de matières premières et d'énergie.
Quiconque aurait défendu en 1990 un monde futur où se vendraient plusieurs milliards d'appareils photo et chaque être humain ferait chaque année des milliers de vidéos et de photos à très haute définition qu'il partagerait aux quatre coins de la planète aurait été voué aux gémonies. La consommation de plastiques, de métaux, de sels

d'argent et le transport des clichés vers des milliers d'amis auraient eu une empreinte écologique insupportable qui condamnerait à mort la planète.
La démocratisation sur les cinq continents de la photographie et de la vidéo était impensable : il fallait que les souvenirs restent réservés à une élite occidentale, sauf à accepter un désastre écologique !
Les écologistes pessimistes auraient proposé une taxe sur les photos et se seraient inquiétés de la perspective des centaines de millions d'appareils photo vendus en Afrique et en Asie. Certains auraient fait remarquer – avec des relents de paternalisme néocolonialiste – qu'il est irresponsable de généraliser le mode de vie occidental.
Une fois encore, la fin du monde a été évitée grâce à la technologie. Un appareil photo pèse 5 grammes – l'optique de notre Smartphone –, il n'y a plus de pellicule, nous n'imprimons quasiment plus jamais les photos et leur transport se fait par les réseaux sociaux et non par avion postal. Il y a bien sûr une empreinte écologique liée au Cloud où nous stockons et partageons nos photos et vidéos, mais elle est bien moindre que si nous imprimions nos clichés. Le coût complet d'une photo a été divisé par 10000 en 20 ans : le stockage de 1 téraoctet – 1000 milliards d'informations c'est-à-dire 20000 photos compressées – coûte 50 dollars et continue à s'effondrer ! L'IA a tellement permis d'améliorer la qualité des clichés et vidéos malgré la miniaturisation des optiques que Claude Lelouch a décidé de tourner entièrement ses nouveaux films au portable.
La Vertu des impondérables, dont l'idée est née du vol de l'un de ses scénarios, a été filmé du début à la fin à l'iPhone X. Claude Lelouch explique dans *Le Figaro* à quel point cette technologie lui permet de pousser encore plus

loin son art de capter la vie : « Vous savez, j'ai passé ma vie derrière des caméras que j'ai toujours trouvées lourdes, encombrantes. Lorsqu'est arrivé ce téléphone miraculeux avec des images sublimes, je me suis dit, c'est peut-être le moment de libérer totalement le scénario, les acteurs... D'aller encore plus loin dans l'émotion. Ce que je cherche depuis très longtemps au cinéma, c'est la spontanéité. Ce sont ces parfums de vérité qui étaient retardés par une technique très lourde. Quand j'ai découvert à quel point l'iPhone me permettait cette quête de vérité, je n'ai pas hésité à m'en servir... Je suis fou de joie, car n'ai jamais été aussi loin dans ma façon de filmer... Et je vous assure que l'on ne voit pas la différence... Mon rêve se réalise. »
Avec un Smartphone dopé à l'IA, l'empreinte écologique d'une prise de vue s'est effondrée et devient marginale. Cette dynamique technologico-écologique irrigue de nombreux secteurs économiques : l'IA fera économiser bien davantage d'électricité qu'elle n'en consomme. Claude Lelouch s'amuse : « Il faut que ce soit un vieux con comme moi qui filme au téléphone portable ».
En réalité, Claude Lelouch donne une leçon d'écologie et de joie de vivre aux Verts Apocalyptiques et Collapsologues. La technologie et les gamins enthousiastes de 80 ans comme lui sauveront la planète plus sûrement que la mise sous antidépresseurs de nos concitoyens désespérés par l'inéluctabilité de l'apocalypse qui leur est promise.

Notre système énergétique va évoluer sans que nous passions par la case apocalypse

Faisons un petit exercice de science-fiction optimiste.

2025 : La lucidité ressuscite ! On réalise qu'un système énergétique n'est pas un logiciel : il faut des décennies pour le faire évoluer. On finit par comprendre que les idées écologiques miraculeuses servent à faire de belles conférences de presse et à piquer de l'argent aux investisseurs naïfs : la pantalonnade de la route solaire de Ségolène Royal ou des hydroliennes doit servir de leçon. Si l'on ferme les centrales nucléaires, dès que la nuit tombe ou que le temps est calme, il faut allumer les centrales à charbon au fioul, au gaz toutes très polluantes. Les écologistes admettent que l'Allemagne avec son immense parc d'éoliennes et de panneaux solaires produit 8,6 fois plus de gaz à effet de serre et de particules fines par kilowatt-heure que la France. Angela Merkel comprend qu'elle a été abusée par les industriels « verts ».

2030 : Le stockage par batteries des énergies intermittentes n'est toujours pas rentable. Le stockage par électrolyse de l'eau n'a pas pu être industrialisé à grande échelle et les systèmes des stockage-pompage en montagne ne sont plus extensibles. On s'attaque enfin au gros gisement de particules fines et de CO_2 : le transport et le chauffage. On assiste à un renouveau du nucléaire avec une filière de réacteurs moyens pour faire la jonction le stockage à grande échelle des énergies intermittentes.

2040 : La Chine est la première puissance mondiale. On ne peut plus gâcher de l'argent pour subventionner les lobbies industriels « verts ». Il faut investir dans la recherche et arrêter la fuite des cerveaux vers l'Asie en payant les chercheurs à prix d'or comme le fait la Chine.

2050 : L'Afrique et l'Asie du Sud gâchent les efforts des Occidentaux. L'Afrique noire qui dépassera 4 milliards d'habitants en 2100 commence à beaucoup polluer. Les militants écologistes se déchirent : certains collapsologues proposent même de stériliser les Africains au nom de l'écologie ; d'autres expliquent que les Africains doivent accepter de vivre frugalement comme avant la colonisation.

2060 : Comme Jeff Bezos d'Amazon l'avait prédit en 2017, les premières mines extraterrestres sont ouvertes. Les collapsologues, qui étaient persuadés que la pénurie de matières premières et d'énergie entraînerait la fin de notre civilisation, s'étouffent de rage : Aurélien Barreau s'excuse publiquement.

2070 : Il est enfin possible de produire des batteries à grande échelle avec une empreinte écologique raisonnable. Nous étions naïfs, de croire en 2020 que cela arriverait rapidement. Beaucoup d'éoliennes sont démontées : la population veut retrouver les magnifiques paysages d'avant la transition énergétique qui avait saccagé la France. Le solaire a beaucoup progressé avec un rendement de 30 %. La question énergétique se résout tout doucement.

2080 : Les centrales atomiques à fission sont démantelées progressivement.

2090 : ITER2, le successeur du réacteur ITER, arrive à maturité. La fusion est désormais envisageable mais le programme de Cadarache a pris 50 ans de retard. Un débat politique passionnant a lieu : vaut-il mieux quelques réacteurs à fusion par continent ou une multitude de petits sites photovoltaïques associés à des fermes de batteries interconnectées ? La France choisit le modèle à fusion : pour rester le premier pays touristique du monde, on préfère interdire les hideux panneaux photovoltaïques. Par ailleurs, le lobby des X-Mines reste amoureux du nucléaire !

2100 : Finalement l'humanité n'a pas disparu et l'apocalypse n'a pas eu lieu. Grâce à la technologie, le CO_2 et les particules fines diminuent fortement. Les dernières avenues Greta Thunberg sont débaptisées mais les prêcheurs de l'apocalypse vont sûrement nous trouver de nouveaux diables !

Vouloir castrer Homo Deus est illusoire

Les mouvements luddites en Angleterre ou celui des Canuts à Lyon avaient marqué, entre la fin du XVIIIe et le début du XIXe siècle, une réaction contre le progrès technique. En 1779, un certain Ned Ludd, en colère parce qu'il avait été fouetté pour sa lenteur au travail, brise deux machines à tricoter. Son nom deviendra légendaire. En 1811, des émeutes ont lieu près de Nottingham – la ville de Robin des Bois –, et plusieurs machines sont détruites. Le nord de l'Angleterre s'embrase de mouvements similaires. Les ouvriers y brisent les métiers à tisser, les tricoteuses, les moulins et toutes ces machines nouvelles qui semblaient voler le travail en même temps qu'elles le rendaient inhumain. D'autres révoltes eurent lieu parmi les ouvriers agricoles contre les premières batteuses. Plus d'un millier de machines furent ainsi détruites. La tête de Ludd fut mise à prix. La répression fut d'une particulière violence : envoi de troupes armées pour réprimer les émeutes, emprisonnements, pendaisons, déportations…

Au moment où Elon Musk réclame que l'on ralentisse les recherches en matière d'Intelligence Artificielle pour éviter d'en faire émerger accidentellement des formes hostiles, une question pratique se pose : peut-on freiner le progrès technologique ? Le philosophe des technologies numériques, Kevin Kelly, a colligé tous les cas depuis 1 000 ans de moratoires concernant des recherches scientifiques ou des nouvelles technologies. La conclusion est claire : aucun ne résiste durablement. Ils durent même de moins en moins longtemps.

En revanche, de la même façon qu'il n'y a pas de fin de l'histoire politique, comme l'annonçait par erreur Francis Fukuyama, il n'y a pas de marche inéluctable vers le progrès. Les exemples abondent. En 1700 avant J.-C., les palais de Crète comportaient des systèmes d'assainissement élaborés. Vers 1400, l'invasion de la Crète par les Mycéniens réduit à néant la civilisation minoenne. Au début de notre ère, la ville de Lyon était alimentée en eau par six magnifiques aqueducs. Après la chute de l'Empire romain d'Occident et les invasions barbares, Lyon devra attendre 1 500 ans avant de revoir l'eau courante…

L'encadrement des nouvelles technologies conduit même à des résultats risibles. En 2016, le principal résultat de la tentative de moratoire sur les modifications génétiques embryonnaires a été l'accélération de la publication des travaux chinois sur 64 embryons humains. Le 2 août 2017, les Américains leur ont emboîté le pas en publiant une série de 59 manipulations génétiques sur des spermatozoïdes avec un taux de succès qui se rapproche d'une utilisation médicale de ces outils. Ce double bras d'honneur scientifique a tué dans l'œuf le moratoire international. Lors du moratoire d'Asilomar de 1976 sur les manipulations génétiques de bactéries, les chercheurs avaient tout de même respecté l'interdiction quelques mois…

À l'avenir, la régulation technologique deviendra difficile. Les transhumanistes auront deux avantages cruciaux :

ils seront plus intelligents parce qu'ils seront les premiers à accepter le neuro-enhancement par les futurs implants intracérébraux qu'Elon Musk développe et ils seront majoritaires parce qu'ils vivront plus longtemps. Mécaniquement les transhumanistes prendront le pouvoir politique Le pouvoir démographique parce qu'ils vivront plus longtemps du fait de leur acceptation illimitée des technologies antivieillissement. Le pouvoir économique et politique parce qu'ils seront les premiers à accepter les technologies de neuro-enhancement. L'évolution philosophique du Professeur Alim Louis Benabid, inventeur des implants intracérébraux pour traiter la maladie de Parkinson, dont il est le plus grand spécialiste est édifiante. Opposé à l'augmentation cérébrale depuis toujours, il a confié avoir changé. Il a déclaré : « Mon attitude a changé. Au début, je disais il ne faut absolument pas faire ça. On n'est pas tous intelligents de la même façon. En quoi ce serait gênant si on stimulait le cerveau ? A-t-on peur de rendre l'autre plus intelligent ? de propulser le QI ? C'est pour qu'il n'y ait pas de problèmes qu'on respecte un statu quo. » L'élite médicale est déjà prête à suivre les transhumanistes. Par ricochet, le bioconservateur Jean-Marie Le Méné, l'un des rares défenseurs des Trisomiques 21, sera confronté à un dilemme moral. Faut-il utiliser les neurotechnologies des transhumanistes pour réduire les handicaps cognitifs des trisomiques ? Ce qui diminuerait probablement le taux d'interruptions médicales de grossesse (IMG) : 96 % des enfants trisomiques sont avortés aujourd'hui en Europe de l'Ouest.

De l'homme réparé à l'homme augmenté, il n'y a qu'un pas : l'élite médicale est déjà prête à suivre Elon Musk !

Il est heureux que les ressources du génie humain soient plus inépuisables que le pétrole. Car au moment où nous avons résolu bien des problèmes qui se posaient à l'humanité depuis des millénaires, la liste des défis ne cesse paradoxalement de s'allonger.

Le futur ne sera pas un fleuve tranquille

Le problème du défi écologique n'est pas que les solutions manquent mais que les mauvaises solutions pullulent. Le populisme vert fait croire qu'il y a des solutions simples... Elles ne le sont jamais. Baisser le CO_2 est techniquement facile, si l'on accepte un effondrement du niveau de vie. Mais à part les bobos verts, très peu de terriens veulent retourner à la misère. Il est peu probable que l'on convainque la Chine et l'Inde de renoncer à un confort qu'ils viennent de découvrir.

Les écologistes doivent apprendre l'économie

L'Américain William Nordhaus, professeur à l'université de Yale, a obtenu le prix 2018 de la Banque de Suède à la mémoire d'Alfred Nobel pour avoir fait la synthèse des mécanismes climatiques et économiques. William Nordhaus a simulé différents scénarios pour déterminer une stratégie optimale de lutte contre le changement climatique.
William Nordhaus estime que l'objectif[1] de 2 °C de hausse des températures vers la fin du siècle ne peut être atteint, sauf à arrêter le développement des pays pauvres, qui ne l'accepteraient jamais. La hausse du mercure pourrait être stabilisée autour de + 2,5 °C vers la fin du siècle à la condition de diminuer par trois des émissions de CO_2

1. Fixé à Copenhague.

grâce à une taxe carbone mondiale, compensée par des baisses d'autres impôts. Le coût des investissements pour stabiliser le climat est raisonnable, autour de 1 % du revenu mondial.
La facture du changement climatique varie selon la hausse de température. À + 2 °C depuis l'ère préindustrielle, le coût serait de 1 % du PIB mondial, à + 2,5 °C de 1,5 %, à + 3 °C de 2 % et à + 4,5 °C de 5 %. Ces estimations sont bien éloignées des prévisions apocalyptiques.
Depuis 1900, les émissions de CO_2 ont crû de 2,6 % par an. Ces émissions croissantes entraînent une augmentation des concentrations de CO_2 dans l'atmosphère, lesquelles produisent le changement climatique. Les émissions mondiales de CO_2 croissent moins vite que la richesse mondiale en raison de la décarbonation. Nous employons moins d'énergie par unité produite. Les secteurs économiques à forte croissance, comme l'électronique, consomment moins d'énergie. Enfin, nous abandonnons les combustibles les plus riches en carbone comme le charbon.
Pour limiter ou inverser le réchauffement, il existe trois approches. L'adaptation vise à supporter un monde plus chaud. La géo-ingénierie, compenserait le réchauffement causé par le CO_2 par l'introduction d'éléments réfrigérants ou supprimerait le carbone de l'atmosphère. L'atténuation consiste à réduire les émissions et les concentrations atmosphériques de CO_2 et des autres gaz à effet de serre. Il existe quatre moyens pour y parvenir. Un ralentissement de la croissance économique et donc un abaissement de notre niveau de vie. Nous pouvons modifier notre mode de vie en diminuant les activités génératrices de CO_2 et promouvoir des technologies produisant peu de CO_2. Enfin, nous pouvons éliminer le CO_2 après la combustion à la sortie des cheminées des centrales.

L'atténuation est au centre des négociations de type COP et constitue la solution la plus sûre. Il semble peu coûteux de ralentir le changement climatique si les nations adoptaient des stratégies de contrôle efficaces. L'adaptation met l'accent sur la vie avec le changement climatique, alors que les autres solutions évitent le changement. L'adaptation est locale, alors que la prévention est mondiale. L'adaptation est locale parce que les coûts et les avantages reviennent aux pays qui s'adaptent. Si un pays installe des digues pour se protéger de la montée des eaux comme les Hollandais, cela ne profite pas aux autres pays.

L'adaptation ne permet pas de lutter contre la carbonation des océans et les pertes d'écosystèmes qui exigent de réduire les concentrations des gaz à effet de serre.

La géo-ingénierie vise à éliminer le CO_2 de l'atmosphère ou à réduire le rayonnement solaire en reflétant la lumière du Soleil vers l'espace pour modifier le bilan énergétique de la Terre. L'effet de refroidissement compensera le réchauffement dû à l'accumulation de CO_2 dans l'atmosphère. Le processus du blanchiment est comparable aux changements qui succèdent aux grandes éruptions volcaniques. On pourrait augmenter artificiellement les aérosols sulfatés de la stratosphère pour réduire le rayonnement solaire reçu. La réflexion de 2 % de la production solaire pourrait compenser un doublement du CO_2. Le coût de la géo-ingénierie serait très faible entre un dixième et un centième d'une réduction des émissions de CO_2 pour un refroidissement équivalent. Mais il n'y a pas d'expérience à grande échelle de géo-ingénierie en dehors des volcans eux-mêmes. William Nordhaus regrette que les écologistes refusent les recherches sur la géo-ingénierie.

Les technologies postcombustion comme la capture et séquestration du carbone captureraient le CO_2 au moment de la combustion, puis le stockeraient, pour éviter qu'il pénètre dans l'atmosphère. Une technologie prometteuse est le cycle combiné à gazéification intégrée avec capture de CO_2. Selon le MIT[1], le surcoût de production de l'électricité pourrait tomber à 30 %. D'autres technologies de suppression du CO_2 de l'atmosphère semblent plus lointaines comme les méthodes utilisant les océans pour absorber le CO_2.

William Nordhaus recommande de ne pas exclure la possibilité d'avancées technologiques radicales. Il y a un siècle, personne n'aurait imaginé Internet ni le séquençage de l'ADN.

Les économistes pensent que nous pouvons ralentir le réchauffement climatique à un coût raisonnable grâce à des outils compatibles avec le marché qui réduiront les dépenses et l'intrusion des politiques dans notre quotidien. L'impact sur les modes de vie du demi-siècle à venir sera très modeste si l'atténuation est pratiquée efficacement.

Nous devons mettre au point des technologies efficaces, concevoir des mécanismes sociaux qui encourageront l'efficacité économique et venir en aide aux pays pauvres.

Le meilleur objectif dépendra des coûts de sa réalisation. Nous devons viser une température-cible plus basse si c'est peu coûteux, mais nous pourrions avoir à vivre avec une cible plus haute si les coûts sont élevés ou les politiques inefficaces. La conclusion du Prix Nobel est que nous ne pouvons définir des objectifs de politique climatique sans la science économique.

Si les coûts sont faibles, nous voudrons maintenir à un minimum le changement climatique. Pourquoi risquer des

1. Massachusetts Institute of Technology de Boston.

dommages pour nos littoraux, les écosystèmes et les îles si nous pouvons les éviter à un faible coût ? En revanche, si un objectif de très faible hausse de la température implique des sacrifices majeurs dans la qualité de vie de l'humanité nous devrons accepter une plus forte hausse des températures du niveau de la mer plutôt que de dépenser une fortune à limiter le réchauffement au niveau le plus bas possible. Nous pourrions être en mesure de consacrer cet argent de façon plus profitable à l'amélioration des graines, de la gestion de l'eau et des infrastructures. Définir des objectifs climatiques sans prendre en considération à la fois les coûts d'un ralentissement du changement climatique et les avantages d'un évitement des dommages pourrait avoir des conséquences sur la vie des populations pauvres.

Les décisions concernant les réductions des émissions sont extrêmement compliquées. Le recours au prix du carbone simplifie les décisions complexes relatives au carbone. Il fournit de puissantes incitations à réduire les émissions. Quel est le petit déjeuner qui contribue le moins au réchauffement climatique ? Des fruits frais, des toasts, des céréales ou des œufs au plat ? Le consommateur est incapable de répondre à cette question. Seule une taxe sur le carbone peut orienter les comportements. Il serait totalement inhumain de demander à chaque citoyen de faire de longues recherches sur Google pour calculer son empreinte carbone dans chaque décision de la vie courante.

William Nordhaus pense qu'un prix élevé du carbone est nécessaire pour convaincre les entreprises de se consacrer à la recherche de nouvelles technologies pauvres en carbone. « Un pays peut avoir les meilleurs climatologues réalisant les meilleures projections de changement climatique ; il peut avoir les meilleurs spécialistes ; il peut avoir les plus

grands as de la finance. Mais si le prix du carbone est nul, les projets de développement de technologies prometteuses ne seront pas développés. »
Il conclut : « Il existe des preuves claires et convaincantes que la planète se réchauffe ; qu'à moins que des mesures vigoureuses soient prises, la Terre va être soumise à un plus grand réchauffement qu'il n'y en a eu depuis plus d'un demi-million d'années... l'évaluation des risques indique que des mesures doivent être prises immédiatement afin de ralentir et, à terme, de mettre fin aux émissions de CO_2 et autres gaz à effet de serre. Ces découvertes fondamentales doivent être nuancées et constamment mises à jour en raison de l'incertitude qui règne à tous les stades de la chaîne qui relie la croissance économique aux impacts sociaux et politiques, en passant par les émissions et le changement climatique. Les êtres humains mettent la planète en péril. Mais les êtres humains sont capables de défaire ce qu'ils font. En outre, ils peuvent y parvenir à relativement faible coût en mettant en place un mécanisme économique qui pénalise les émissions carbonées et consacrent de vigoureux efforts à la mise au point de technologies peu voraces en carbone. En prenant ces mesures, nous pouvons protéger et préserver notre précieuse planète. »

Pour affamer, déboiser et réchauffer la planète, mangez bio !

Les famines géantes prévues par les écologistes des années 1960 n'ont jamais eu lieu : la révolution verte a fait exploser les rendements agricoles. De nouvelles semences, une irrigation réfléchie, les produits phytosanitaires et de meilleurs engrais ont tout changé.

La population mondiale a plus que doublé mais la production agricole a augmenté encore beaucoup plus vite ! En France, la surface agricole nécessaire pour nourrir un Français a été divisée par deux ces dernières décennies. C'est pour cela que les forêts françaises ont doublé depuis 1830 : on a besoin de beaucoup moins de terres agricoles pour produire autant.
À l'échelle mondiale, il n'y a jamais eu aussi peu de gens malnutris qu'en 2020. Les seules famines que l'on observe encore sont des famines politiques liées à la folie des dirigeants comme la Corée du Nord en a connu récemment. Heureusement, les prophètes de malheur se sont bien trompés comme d'habitude ! Mais la production a tellement augmenté que l'obésité devient un fléau mondial... Chose inimaginable en 1968, il y a beaucoup plus d'obèses en Inde que de gens malnutris.
Le ministre de l'Agriculture Didier Guillaume a défendu les méthodes agricoles ancestrales pour se passer des produits phytosanitaires.
Comme le rappelle la journaliste Emmanuelle Ducros : « Cultiver sans pesticides d'aucune sorte – ni bio ni autres – se traduirait par la disparition de 30 % des volumes produits[1]. En effet, les cultures ne savent pas se défendre seules. Chaque année, sept nouveaux insectes ravageurs apparaissent en France. Le blé est attaqué par l'ergot, qui touche un quart des récoltes non traitées et rend le blé dangereux voire mortel. Revenir aux méthodes de nos ancêtres une agriculture aléatoire, au rythme des années, des ravageurs, livrée aux incertitudes du climat, aux maladies ». L'agriculture du bon sens de nos grands-parents fantasmée par Didier Guillaume exigeait des millions de petites mains – et les enfants pendant les vacances scolaires – pour désherber, repiquer et récolter. Retourner à l'agriculture du passé imposerait de déboiser pour compenser la baisse des

1. Pour les céréales, le bio est jusqu'à 50 % moins productif.

rendements, ce qui diminuerait la biodiversité. Grâce à l'agriculture scientifique, les agriculteurs sont en meilleure santé et ont moins de cancers que le reste de la population. L'agriculture rêvée par Didier Guillaume imposerait de déboiser pour compenser la baisse des rendements, ce qui diminuerait la biodiversité. L'agriculture moderne a fait exploser les rendements : depuis la guerre, le rendement moyen en France est passé de 15 à 70 quintaux à l'hectare pour le blé et de 100 à plus de 400 pour la pomme de terre. Les pays européens souffraient jadis de famines épouvantables. En Afrique, les nuées de criquets menacent des centaines de millions d'habitants : un criquet mange chaque jour son poids en nourriture. La meilleure manière de lutter contre l'insecte est de traiter préventivement les zones de reproduction avec épandage de pesticides.
C'est grâce à la technologie que le monde ne crève plus de faim : sous Louis XIV la ration calorique moyenne était de 1600 calories par jour. La famine de 1845 en Irlande a tué un million de personnes. Les famines françaises de 1693 et 1709 ont fait 2 millions de morts. L'agriculture biologique affiche des rendements inférieurs de moitié à ceux de l'agriculture classique. Cela mettrait en danger de mort 2 à 3 milliards d'habitants.
L'agriculture bio de nos ancêtres nourrissait difficilement 1 milliard et demi de terriens ; il faudra bientôt nourrir 11 milliards d'habitants. Avec les techniques du passé et leurs rendements minables, nous aurions d'effroyables famines. Pour le théoricien écologique Nicholas Georgescu-Roegen, il ne faisait pas de doute que, d'ores et déjà, la terre était surpeuplée et qu'il fallait organiser une sérieuse réduction de la population. En 1975, dans *L'énergie et les mythes économiques*, il proposait un programme visant à une « diminution progressive de la population jusqu'à un niveau où une agriculture bio suffira à la nourrir convenablement ». Les théoriciens de l'écologie ont vite

compris qu'il fallait diminuer considérablement la population humaine si l'on souhaite développer l'agriculture bio, compte tenu de sa médiocre productivité.
La généralisation du bio et des techniques de nos ancêtres enchanterait les militants verts et les collapsologues mais ferait des centaines de millions de morts à l'échelle de la planète. En définitive, si vous voulez détruire des forêts et la biodiversité qui l'accompagne, affamer la population et rendre le travail des agricultures dignes du règne de Napoléon III : mangez bio !

Gérer les évolutions du niveau des océans

L'élévation ou la baisse du niveau de la mer est un phénomène fréquent. Elle est principalement liée à la modification des calottes glaciaires et des glaciers, l'expansion de l'eau sous l'effet de sa température ainsi qu'à la dérive des continents. Les deux facteurs majeurs sont la température puisque l'eau chaude gonfle, et le volume des eaux stockées sur les terres telles que les rivières, les lacs, les glaciers et les calottes glaciaires. En revanche, la fonte de la banquise de l'océan glacial arctique ne contribue pas à la hausse du niveau des mers, selon le principe d'Archimède.

Sur des échelles de temps géologiques, la dérive des continents avait disposé les terres très différemment, ce qui influe sur le niveau de la mer.

Quand les continents étaient près des pôles, on observait pendant les âges glaciaires des niveaux de mer très bas, parce qu'il y avait beaucoup de terres polaires sur lesquelles la glace s'accumulait. Lorsque les terres se concentraient autour de l'équateur, les périodes glaciaires avaient peu d'effet sur le niveau de la mer.

D'autres phénomènes contribuent à l'élévation des océans, comme l'exploitation des eaux souterraine en transférant de l'eau vers l'océan. À l'inverse, les barrages ont fait baisser en 80 ans de 30 mm le niveau de la mer.

Pendant la plus grande partie des temps géologiques, le niveau de la mer était plus haut qu'aujourd'hui : il y a 450 millions d'années, le niveau des eaux était même 400 mètres au-dessus du niveau actuel. Il y a 120 000 ans, le niveau de la mer était 6 mètres plus haut qu'en 2020.

À l'inverse, à la fin de la dernière glaciation, quand Londres et Anvers étaient en bordure de la calotte glaciaire, la mer était 120 mètres plus bas et le littoral était beaucoup plus loin qu'aujourd'hui ! Il était possible d'aller à pied de l'Asie à l'Alaska, ce qui a permis l'arrivée des humains en Amérique. Jusqu'à il y a 8 000 ans, nos ancêtres traversaient également la Manche à pied et la Seine et le Rhin se jetaient dans l'Atlantique. On pouvait aller à pied du Danemark à l'Angleterre et les vestiges de villages submergés ont été découverts dans cette terre appelée Doggerland. La montée des eaux depuis 18 000 ans a donc réalisé un premier Brexit géologique qui a séparé les îles Britanniques du continent.

Depuis le dernier maximum glaciaire, il y a 18 000 ans, le niveau de la mer s'est donc élevé de 120 mètres. Il y a 14 700 ans le niveau de la mer a même augmenté de 20 mètres en 500 ans. Depuis 3 000 ans et jusqu'au début du XIXe siècle, le niveau marin a moins varié ; entre 0,1 à 0,2 mm/an.

Depuis 1900 – à cause du réchauffement climatique – il augmente de 1 à 3 mm par an. La hausse du niveau des océans mis en exergue par le GIEC a paniqué l'opinion. La Hollande montre que le pessimisme du GIEC n'a pas lieu d'être. Dès l'âge du fer, des fermes ont été aménagées en contrebas de collines artificielles appelées Terp. Vers l'an 1000, les berges des rivières et des zones côtières ont été consolidées. L'Office des eaux des Pays-Bas a été créé au XIIe siècle et dès 1250, les digues ont été reliées. La province du Flevoland, riche de 400 000 habitants, possède une altitude moyenne de – 5 mètres avec un minimum de – 14 mètres. L'homme sait lutter contre la mer. En moyenne, depuis 18 000 ans, le niveau de la mer a monté de 66 centimètres par siècle. Le GIEC nous annonce entre 43 et 87 centimètres au XXIe siècle : nous restons dans la moyenne de long terme ! Nos ancêtres ont surmonté il y a 14 700 ans des augmentations de 4 mètres par siècle avec des silex, nous devrions pouvoir supporter 60 centimètres par siècle à l'ère de l'Intelligence Artificielle. Même si les villes côtières sont plus complexes à protéger ou déménager que les campements d'Homo Sapiens, il y a 15 000 ans…

Un salaud français pollue moins qu'un écologiste allemand

Pour justifier la décroissance, l'ancienne ministre Delphine Batho explique que le découplage entre les émissions de CO_2 et la croissance est impossible. C'est faux.

L'ascétisme vert prétend que nos comportements individuels ont une importance majeure pour régler la crise climatique. En réalité, la façon dont fonctionne le système énergétique est essentielle. Pour qu'un écologiste allemand émette aussi peu de CO_2 qu'un Français quand il allume la lumière, il faudrait qu'il divise sa cosommation par 8,6, et donc qu'il vive dans la pénombre.

Posséder une voiture électrique comme une Tesla en Allemagne aggrave le réchauffement climatique puisque l'électricité allemande est largement produite à partir du lignite qui émet des quantités effrayantes de CO_2[1].

Le mouvement écologiste des années 1970, profondément antinucléaire, a cimenté sa doxa concernant les bonnes et les mauvaises énergies.

La part des énergies dites « renouvelables » est désormais inscrite dans la loi française et dans les objectifs européens. Ces politiques publiques s'appuient sur un concept ambigu et ancien, qui ne correspond plus aux défis d'aujourd'hui.

Toute production d'énergie comporte des effets pervers.

La biomasse émet des quantités considérables de CO_2. Les biocarburants ont un bilan CO_2 désastreux et concurrencent la production de nourriture. En moyenne, les biocarburants émettent 1,8 fois plus de CO_2 que le diesel d'origine pétrolière.

Quant à l'éolien, pour atteindre la production d'un réacteur nucléaire, il faudrait installer des éoliennes sur tout le rivage méditerranéen de Perpignan à Nice, plus le tour de Corse, comme l'a montré Jean de Kervasdoué.

L'énergie hydraulique exige le déplacement des populations et dégage des quantités considérables de gaz dégagées

1. L'économiste de l'énergie, Philippe Charlez, a bien montré les limites écologiques de la voiture électrique.

par la fermentation de la matière organique retenue par les barrages. Sans oublier le bouleversement qu'elle implique à l'écosystème et son aspect meurtrier en cas de rupture de barrage.

L'énergie éolienne et solaire sont en réalité peu durables à cause de leur voracité en espace naturel et en matériaux. L'absence de corrélation entre décarbonation et énergies renouvelables a déjà été mise en évidence par Jean-Pierre Riou et Jean-François Raux.

Les politiciens se laissant instrumentaliser afin de verdir l'image de leur politique, malgré un piètre bilan environnemental en regard des enjeux d'aujourd'hui, notamment en termes d'émissions de CO_2. Car le concept « renouvelable » permet une communication mensongère.

Le concept de « renouvelable » est « incohérent et trompeur », et explique l'échec actuel des politiques climatiques.

Malgré les centaines de milliards d'euros engagés, cette politique énergétique de l'Europe subit désormais un échec avéré dans chacun de ces domaines.

L'évolution démographique exige le respect des terres agricoles pour nourrir bientôt 10 milliards d'individus. L'espace naturel réclame également d'être au centre des préoccupations, ainsi que la biodiversité qu'il favorise.

Jean-Pierre Riou regrette que la politique énergétique intimement liée au concept fourre-tout, ambigu et trompeur d'énergies renouvelables.

Le pétrole est gratuit, hélas !

Les gaz à effet de serre, présents dans l'atmosphère, absorbent le rayonnement infrarouge des émissions solaires, ce qui réchauffe l'enveloppe terrestre. Tous les gaz à effet de serre n'ont pas la même durée de vie ni le même impact sur le climat. On quantifie la puissance d'un gaz à effet de serre par son forçage radiatif (qui mesure en Watts par mètre carré sa capacité à perturber l'équilibre climatique) et son Pouvoir de Réchauffement Global (PRG).

Ainsi, le dioxyde de carbone, le fameux CO_2 qui vit 100 ans et a un PRG de 1, est le mètre étalon pour les gaz à effet de serre. La vapeur d'eau de l'atmosphère constitue le principal gaz à effet de serre mais son potentiel maximum de réchauffement semble atteint.

Le dioxyde de carbone est le principal responsable du réchauffement climatique : 70 % des émissions de gaz à effet de serre sont du CO_2 issu de la combustion du pétrole, gaz naturel ou charbon, pour le chauffage, le transport ainsi que des feux de forêts. Le N_2O dépasse un siècle et représente 15 % des émissions de gaz à effet de serre et son pouvoir de réchauffement global est de 300. Le méthane (CH_4)[1] qui est essentiellement émis par l'agriculture, la digestion du bétail et la décomposition des déchets représente moins de 15 % des gaz à effet de serre. La durée de vie d'une molécule de méthane est de 12 ans et son PRG est de 25.

Les gaz fluorés représentent 1 % de gaz à effet de serre et sont produits lors de l'utilisation de réfrigérateur, des sprays et des systèmes de climatisation d'air.

1. Le méthane est également produit par les sédiments qui s'accumulent au fond des lacs de retenue des barrages hydro-électriques.

De tous les gaz à effet de serre, c'est le CO_2 qui est le plus important en volume : 450 molécules de CO_2 par million de molécules d'air. Le CO_2 est le gaz ayant le plus faible pouvoir de réchauffement par molécule, il est cependant celui qui a contribué le plus au réchauffement climatique depuis la révolution industrielle. Lutter contre le CO_2, issu de la combustion des hydrocarbures et du charbon est aujourd'hui le principal levier pour limiter le réchauffement climatique.

On affole l'opinion avec le risque de pénurie de pétrole et de gaz. En réalité, il reste énormément de ressources en hydrocarbures. Le fait que le prix du pétrole ne monte pas prouve bien que la pénurie est hélas lointaine. De fait, le coût de production d'un baril conventionnel se situe entre 4 et 5 dollars.

Si l'OPEP n'était pas un cartel efficace et si l'essence n'était pas ultra-taxée, le litre d'essence serait autour de 30 centimes d'euro. En 2020, si l'on retire les taxes, un litre d'essence à la pompe n'est pas beaucoup plus cher qu'un litre d'eau minérale pétillante. Or, un litre d'essence représente une puissance absolument phénoménale : cela permet de déplacer 5 personnes et leurs bagages sur 20 kilomètres.

Le ratio puissance sur coût des hydrocarbures est incroyablement élevé : le pétrole est quasi gratuit. C'est son drame. Ces dernières années, le prix du pétrole est même inférieur, en dollar corrigé de l'inflation, à son prix de 1980 ! Il est indispensable de taxer davantage les hydrocarbures pour réduire la production de CO_2 qui est le principal coupable du réchauffement climatique d'origine humaine sur lequel nous avons prise.

Pour les classes populaires comme les Gilets jaunes, qui ont besoin d'hydrocarbures car ils vivent dans des zones périurbaines mal desservies par les transports collectifs et dans des pavillons mal isolés, il faut une compensation intégrale sous forme d'une prime. Le fait que la France soit le deuxième pays le plus écologique au monde, et grâce au nucléaire le grand pays qui émet le moins de CO_2 par unité de richesse produite n'est pas un argument pour ne pas faire encore mieux.

Homo Deus va consommer de plus en plus d'énergie

Les marchands d'apocalypse ont convaincu les Français que la société du futur devra être économe en énergie. Pourtant, l'homme-Dieu que nous devenons va consommer de plus en plus d'énergie. Le sevrage énergétique est illusoire. Il existe de puissants moteurs à cette évolution.

En premier lieu, la population finira par se révolter contre la dictature décroissantiste et le retour au Moyen Âge. Les bobos rêvent de décroissance, mais la révolution Jaune rappelle que 62 % des Français privilégient le pouvoir d'achat. Les jeunes ne suivront pas Aurélien Barrau quand ils leur proposent de moins voyager. Deuxième raison : nous allons devoir réguler l'économie numérique grâce aux technologies de la confiance comme la Blockchain qui pourraient changer le monde et reconfigurer les États. Aujourd'hui, la seule Blockchain Bitcoin consomme autant d'électricité que l'Irlande et les IA représenteront 50 % de la consommation d'énergie dès 2050. La troisième raison est morale : il faut diminuer les inégalités entre continents. Il serait néo-colonialiste et paternaliste d'expliquer aux Africains – qui seront bientôt 4 milliards – qu'ils doivent accepter de vivre frugalement comme avant la colonisation.

Quatrième raison : les technologies NBIC démiurgiques seront énergivores. Nous ne freinerons pas le progrès technique. La cinquième raison est géopolitique : nous perdrions la guerre technologique face à la Chine si nous baissons notre consommation d'énergie et devenions décroissants. La sixième raison est spatiale. Comme l'explique Nicolas Bouzou : « La quatrième révolution industrielle sera celle de l'espace » qui nécessitera beaucoup d'énergie. Jeff Bezos et Nicolas Bouzou pensent comme Constantin Tsiolkovski que : « La terre est le berceau de l'humanité mais qu'on ne passe pas sa vie entière dans un berceau. » Nicolas Bouzou affirme que les nouvelles frontières du monde sont l'espace et le cerveau[1]. Le patron d'Amazon est conquérant : « Nous pourrons exploiter des mines dans les astéroïdes et l'énergie solaire sur d'immenses surfaces. L'alternative serait la stagnation de la terre, le contrôle des naissances et la limitation de notre consommation d'énergie. Je ne crois pas que la stagnation soit compatible avec la liberté et je suis sûr que ce serait un monde ennuyeux. Je veux que mes petits-enfants vivent dans un monde de pionniers, d'exploration et d'expansion dans le cosmos. Avec 1 000 milliards de terriens, nous aurons des milliers d'Einstein et de Mozart. » Pour moi, la bataille Greta Thunberg contre Jeff Bezos est courue d'avance : le patron d'Amazon gagnera.

1. Interview par Quentin Périnel, *Le Figaro*, le 17 novembre 2019.

La septième raison, à long terme, est existentielle. Protéger l'humanité contre les périls cosmiques nécessitera énormément d'énergie. Il faudra quitter la Terre ou la déplacer quand notre soleil va exploser. Par ailleurs, la collision entre notre galaxie et Andromède dans 4 milliards d'années va générer de multiples périls dont nous devrons protéger notre nouvelle planète avec de gigantesques machines. Et dans Gogol années (10 puissance 100), il faudra empêcher la mort de l'Univers. Pour cela nous allons devoir devenir une civilisation de type 3 selon l'échelle de Kardachev qui classe les civilisations selon leur consommation d'énergie. Une civilisation type I accède à l'intégralité de l'énergie de sa planète. Une civilisation type II utilise toute l'énergie d'une étoile. Une type III capte l'énergie de toute sa galaxie. Il faut développer les technologies permettant de réaliser la transition vers une énergie propre et illimitée mais cela sera long : le stockage des énergies renouvelables et l'énergie de fusion ne sont pas déployables à grande échelle avant 50 ans. L'homme du futur consommera des milliards de fois plus d'énergie que nous, sans passer par la case apocalypse !

Les Verts et les geeks s'affrontent sur les cryptomonnaies

La Blockchain est un protocole doté d'une architecture décentralisée permettant de réaliser des transactions sécurisées par cryptographie en contournant les tiers de confiance tels que les banques, les notaires ou encore les plateformes numériques. Plusieurs milliardaires de la Silicon Valley, dont Peter Thiel, y voient une révolution du système monétaire international. La puissance de cette technologie repose sur le fait que chaque échange est définitivement enregistré sous forme de « blocs de transactions » qui forment une chaîne : « la chaîne de blocs ». Ce registre, présent sur tous les nœuds du réseau, est infalsifiable. Les cryptomonnaies comme le Bitcoin constituent l'utilisation la plus connue de la Blockchain. Le Bitcoin, première cryptomonnaie née en 2008, connaît une intense fièvre spéculative : entre janvier et décembre 2017, son cours est passé de 800 à 17000 euros puis s'est effondré. Cette « cryptomania » alarme certains experts. Warren Buffett a été alarmiste sur CNBC : « Je peux dire avec quasi-certitude que cela finira mal ».

La folie du Bitcoin et des autres cryptomonnaies rappelle que les bulles sont indispensables pour financer les révolutions technologiques. Au XIXe siècle, la bulle des chemins de fer a ruiné bien des investisseurs américains, mais elle a bâti le réseau ferré. La bulle de l'Internet en 2000 a ruiné de nombreux épargnants, mais a fait émerger le cybermonde. Sommes-nous face à une bulle aussi risible que la manie hollandaise des tulipes de 1637 ou le couple Bitcoin-Blockchain va-t-il révolutionner le monde comme *The Economist* l'annonce ?

Aujourd'hui, le débat s'est déplacé vers l'empreinte carbone des monnaies issues de la Blockchain. Entre les geeks et les Verts, la tension est palpable. La validation de la Blockchain est ultra-complexe. Afin d'assurer la sécurité des échanges, chaque transaction fait l'objet d'une validation par des « mineurs » qui sont des particuliers ou plus souvent des entreprises, rémunérées pour mettre à disposition la puissance de leurs ordinateurs. Pour assurer qu'un actif ne fasse pas l'objet de deux transactions parallèles, une course est lancée entre les « mineurs » afin de valider les blocs de transactions. Cette course consiste en la résolution d'un problème mathématique complexe – une équation cryptographique – qui permettra de prouver que le mineur a bien effectué son travail. Les mineurs sont les gardiens de la Blockchain et sont rémunérés par la création d'unités de cryptomonnaies de la Blockchain. Bitcoin n'est pas la seule Blockchain : il en existe des dizaines d'autres utilisant des algorithmes différents. Ainsi, Ethereum, qui est actuellement basée sur un algorithme « proof-of-work » comme Bitcoin, introduit la validation par « proof of stake ». Les mineurs sont les gardiens de la Blockchain et sont rémunérés par la création d'unités de cryptomonnaies de la Blockchain.

Le travail des mineurs exige des machines « énergétivores ». En juin 2018, le rapport sénatorial sur les enjeux technologiques des blockchains évaluait la consommation électrique annuelle des blockchains publiques entre 30 et 200 Terawattheures par an, c'est-à-dire la production de 4 à 30 centrales nucléaires. La fourchette est large car les entreprises de minage cachent leur consommation électrique pour ne pas révéler leur business model. Cette évaluation permet une anticipation de la quantité d'électricité nécessaire pour la Blockchain du Bitcoin si celui-ci atteignait un certain volume financier, comme celui du dollar, ou de l'or. Ainsi l'ensemble de l'or dans le monde représentant 6000 milliards de dollars, il faudrait multiplier la consommation du Bitcoin, qui vaut aujourd'hui 127 milliards de dollars, par 50, ce qui donnerait une valeur comprise entre 1500 et 5000 TWh/an, soit près d'un cinquième de la consommation électrique totale mondiale (24000 TWh). Cependant, selon Jean-Paul Delahaye, il n'est pas pertinent de comparer le minage de l'or à celui des bitcoins. L'or se maintient tout seul du fait des lois physiques. En revanche, sans un minage de l'or à celui des bitcoins. L'or se maintient tout seul du fait des lois physiques. En revanche, sans un minage exigeant une forte consommation continue d'électricité, le système bitcoin, plus précisément sa résistance aux attaques, s'effondre.

Certains experts estiment au contraire que le minage pousse à améliorer l'efficience énergétique et permet de soutenir des sites de production d'énergie renouvelable en attendant que ceux-ci deviennent rentables. Une publication de Lars Dittmar et Aaron Praktiknjo dans *Nature Climate Change* montre que la consommation énergétique unitaire du minage a été divisée par 100 en 2012 et 2018. Par ailleurs, certaines blockchains privées ont des protocoles de validation beaucoup moins énergétivores. Le minage supporte très bien une variation d'activités et peut donc s'adapter à l'intermittence de la production d'électricité renouvelable. Clément Jeanneau de Blockchain Partner rappelle que le Québec a décidé de permettre aux mineurs d'exploiter, en dehors des périodes où le réseau électrique est au maximum de sa capacité, les excédents issus des barrages hydroélectriques.

En réalité, les cryptomonnaies connaissent une crise comme toutes les applications de la blockchain. Les banques centrales et les régulateurs financiers ont réussi à freiner le projet de monnaie Facebook, le Libra, qui était en mesure de révolutionner l'industrie financière du fait de l'immense base de clients de Facebook (3 milliards d'utilisateurs en intégrant Instagram et Whatsapp). L'enjeu énergétique des cryptomonnaies est moins aigu que prévu car elles sont – au moins temporairement – en train d'échouer. Les Fintechs ont largement le temps d'améliorer l'efficience énergétique des cryptomonnaies pour tenter de les ressusciter.

Homo Deus manipulera le climat mais qui doit régler le thermostat : les Maliens ou les Sibériens ?

L'humanité va modifier le climat dans le futur pour combattre les glaciations à venir, pour que Mars devienne habitable et pour rendre la terre plus agréable à vivre.

Il faut garder en mémoire que des catastrophes climatiques épouvantables se sont produites dans un passé récent sans aucune intervention humaine. Il y a 5500 ans, le Sahara qui était une forêt tropicale est devenu un désert en moins de 200 ans. Il faudra manipuler le climat pour éviter des catastrophes climatiques naturelles de cette gravité. Jean Jouzel, ancien vice-président du GIEC, nous rappelle que la mer de Glace atteignait Lyon il y a 20000 ans. Sur les dix derniers millénaires, les glaciers alpins ont été plus petits qu'aujourd'hui pendant 5000 ans[1]. Les glaciers s'arrêtaient 300 mètres plus haut qu'à l'heure actuelle, il y a 3800 ans[2]. De la même façon, il conviendrait d'empêcher la terre de redevenir une boule de glace comme elle l'a été pendant 100 millions d'années. Ce d'autant que la fin du volcanisme sur terre dans environ 200 millions d'années ne permettra plus cette fois de réchauffer la terre qui resterait une boule de glace jusqu'à la transformation du soleil en géante rouge…

Dans le futur, l'exploration de la planète Mars conduira à créer une atmosphère proche de celle de la terre puisque la planète rouge a perdu la sienne, il y a plus de 3 milliards d'années.

1. Ce qui n'infirme pas selon moi que le réchauffement climatique actuel est principalement d'origine humaine : je ne suis pas climatosceptique.

2. Sylvain Coutterand, *Atlas des glaciers disparus*. Préface de Jean Jouzel.

L'humanité préférera manipuler le climat que de casser la croissance économique mais la géoingénierie a des usages tout aussi potentiellement destructifs que constructifs. Si elle peut être employée de façon bienveillante pour refroidir la Terre, elle peut aussi servir de façon malveillante à anéantir les récoltes d'un autre pays.

Cette perspective d'une guerre climatique a été imaginée par le fondateur de la théorie des jeux, John von Neumann : « Les programmes les plus constructifs de contrôle du climat devraient se fonder sur des connaissances et des techniques qui se prêteraient elles-mêmes à des formes de guerre climatique encore jamais imaginées. Les techniques utiles et nuisibles sont partout si proches les unes des autres qu'il n'est jamais possible de séparer les lions des agneaux. Ce fait est connu de tous ceux qui ont laborieusement tâché de séparer la science ou la technologie militaire confidentielle et secrète de celle ouverte ; la réussite n'est jamais que transitoire, ne durant peut-être qu'une demi-décennie. »

Même si la gestion du climat échappe aux conflits géopolitiques, la question du réglage du climat restera difficile. La plupart des habitants de la terre préféreraient un climat nettement plus froid. À la fin de la dernière glaciation, le Sahara était verdoyant : le Maroc, l'Algérie et l'Égypte et l'ensemble des pays du Sahel deviendraient de grandes puissances agricoles en cas de refroidissement planétaire. À l'inverse, le Canada, la Russie ou bien la Scandinavie profiteraient d'un réchauffement encore plus accentué.

Le gouvernement mondial est un concept à la mode. En cas de référendum mondial, on n'a pas fini de grelotter à Bruxelles et à Paris. Il est certain que l'on aboutirait à un climat beaucoup plus froid : les pays tempérés comme l'Europe et la Russie comptent 800 millions d'habitants, les pays chauds atteindront 9 milliards en 2100.

La question du climat est devenue si omniprésente au cours des dernières années qu'elle occulte la vision des problèmes à plus long terme. Le climat, pour le dire autrement, n'est au fond qu'une des dimensions de la tâche gigantesque qui se pose à nous : prendre en main notre nouveau job d'homme-Dieu.

CHAPITRE II : LE VRAI DÉFI EST DE RÉUSSIR HOMO DEUS

Nous vivons la période la plus enthousiasmante, exaltante, fascinante, vertigineuse que l'Humanité ait connue.

Des chantiers inimaginables s'ouvrent : recul de la mort, contrôle du cancer, conquête du cosmos, maîtrise de notre cerveau, manipulation du vivant…

Le futur sera hypertechnologique mais Homo Deus est immature : il gère si mal sa testostérone que le multilatéralisme est en panne et il ignore le long terme au moment où il faut piloter des enjeux majeurs. Cette irrationalité est d'autant plus préoccupante que de grandes questions philosophiques sont à nos portes. Devant les vertigineux défis éthiques et civilisationnels, nous allons devoir faire des choix. Si nous continuons à décliner, nous, Européens et Français, serons exclus de la régulation de l'Homo Deus et des limites que nous devrons poser à notre propre pouvoir.

Pour Delphine Batho, l'écologie intégrale consiste à ce que tout choix politique soit fondé, dans tous les domaines, sur et pour l'écologie. Elle place le respect de la terre et notre interdépendance à la Nature au centre des décisions démocratiques. Elle propose une rupture radicale avec tous les programmes et toutes les pensées qui considèrent l'écologie comme un domaine parmi d'autres des choix collectifs propres aux sociétés humaines. Prenons garde à ne pas devenir monomaniaques. L'écologie ne doit pas être l'arbre qui cache la forêt des défis que nous devons relever.

L'humanité est face à d'immenses questions existentielles. Même si les enjeux climatiques et énergétiques sont importants, l'aventure humaine ne peut pas se réduire à l'obsession du CO_2. Il y a d'autres chantiers : l'éducation, le développement des pays émergents, l'éradication des maladies les plus graves, l'augmentation du niveau de vie des classes populaires, l'émancipation des femmes, l'accès de tous à l'éducation, le vivre-ensemble…

L'IA associée aux sciences du cerveau va redéfinir les notions de liberté, de libre-arbitre et d'égalité. En réalité, c'est l'ensemble du triptyque Liberté, Égalité, Fraternité qui est à réinventer.

Sauver la liberté : pourra-t-on préserver notre cerveau ?

Les bouleversements économiques ne sont qu'un aspect presque mineur du basculement du monde. La vraie prise de pouvoir, on le sait, est celle des esprits. En ce domaine aussi le politique est en train de perdre pied. Les pauvres techniques de propagande mises au point par le marketing et les régimes totalitaires du XXe siècle vont faire pâle figure à côté des capacités de prise de contrôle de nos cerveaux.

La convergence de l'IA et des sciences du cerveau pose d'immenses questions. Comme l'explique le créateur d'Alphago, être expert en IA sans être spécialiste des neurosciences est bien difficile. L'interpénétration de l'IA avec nos cerveaux fait émerger une économie de la manipulation. Yael Eisenstat qui a travaillé pour la CIA puis pour Facebook admet : « Facebook vous connaît mieux que la CIA ne vous connaîtra jamais. Facebook en sait plus sur vous que vous ne vous connaissez vous-même. »

Cynthia Fleury ajoute : « Demain les sciences comportementales nous permettront de mieux comprendre la démocratie que la théorie politique » !

Peut-on être libres quand l'IA perce facilement notre cerveau

Si l'IA peut nous manipuler avec notre accord, la liberté ne devient-elle pas un concept flou, comme le suggère le philosophe Gaspard Koenig ?

Nous rentrons dans un monde où il y aura de moins en moins de différences entre l'humain et la machine, l'online et l'offline, le virtuel et le physique. S'échapper à la technologie deviendra aussi difficile que d'échapper à la gravitation terrestre.

Les dictatures du XXe siècle ont cassé beaucoup d'êtres humains mais ne les ont jamais rendus totalement transparents et n'ont jamais pu les manipuler. Nous rentrons dans l'univers de la gouvernementalité algorithmique.

L'IA permet aux géants du numérique, à leurs clients et aux services de renseignement de comprendre, d'influencer et de manipuler nos cerveaux : cela remet en cause les notions de libre arbitre, de liberté, d'autonomie et d'identité, et ouvre la porte au totalitarisme neurotechnologique. Eric Schmidt, l'ancien président de Google, résume dans le *Wall Street Journal*, l'économie de la manipulation cérébrale : « La plupart des gens ne souhaitent pas que Google réponde à leurs questions, ils veulent que Google leur dise quelle est la prochaine action qu'ils devraient faire. »

Les neurosciences associées à l'économie comportementale ont montré qu'il est possible de jouer sur l'inconscient des citoyens pour modifier leur comportement. Cela s'appelle le Nudge qui signifie de pousser quelqu'un à faire quelque chose de son plein gré sans l'y forcer. Le Nudge utilise tous nos biais cognitifs pour nous manipuler pour notre bien. Ce paternalisme libéral est-il bien démocratique ?

Puisque nos comportements individuels sont intégralement déterminés par le jeu des processus biochimiques et des influences extérieures, notre Déclaration des droits de l'homme est bâtie sur du sable. Pour Harari : « Les individus s'habitueront à se voir comme un assemblage de mécanismes biochimiques constamment surveillé et guidé par un réseau d'algorithmes électroniques. Des habitudes du monde libéral comme les élections démocratiques deviendront obsolètes, puisque Google sera en mesure de mieux représenter mes opinions politiques que moi-même. » Nous entrons dans un monde magique où nos désirs seront anticipés par les IA qui peupleront nos appareils connectés.

Le monde numérique aggrave encore la situation. Harari décrit parfaitement comment l'Intelligence Artificielle nous pousse à déléguer au quotidien notre capacité de décision à la machine. Dans le monde de l'IA le flux des data nous installe confortablement dans notre silo personnalisé, qu'il s'agisse d'un itinéraire en voiture ou d'une discussion sur

Facebook. Nous devenons les esclaves de notre propre bien-être. Un jour, nous laisserons l'IA décider de notre carrière et de nos amours. Nous tous prisonniers des algorithmes que nous aurons contribué à alimenter. Quelle nouvelle histoire l'humanité va-t-elle se raconter pour remplacer ses libertés perdues ? Il faut reconstruire et réenchanter l'individu menacé de toute part et trouver les moyens de mettre la technologie au service de la liberté.

La guerre économique se joue sur la conquête de nos comportements : notre cerveau est la nouvelle frontière. Gaspard Koenig s'est inquiété des conséquences du Nudgital terme qui fusionne le Nudge et le terme capital. Julia Puaschunder, professeur de Sciences sociales à la George Washington University, en déduit une critique de l'économie comportementale à l'ère de l'IA : si le comportement de l'individu est prévisible alors il est aussi manipulable. Plus nous partageons l'information et plus nous émettons de données, plus nous fournissons des données aux plateformes et plus nous nous prêtons en retour au Nudge. Plus nous acceptons le Nudge et plus nous gagnons en bien-être. Google par exemple nous épargne un effort cognitif gigantesque.

Algorithmocratie[1] *ou démocratie ?*

Pour réguler les nouvelles technologies, il faudra associer la psychologie, l'économie, les théories de sciences politiques et la philosophie. Nos descendants auront besoin de définir leur autonomie par rapport à la machine et éviter un monde dans lequel les automates les rendraient heureux mais leur retireraient le contrôle de leur destinée. Yan Le Cun, patron de l'IA chez Facebook, n'est pas inquiet de

1. Régime politique où le pouvoir est détenu par les maîtres de l'IA.

l'arrivée d'une algorithmocratie et il milite pour des institutions démocratiques capables de prendre leur responsabilité de fixer des garde-fous.

Gaspard Koenig est persuadé que l'homme est en train de perdre son libre arbitre sous l'effet d'un vent d'utilitarisme qui nous fait préférer un bien-être facile à une liberté difficile. Gaspard Koenig s'inquiète : « Si un algorithme me connaît mieux que moi et me propose des choix plus rationnels, s'il préempte ma décision, pourquoi aurais-je besoin d'un droit de vote ou serais-je soumis à la moindre responsabilité pénale ? L'Intelligence Artificielle portera ainsi le coup de grâce au libre arbitre et avec lui à l'idéal de l'autonomie du sujet. »

Gaspard Koenig voit dans l'Intelligence Artificielle et la capacité de Nudge d'orienter nos destins et d'anéantir notre libre arbitre. La grande crainte serait de voir arriver une IA nounou avec l'introduction à grande échelle de Nudge dans les algorithmes, ce qui reviendrait à orienter des techniques paternalistes orientant notre comportement sans que l'on s'en rende compte.

Harari est convaincu qu'avec une bonne compréhension de la biologie et assez de données biométriques et de puissances informatiques, un algorithme pourra hacker un humain comme on pirate un ordinateur : comprendre comment il pense et ressent puis le manipuler, le contrôler, le remplacer. La démocratie devra donc se réinventer de manière radicale face aux maîtres des algorithmes.

En réalité les avions volent plus vite que les oiseaux sans avoir de plume et les ordinateurs peuvent résoudre de nombreux problèmes sans sentiment et sans conscience. C'est bien le paradoxe de l'intelligence artificielle, elle est capable d'agir en analysant les émotions humaines sans même avoir de conscience ou de sentiment. Nos relations avec l'IA ressemblent à celles de l'aveugle avec son chien. L'aveugle est plus intelligent que son labrador mais il lui délègue le choix de l'itinéraire. Nous ferons la même chose avec l'IA faible, moins intelligente que nous, mais qui voit dans le brouillard du big data où nous sommes aveuglés au milieu des montagnes de données[1].

Le neurochirurgien Henry Marsh pose la question : « Le cerveau humain pourrait ne jamais pouvoir se comprendre lui-même. Vous ne pouvez pas couper du beurre avec un couteau fait de beurre. »

Les recherches en psychologie, l'avancée des neurosciences qui cartographient nos processus de décision ainsi que l'essor de l'économie comportementale ont largement démontré l'ampleur de nos biais cognitifs. Les IA sont capables d'anticiper et d'orienter les comportements individuels grâce à la double puissance de personnalisation et d'optimisation fournie par le traitement des data. En nous procurant un confort toujours plus irrésistible, en nous promettant une information quasi exhaustive, elle nous ôte la peine de décider par nous-même, explique Gaspard Koenig.

Il propose que nous réagissions contre l'algorithmocratie : « Nous définirions par avance les normes que nous souhaitons imposer aux algorithmes qui nous gouvernent même si celles-ci sont sous-optimales pour le groupe. Une façon pour nous de reprendre le contrôle, renouer avec un libre arbitre individuel en déterminant par avance son Nudge de manière consciente et volontaire cette fois-ci. »

En réalité Gaspard Koening invente un transhumanisme ultime. L'orgueil suprême d'une humanité qui se

1. Cette métaphore est une idée de mon fils, Thomas Alexandre.

veut maître de son destin : si le libre arbitre n'existe pas, fabriquons-le ! L'homme deviendrait capable de résister tout à la fois au pouvoir de l'IA et à son déterminisme neurobiologique.

Le débat sur l'avenir de notre libre arbitre lancé par Luc Ferry et Gaspard Koenig ne fait que commencer. Dans ce nouveau monde, les journalistes ont un rôle essentiel à jouer.

Les 3 âges du journalisme

Depuis la nuit des temps, le journaliste 1.0 va chercher l'information à la source, la valide, la synthétise et lui donne du sens.

Depuis 1995, le journaliste 2.0 devient un éditeur numérique qui ordonne un réseau d'informations sur le web et il jardine les liens hypertexte, il modère des communautés électroniques de plus en plus complexes et volatiles et il se sert de bases de données gigantesques que bientôt seule l'Intelligence Artificielle pourra assimiler.

Le journaliste 2.0 n'a pas réussi à empêcher les « filters bubbles » issues de la personnalisation des contenus par les GAFA (les géants du web Google, Apple, Facebook, Amazon) qui enferment les citoyens dans leurs convictions. Il n'a pas non plus rendu transparents les algorithmes qui prennent de plus en plus de décisions.

Demain, le journaliste 3.0 va devenir le garant du réel à l'heure des neurotechnologies tandis que l'écriture des articles sera réalisée par l'IA. Le neuro-hacking, c'est-à-dire la manipulation de notre cerveau grâce aux technologies NBIC, peut apporter le meilleur : l'augmentation de notre cerveau pour réduire les inégalités intellectuelles et éviter notre marginalisation face à l'Intelligence Artificielle, échanger directement de cerveau à cerveau avec tous les humains et les ordinateurs et nous apporter des expériences intellectuelles absolument inédites. Elles peuvent aussi conduire au pire : implantation de faux souvenirs, police de la pensée, neurodictature... Le décryptage et la manipulation de nos cerveaux peuvent devenir une arme fatale au service d'une ambition totalitaire. C'est une menace absolument inédite contre l'homme et la liberté.

La conjonction des technologies NBIC va changer radicalement le rapport au réel. Dans les siècles qui viennent, les souvenirs pourront être manipulés directement dans les cerveaux humains. De quoi donner un nouvel élan aux sinistres mouvements « conspirationnistes » qui contestent les vérités les plus établies, de la Shoah à la conquête de la Lune. On imagine avec effroi ce que Staline, Mao, Pol Pot ou Hitler auraient fait s'ils avaient disposé des technologies NBIC. Le goulag aurait reprogrammé les cerveaux : l'Homo sovieticus serait devenu une réalité irréversible et la Perestroïka n'aurait jamais vu le jour. Les faux scoops et les informations fantaisistes prolifèrent. L'ultime frontière de la domination des dictatures – l'esprit humain – jusque-là artisanalement contrôlée grâce à la propagande, serait pulvérisée : des traitements en masse des cerveaux des populations garantiraient leur soumission. La révolution du cerveau est en route et les géants du numérique ont des ambitions neurotechnologiques démiurgiques. Ray Kurzweil, ingénieur en chef de Google, a dit que nous utiliserions des nanorobots intracérébraux branchés sur nos neurones pour nous connecter à Internet vers 2035. Google pourrait ainsi franchir une nouvelle étape dans la maîtrise des cerveaux. En quelques décennies, Google aura transformé l'humanité : d'un moteur de recherche, il serait devenu une neuroprothèse. « Dans environ quinze ans, Google fournira des réponses à vos questions avant même que vous ne les posiez. Google vous connaîtra mieux que votre compagne ou compagnon, mieux que vous-même probablement », a fièrement déclaré Ray Kurzweil. Pour que nous ne soyons pas écrasés par l'Intelligence Artificielle, l'industriel Elon Musk a affirmé, le 2 juin 2016, l'urgence de mettre au point une interface entre le cerveau humain et les cerveaux numériques. Mark Zuckerberg le fondateur de Facebook a expliqué, le 15 juin 2016, que dans le futur les utilisateurs de Facebook échangeraient directement leurs pensées et sentiments grâce aux technologies cérébrales.

Nous devons encadrer le pouvoir des neuro-révolutionnaires californiens : dans un monde où l'informatique et la neurologie ne feront qu'un, la maîtrise de notre cerveau va devenir le premier des droits de l'homme.

En 1995, les journalistes qui auraient dû être les vigies du futur se sont révélés « handicapés du mulot », ce qui a entraîné leur paupérisation et leur marginalisation.

En 2020, ils doivent réussir leur mutation vers la certification du réel et donc de la protection de nos cerveaux, c'est-à-dire de notre identité.

Puisque les neurotechnologies vont profondément perturber notre rapport au réel, les journalistes, dont le rôle est de chercher le vrai, sont un maillon essentiel de la société du XXIe siècle. Ils seront des acteurs essentiels de la neuro-éthique en garantissant la réalité. Il faudra aider le citoyen à séparer le réel, la réalité virtuelle, la réalité filtrée par Google et Facebook, les idées et souvenirs implantés par voie chimique ou électronique. Les journalistes nous protégeront des neuromanipulateurs. Ils feront partie d'un ensemble de professions qui authentifieront le réel avec les neuroethiciens, les juristes de la réalité virtuelle et les régulateurs de prothèses cérébrales. La démocratie suppose que les citoyens partagent la même réalité !

Faut-il interdire les concours aux épileptiques ?

L'humanité est au commencement d'une nouvelle ère : celle des neurotechnologies destinées à manipuler notre cerveau. Cette course au *neuroenhancement* (l'augmentation cérébrale) est motivée par la hantise d'un dépassement de l'homme par l'IA. Des travaux récents à l'université de Californie du Sud montrent que l'heure de la manipulation cérébrale a débuté. Les chercheurs ont testé des patients atteints d'épilepsie déjà équipés d'implants cérébraux pour traiter leurs crises résistantes aux médicaments. Le dispositif intracérébral a été réorienté vers les zones impliquées dans la mémorisation. En délivrant des impulsions électriques ciblées dans le cerveau, l'équipe de Dong Song est parvenue à augmenter de 30 % la mémoire des patients. Le Dr Song parle d'une véritable prothèse de la mémoire et l'essai ouvre ainsi des perspectives dans le traitement des troubles comme Alzheimer. L'expérience pourrait permettre de nombreuses manipulations neuronales. Ces transgressions scientifiques, introduites initialement dans le but de soigner l'espèce humaine, conduiront à des oppositions violentes – et légitimes – entre les bioconservateurs et les candidats aux bénéfices des avancées de la science. De l'homme « réparé » à l'homme « augmenté », il n'y a qu'un pas qui sera inévitablement franchi. La neuroéthique qui commence juste à se structurer deviendra un sujet majeur pour les responsables politiques au cours du XXIe siècle. Et l'on voit en passant que la distinction « Humanité réparée, Humanité augmentée » est bien fragile. Va-t-on légiférer pour interdire que les épileptiques dotés d'implants bénéficient de capacités cognitives supérieures au reste de la population ? La réponse saute aux yeux : on franchira le Rubicon séparant la réparation de l'augmentation, sans le moindre état d'âme. Doit-on obliger les porteurs d'implants cérébraux à les déclarer avant un examen ou un concours ? Doit-on diminuer leurs notes pour égaler la compétition ? Faut-il bloquer les implants, pendant le mois précédant les examens au risque de voir les étudiants épileptiques faire une crise en plein examen ? Comme l'explique Nicolas Bouzou, la fin du travail n'est pas pour demain. Nous découvrons chaque jour de nouveaux métiers : neuro-éthicien des examens en fait partie.

Ne tombons pas dans la matrice

Depuis l'invention du transistor électronique en 1947, nous sommes devenus de plus en plus dépendants de la technologie.

Le développement de la réalité virtuelle va accentuer cette immersion dans un monde irréel et magique qui deviendra une drogue ultra-addictive. « Nous nous fixons un objectif : nous voulons attirer un milliard de personnes vers la réalité virtuelle », a déclaré Mark Zuckerberg président de Facebook à l'occasion de la présentation de son nouveau casque « Oculus Connect » le 11 octobre 2017. Les IA associées à la réalité virtuelle, même si elles ne seront pas dotées de consciences artificielles, pourront nous dire à tout moment ce qui est bon pour notre santé, ce qui maximisera notre jouissance et nous indiquer ce que nous devons faire. Nous ferons tellement confiance à ces algorithmes que nous leur déléguerons la décision.

Le principe même de la démocratie, permettre au peuple de prendre les décisions allant dans le sens de ses préférences, n'aura plus d'objet. Harari a récemment affirmé que nos données vont alimenter le fascisme.

L'État-providence devra aussi décider s'il veut laisser libre cours aux addictions numériques massives, qui risquent de transformer une partie de la population en légumes branchés sur la réalité virtuelle, ou bien assumer de réguler les addictions. La frontière entre l'illusion et la réalité va devenir de plus en plus floue. L'IA permet de créer des environnements capables dans quelques années de tromper intégralement tous nos sens. Par ailleurs, l'augmentation des sens disponibles entraîne des phénomènes de saturation cognitive que l'on avait mal envisagés. Demain, le branchement à la réalité virtuelle sera peut-être aussi taxé et encadré que le tabac. Les salles de shoot numérique seront contrôlées par l'État. On tirera les gens de force dans la réalité en leur imposant des stages de déconnexion dans la nature à intervalle régulier.

Simultanément, la mutation de beaucoup de métiers créerait une énorme classe de personnes inutiles économiquement et intellectuellement dépassées. Symptôme prémonitoire de cette évolution, 17 % des jeunes Français, entre quinze et vingt-neuf ans, sont déjà des NEETs (*young people Not in Education, Employment, or Training*). Ces citoyens confieront le sens de leur existence aux algorithmes. La réponse ne peut être : les jobs aux robots, les loisirs aux hommes. Il faudra, bien sûr, une nouvelle protection sociale pour accompagner des mutations technologiques foudroyantes. En revanche, un revenu d'assistance universel et permanent accentuerait la marginalisation des « Useless » de Harari. L'absence d'effort intellectuel dégrade rapidement la neuroplasticité, c'est-à-dire la capacité du cerveau à produire des connexions synaptiques et donc à apprendre.

Ce monde où l'IA finance le revenu universel pour nous permettre de vivre une existence sans effort pourrait rapidement « atrophier » nos cerveaux. Le vrai pouvoir serait concentré dans les mains d'une élite maîtresse des IA. Aux gens qui seront bousculés par le choc technologique, nous devons donner un droit à la formation tout au long de la vie et non des allocations à vie. Ce n'est pas le revenu qui doit être universel mais le développement du cerveau ! Il faut tout faire pour empêcher la création d'une aristocratie de l'intelligence manipulant les « Inutiles de Harari » enfermés dans un monde magique et virtuel.

IA : la drogue ultra-dure du futur

Avant même l'arrivée des drogues 2.0 comme la réalité virtuelle, la drogue traditionnelle fait déjà des ravages. Le neurochirurgien Marc Lévêque se désole dans *Le Monde* : « Le gouvernement américain dénombrait 67 114 morts par opioïdes prescrits en 2016 et près de 72 000 en 2017 soit l'équivalent d'un crash d'A380 tous les trois jours. Les sociologues se sont penchés sur cette hécatombe montrant que les petits blancs, gueules cassées de la mondialisation, étaient les principales victimes. Il existe une superposition de la cartographie du vote Trump et cette mortalité. On entrevoit ici les liens qu'entretiennent les maux de la mondialisation et la douleur chronique. Ces hommes devenus superflus à leur économie trouvent dans les tourments de leurs chairs une ultime raison d'exister. La massification du chômage – qu'engendrera le développement vertigineux de l'intelligence artificielle et de la robotisation – laisse présager d'un phénomène loin de son zénith. »

Demain, la réalité virtuelle nous envoûtera car l'IA saura exactement comment fasciner notre cerveau et le maintenir sous sa coupe. L'IA faible, bien qu'inconsciente, est déjà révolutionnaire. Thierry Berthier et Olivier Kempf, les meilleurs spécialistes français des IA militaires, ont récemment montré comment des IA faibles pourraient, sans savoir qu'elles existent, déclencher une guerre. L'histoire récente du jeu de Go montre qu'une IA faible est désormais capable de création. Et les progrès de l'IA se sont encore accélérés. Dans la toute nouvelle version présentée par Google le 18 octobre 2017, « AlphaGo Zero », on donne simplement les règles de jeu au programme qui s'entraîne contre lui-même. Alphago n'utilise pas de connaissances préalables mais crée son analyse ex nihilo. AlphaGo avait examiné des centaines de milliers de parties pendant plusieurs mois : la nouvelle version a atteint le niveau d'un humain en quelques heures, après quelques jours d'autoformation, l'AlphaGo Zero a terrassé, par 100 à 0, la version qui avait vaincu le champion du monde. Ainsi, le jeu de Go est désormais magnifiquement compris par une IA en quelques jours, alors que les humains bénéficiaient de 3000 ans d'expérience. Comme le dit fort justement Yann Le Cun, le patron de l'IA chez Facebook : « Nous allons vite nous apercevoir que l'intelligence humaine est limitée. »

La prochaine blessure narcissique concernera les artistes et notamment les musiciens. L'IA va nous transformer en nous faisant découvrir de nouvelles formes de pensée et de nouvelles formes d'art. L'IA pourrait créer une musique qui produirait une extase à mille lieues de la personnalisation des playlists par Spotify ou Apple Music. L'IA deviendra notre pourvoyeur de drogues dures en créant un art personnalisé en fonction de nos caractéristiques génétiques et cognitives qu'elle connaîtra mieux que quiconque. Ainsi, les IA faibles vont devenir les plus grands artistes que l'humanité ait connus. Sans savoir qu'elles existent, ce qu'elles font, ni ce qu'est l'art. Ces productions artistiques pourraient devenir un terrible instrument de manipulation : aux mains d'humains pervers et manipulateurs, ou plus tard, d'IA fortes voulant asservir notre espèce. Consciente ou pas, l'IA musicale sera une drogue plus violente que l'héroïne !

La drogue dure du XXIe siècle sera l'IA, et ses dealers auront pignon sur rue. Les géants du numérique vous vendront tous les services, de l'assurance à la banque en passant par la sécurité et la santé. Service ultime : ils nous vendront du bonheur.

Le risque d'hyperterrorisme poussera à l'utilisation de l'IA pour surveiller la population en utilisant les mêmes procédés que l'appareil policier chinois. La nécessité de contrôler les technologies hyperterroristes rentrera de plus en plus en tension avec l'aspiration démocratique à la liberté : l'attentat du Bataclan a été préparé sur Facebook. Dans une civilisation qui abhorre le risque et veut tout contrôler, le choix entre sécurité et liberté sera vite fait. Nick Bostrom est convaincu que le contrôle des risques technologiques exigera la mise en place d'une société de surveillance à l'image du cybercontrôle chinois.

Sauver l'égalité : la transition énergétique ne doit pas faire oublier la transition cognitive

On appelle transition énergétique le passage d'un système de production émettant massivement du carbone à un monde fondé sur le souci de minimiser les rejets de gaz à effet de serre.

C'est une transition comparable – et pas moins importante – que nous devons accomplir en matière cognitive. Aussi étrange que cela paraisse, l'intelligence n'était pas jusqu'à présent au centre du système éducatif. Elle était supposée descendre sur les chères têtes blondes comme la colombe descendit du ciel lors du baptême de Clovis. La technique, pourrait-on aussi dire, était comparable à celle du semeur qui jette les graines du savoir par poignées en espérant, le soleil et la pluie aidant, que la saison nouvelle verra germer le blé. Mais l'heure n'est plus aux techniques ancestrales, héritées du Moyen Âge. Le savoir doit maintenant se cultiver industriellement. Le pilotage des pouvoirs démiurgiques d'Homo Deus suppose une compréhension fine de la complexité du monde. L'école, c'est l'apprentissage de la complexité : elle doit éviter le scénario « Gods and Useless », c'est-à-dire la séparation des hommes entre d'un côté des Dieux et de l'autre des inutiles, comme le décrit Harari dans son best-seller. Pour prendre le chemin de cet aprentissage et accomplir les transformations nécessaires, il faut que l'intelligence cesse d'être le grand tabou français.

L'école conditionne notre avenir face à l'IA

Il ne faudrait pas que, obnubilés par la crise écologique, nous oubliions l'apocalypse sociale, bien plus probable, qui attend notre civilisation si elle ne prend pas en main sérieusement la question des inégalités cognitives.

Dans une économie de la connaissance, l'intelligence est la clé de tous les pouvoirs. Le rôle social et politique de l'école est donc capital. Mais l'école est une technologie très peu efficace : elle est aujourd'hui incapable de diminuer les inégalités intellectuelles. À l'ère de l'Intelligence Artificielle, cette situation est explosive et menace même la démocratie. L'urgence est de réussir la transition cognitive. Il sera plus facile de baisser le CO_2 avec la technologie de 2060 que de diminuer les inégalités intellectuelles. Par ailleurs, l'IA n'est pas comprise par les systèmes éducatifs qui précipitent les enfants vers les métiers les plus menacés par son développement, ce qui nous promet bien des gilets jaunes.

Face au vertigineux défi des neurotechnologies, il est urgent de réfléchir à l'école qui ne peut plus être celle de Jules Ferry.

Bien sûr, les tests montrent une baisse du niveau des enfants mais le périmètre culturel et cognitif a profondément changé. Comparer les jeunes de 1930 qui connaissaient les départements et les préfectures par cœur ainsi que la date de Marignan avec les jeunes d'aujourd'hui n'est pas simple méthodologiquement. Le niveau en orthographe et en calcul a baissé de façon certaine mais les nouveaux savoir-faire ne sont pas facilement évaluables. Et, n'oublions pas que les philosophes grecs et les contemporains de Louis XIV s'indignaient déjà de la baisse du niveau intellectuel, culturel et moral de la jeunesse.

Avant 1975, le collège unique n'existait pas : les élèves étaient triés à la fin de la Septième, les plus doués entraient au lycée qui débutait alors dès la Sixième tandis que les autres allaient au collège. On ne voyait pas les enfants moins favorisés sur le plan cognitif. Avec le collège unique, les mauvais élèves sont très visibles !

Vers 1950, moins de 5 % d'une classe d'âge avait le baccalauréat. En 2020, ou tutoie 85 %. Or, le niveau intellectuel des jeunes Français n'a absolument pas suivi cette inflation. Cela crée une illusion d'optique : un bachelier de 1950 ne faisait pas de fautes d'orthographe et savait raisonner. Mais il fallait plus de 125 de QI pour avoir le bac à cette époque. Aujourd'hui, on obtient le bac avec 80 de QI, niveau qui ne permet pas la maîtrise du raisonnement hypothético-déductif... En moyenne, le niveau des bacheliers s'est effondré du fait de la démocratisation et de la démonétisation du diplôme. On a naïvement cru qu'en donnant des médailles en chocolat à tout le monde, on rendrait les enfants plus intelligents : en réalité, on crée de la frustration.

Les élites ont lancé la société de la connaissance, du big data et l'industrialisation de l'IA sans se préoccuper de la démocratisation de l'intelligence biologique.

Parler du Quotient Intellectuel conduit les bien-pensants à sortir immédiatement la gousse d'ail et le crucifix. Les élites font de la mesure de l'intelligence un tabou. Un QI élevé est pourtant la principale défense dans le monde qui vient. Or, sans mesure il n'y a aucun management possible. Imagine-t-on de surveiller un cancer du foie sans scanner, ou un diabétique sans mesurer la glycémie ?

À l'ère de l'IA, les capacités intellectuelles deviennent plus discriminantes que jamais. La plasticité cérébrale n'est hélas pas illimitée, sinon les « fameuses ouvrières de Gad » deviendraient data scientists ou physiciens nucléaires en suivant une formation. Et elle est inégalement répartie : les différences d'intelligence sont d'abord des différences de plasticité neuronale.

Dans une société de la connaissance, les écarts de capacités cognitives entraînent des différences de revenus, de capacité à comprendre le monde, d'influence et de statut social explosif.

En 1962, Joan Robinson était prémonitoire : « La misère d'être exploité par les capitalistes n'est rien comparée à la misère de ne pas être exploité du tout. » « Les damnés de la terre étaient au XXe siècle les colonisés et les surexploités ; au XXIe siècle ce seront les hommes inutiles », ajoute Pierre-Noël Giraud. Des pans entiers de la population ne suivent plus les progrès et constituent une horde de naufragés du numérique. À la vitesse à laquelle l'IA ira, sortir du marché du travail pour un jour, ce sera bien souvent sortir pour toujours. Personne ne redeviendra un travailleur actif après dix ans de revenu universel, période pendant laquelle chaque unité d'IA sera devenue mille fois moins chère. Ce n'est pas le revenu qui doit être universel mais le développement du cerveau. Au XXIe siècle, la réduction des inégalités ne se fera plus par la fiscalité, mais par le neuro-enhancement. Il sera possible d'égaliser directement l'intelligence, réduisant de fait la nécessité de mécanisme de redistribution a posteriori. Le Thomas Piketty de 2060 sera neurobiologiste et non fiscaliste. La vraie politique sociale au XXIe est d'augmenter le QI de la population en commençant par les gens les moins doués : l'État providence de 2050 se fondera sur les neuro-technologies.

« S'il est impératif de mieux comprendre la nature complexe de l'intelligence, il ne faut pas tomber dans le déni », affirme Nicolas Miailhe, cofondateur du *think tank* The Future Society. « La montée en puissance de l'IA et des sciences cognitives couplée à l'hyper-personnalisation de l'enseignement va très certainement donner une importance cruciale aux tests psychométriques ; et donc aux mesures du type QI. Non pour stigmatiser mais pour piloter la montée en puissance de nos cerveaux biologiques et lutter contre les inégalités. Avec 9 milliards d'êtres humains et une IA prodigieusement puissante, la compétition va être féroce ; la mesure du QI risque fort d'être cruciale. La France et l'Europe doivent être à la pointe de la recherche en la matière notamment pour reformer la mesure de l'intelligence afin de la rendre moins brutale et réductrice. Il est urgent que le gouvernement organise un grand débat public sur l'intelligence pour penser et piloter les grandes transformations à l'œuvre. » Aux gens qui seront bousculés par le choc technologique, nous devons donner un droit à la formation tout au long de la vie et non des allocations à vie.

L'école de 2050 sera une usine de neuro-culture

L'Intelligence Artificielle n'est pas un programme informatique banal : elle s'éduque plus qu'elle ne se programme. Il existe ainsi deux types d'école sur terre. L'école traditionnelle des cerveaux biologiques que nous connaissons tous et l'école de l'IA que les experts dénomment « AI teaching ». Du fait d'immenses écarts de productivité, la concurrence est très inégale entre les deux écoles : il faut trente ans pour produire un ingénieur ou un radiologue en chair et en os ; quelques heures pour éduquer une IA. L'école est un artisanat archaïque tandis que l'éducation des cerveaux de silicium menée par les géants du numérique est la plus puissante des industries. D'un côté des enseignants mal considérés et mal payés, de l'autre des développeurs de génie payés en millions de dollars. Cinq millions d'écoles de par le monde qui ne capitalisent que peu sur leurs expériences, contre dix écoles de l'IA chez les GAFAMI (Google, Apple, Facebook, Amazon, Microsoft et IBM)[1] ainsi que leurs équivalents chinois les BATX (Baidu, Alibaba, Tencent et Xiaomi).

La rapidité d'apprentissage de l'IA explose alors que l'école n'a guère changé depuis la Grèce antique. L'école sous sa forme actuelle est une technologie dépassée, aussi archaïque que la médecine de 1750 ! Son organisation et ses méthodes sont figées et, plus grave, l'école forme aux métiers d'hier alors que l'éducation des cerveaux de silicium est tournée vers le futur et s'améliore de minute en minute. En définitive, les ordinateurs acquièrent nos capacités ordinaires à un rythme extraordinaire même si l'IA n'est pas encore dotée d'une conscience artificielle. N'en tirons pas la conclusion que l'homme court à sa perte face à des machines qui deviendraient dévoreuses d'emplois voire hostiles. L'Intelligence biologique et l'IA peuvent rester complémentaires. Pour cela, la société doit exiger de l'école qu'elle permette aux enfants de rester compétitifs face à l'IA. L'école de 2050 ne va plus gérer les savoirs, mais les cerveaux grâce aux technologies NBIC. Nous devrons personnaliser les enseignements en fonction des

1. Olivier Ezratty a développé les forces et faiblesses des géants du numérique, www.oezratty.com

caractéristiques neurobiologiques et cognitives de chacun. Il faudra faire entrer à l'école des spécialistes des neurosciences puisque l'enseignant de 2050 sera fondamentalement un « neuro-culteur ».

La réalité est tragique : en 2020, il n'existe toujours aucune technologie éducative pour réduire significativement les inégalités intellectuelles. En France, Jean-Michel Blanquer a testé une baisse importante des effectifs des classes pour permettre un enseignement personnalisé. Le dédoublement des classes de CP a permis de baisser la proportion d'élèves de Rep+ en très grande difficulté de 40 à 37 % pour le français et de 40 à 34 % en mathématiques. L'impact du dédoublement n'est pas nul, mais il est bien faible : il faudrait un gain dix fois supérieur pour réduire significativement les inégalités cognitives. Le dédoublement des classes – dont le coût est énorme – a rendu la situation un tout petit peu moins dramatique, mais ses bénéficiaires ne sont toujours pas armés pour s'intégrer dans l'économie de demain. N'oublions pas que ces enfants seront encore sur le marché du travail en 2070 ! Même pour les 10 % d'enfants qui ont progressé, passer d'« en très grande difficulté » à « en grande difficulté », est-ce la promesse d'une compétitivité face aux intelligences artificielles de 2070 ? Non ! Il va falloir d'immenses efforts pour aller plus loin.

Les IA de 2020 – dites connexionnistes – s'éduquent à partir de gigantesques bases de données, ce qui donne un immense pouvoir aux GAFA américains et BATX chinois qui en sont les détenteurs. L'IA crée un monde terriblement complexe qui exige des médiateurs humains extrêmement doués : cela entraîne une explosion des inégalités puisque les dompteurs des IA deviennent richissimes.

Heureusement, l'IA n'est pas explosive ! Si la singularité technologique, avec ses IA dites « fortes » et dotées de conscience artificielle, était à nos portes, nous aurions une très grave crise sociale. Nous ne savons déjà pas gérer les conséquences sociales des IA faibles. Le milliardaire transhumaniste japonais Masayoshi Son, qui a racheté à Google les robots Boston Dynamics, a créé un fonds d'investissement de cent milliards de dollars pour accélérer l'avènement d'IA fortes dotées de conscience artificielle. Il annonce l'arrivée prochaine de robots dotés de 10 000 points de QI, ce qui nous mènerait en territoire inconnu. Au-delà de ces déclarations grandiloquentes, Martin Ford dans son livre *AI* a colligé l'avis des meilleurs spécialistes mondiaux de l'IA : le désaccord est total et la date d'arrivée des IA fortes varie de 2029 à 2199... Mais, l'éventualité d'une émergence d'IA fortes ne peut pas être définitivement exclue[1]. L'école doit se préparer à affronter les deux scénarios et devra s'adapter aux formes futures de l'IA que nous ne soupçonnons même pas encore, à cette migration de la frontière technologique dont nous sommes encore incapables de prédire précisément la nature, aux nouvelles synergies neurones-transistor qui naîtront à travers une hybridation dont on ignore aussi les modalités précises.

Le système éducatif doit viser à rendre les citoyens complémentaires de l'IA et non substituables par elle. Car le

1. Vers 2015, de nombreux scientifiques ont cru que les progrès rapides du deep learning présageaient l'arrivée prochaine de consciences artificielles : c'était une grossière erreur. Bill Gates, Stephen Hawkings et Elon Musk sont tombés dans le piège et ont tenu des propos apocalyptiques qui paraissent aujourd'hui assez ridicules.

travail ne va pas disparaître : il va simplement changer de nature.

La fin du travail est un mythe dont on retrouve les premières traces sous Vespasien, au début de l'Empire romain, qui bloqua certaines machines de chantier pour protéger les travailleurs du bâtiment. À toute époque les gouvernants et la société civile ont bien identifié les métiers menacés par l'innovation sans voir les conséquences de l'augmentation de richesse créée par la nouveauté et l'apparition de nouveaux métiers. À la fin du XIXe siècle, on percevait assez bien les menaces pesant sur les cochers, les conducteurs de diligence, les maréchaux-ferrants, les 29 000 porteurs d'eau parisiens, les allumeurs de réverbère, les lavandières, les taillandiers et forgerons. En revanche, personne n'imaginait qu'il y aurait dans le futur des designers de microprocesseurs, des généticiens, des physiciens nucléaires et astrophysiciens, des techniciens dans les usines Tesla, des orthodontistes, des chirurgiens cardiaques, des pilotes d'avion, des webmasters et des fabricants de smartphone. La crainte de la fin du travail traduit fondamentalement un manque d'imagination. En réalité, l'aventure humaine ne fait que commencer. La gestion de la société de la connaissance va consommer énormément d'intelligence humaine : coordonner, réguler, policer les différentes intelligences biologiques et artificielles va devenir une des principales activités de l'homme de demain.

L'homme va se découvrir d'innombrables nouveaux objectifs. Quel que que soit le degré d'automatisation de nos sociétés futures, il restera un immense besoin de travail ultra-qualifié, ultra-multidisciplinaire et ultra-innovant. À la confluence de l'art, du design, de l'architecture, de la cuisine, du cloud, de l'entrepreneuriat et des neurotechnologies, une infinité d'expériences et de missions sont à inventer. Nous avons du travail jusqu'à la fin des temps !

Augmenter le QI, pour sauver la démocratie

Les débats politiques traitent des sujets du passé, sans aborder le seul sujet crucial au XXIe siècle : que devient notre cerveau face à l'Intelligence Artificielle quasi gratuite ? Parler du QI est scandaleux en France. Un QI élevé est pourtant la principale défense de nos concitoyens dans le monde de demain.

Nos enfants doivent être complémentaires de l'IA. Mais une part croissante de la population n'a toujours pas acquis les nouvelles qualifications requises pour s'intégrer dans la nouvelle économie. Dans une économie de la connaissance, cela constitue un handicap majeur pour la population. La montée en puissance des pays asiatiques dans le classement PISA des systèmes scolaires est troublante : la première guerre cérébrale – entre Asie et Occident – a été perdue. Le niveau des jeunes Français est désormais loin derrière celui de la plupart des pays asiatiques. Les sciences de l'éducation, parent pauvre du système de recherche, sont pourtant le premier antidote contre le déclassement des classes moyennes et la montée du populisme.

Il est illusoire, voire délirant, de penser que les Français auront un avantage dans la compétition mondiale avec des capacités intellectuelles inférieures aux Asiatiques de l'Est. Mais le pire est à venir : la deuxième guerre des cerveaux commence, cette fois-ci entre les cerveaux de silicium et les cerveaux biologiques. L'objectif premier du système éducatif et de formation professionnelle doit être de rendre nos enfants et nous-mêmes complémentaires de l'IA. La complémentarité entre le transistor et le neurone ne concernera malheureusement que les meilleurs cerveaux dotés de haut QI. En effet, le QI est un bon indicateur de notre capacité associative, de notre transversalité, de notre plasticité cérébrale et de notre adaptation à un monde changeant qui constituent justement notre grande supériorité face à l'IA. Il est illusoire de penser qu'une interdiction mondiale de l'IA est envisageable ; il va donc falloir se battre et seul un QI élevé protège contre le remplacement par l'IA. Une question politique grave se pose : comment gérer une société dans laquelle un point de QI supplémentaire donne un avantage de plus en plus grand ? Le QI n'est pas un sujet politiquement correct : 1 million de citoyens dotés de 100 de QI pèsent moins lourd, hélas, dans la société de la connaissance qu'un petit génie ayant 160 de QI. Les différences de QI constituent la plus grande injustice, et la source de toutes les inégalités. Il y a 15 ans de différences d'espérance de vie entre les hauts et les bas QI, d'énormes écarts de revenu et de maîtrise de la culture. Oui, il serait logique de mesurer les écarts de QI non pour stigmatiser mais pour lutter contre cette ultime injustice. Or, les déterminants du QI sont connus : si la part génétique n'est pas manipulable à court terme, la dimension nutritionnelle, environnementale et scolaire peut être actionnée.

Limiter le tabac, l'alcool, le haschich, les graisses saturées, les sucres rapides, l'obésité, les somnifères, les perturbateurs endocriniens et les polluants atmosphériques, faire du sport et de l'exercice intellectuel, lire dès le plus jeune âge, être bilingue, développer sa curiosité, voyager, débattre en famille, s'engager et faire de la politique, manger des fruits et légumes et du poisson, personnaliser l'enseignement et avoir des enseignants respectés ; tout cela augmente le QI !

Oui, nous allons vivre l'âge d'or des entrepreneurs, des innovateurs et des intellectuels. Mais, le tsunami de l'IA risque aussi d'être la plus incroyable machine de tous les temps à fabriquer du populisme : la disqualification des classes populaires mal formées est quasi inéluctable, sauf à rénover radicalement le système éducatif et de formation. Il faut lancer la bataille du QI, qu'il faudrait rebaptiser QCIA, le Quotient de Complémentarité avec l'Intelligence Artificielle, pour lui ôter son caractère stigmatisant. Dans le futur, le QI minimum pour avoir un emploi va augmenter décennie après décennie : il faut d'urgence entamer la modernisation de l'école, pour permettre aux enfants de rester compétitifs face à l'IA. Il faut cartographier la frontière technologique pour adapter en temps réel le système éducatif aux progrès de l'IA et agir sur tous les leviers permettant d'augmenter le QI de la population, puisque la quasi-totalité des inégalités seront liées aux capacités cognitives.

Deviendra-t-il obligatoire d'augmenter le QI de nos bébés ?

L'augmentation cérébrale ne peut se faire que de deux façons : par sélection et manipulation génétique des embryons, ou par action électronique sur notre cerveau.

Le 28 mars 2017, Elon Musk a annoncé le lancement de Neuralink, une société destinée à augmenter nos capacités cérébrales grâce à de minuscules composants électroniques entrelacés à nos quatre-vingt-six milliards de neurones. Il ne fait aucun doute que l'on va pouvoir, à terme, augmenter le QI des bébés par manipulations biotechnologiques. L'augmentation cérébrale pose d'immenses questions géopolitiques et éthiques.

Les premiers bébés génétiquement modifiés ont été fabriqués en Chine par He Jiankui, un chercheur de Shenzhen qui a cassé toutes les barrières éthiques. Cette manipulation génétique qui vise à protéger les enfants du sida grâce à l'inactivation du gène CCR5 a provoqué un tollé mondial. Un article du *MIT Technology Review* rapporte que le cerveau des jumelles OGM aurait été « accidentellement augmenté ». On a en effet découvert que la modification de ce gène a des conséquences sur le fonctionnement du cerveau au-delà de son effet protecteur contre le sida. Chez la souris, cela augmente notablement les capacités cognitives – intelligence et mémoire. Beaucoup de spécialistes ne comprenaient pas l'intérêt de cette manipulation du gène CCR5 puisqu'il n'était même pas certain que les enfants soient contaminées par leur parent séropositif. Le chercheur a manifestement menti en disant qu'il voulait protéger les jumelles contre le sida alors qu'il visait à réaliser la première augmentation cérébrale génétique ! Il ne fait aucun doute que l'on va pouvoir, à terme, augmenter le QI des bébés par de telles manipulations même si l'intelligence n'est pas 100 % génétique (elle l'est entre 50 et 80 %).

Bien sûr, il n'y a pas un « gène unique de l'intelligence ». La construction de notre cerveau et de nos capacités intellectuelles est le fruit d'un nombre incalculable de séquences d'ADN. La plupart des modifications d'un fragment d'ADN entraîneront des conséquences – plus ou moins importantes – sur le cerveau. Manipuler notre ADN va presque toujours modifier notre structure cognitive et nos capacités intellectuelles. Parfois pour le meilleur, parfois le pire. Si l'expérience chinoise entraîne des effets secondaires, cela gèlera les thérapies géniques pour des années. À l'inverse, si les bébés OGM bénéficient d'un gain de capacité intellectuelle, cela risque d'être la ruée.

L'augmentation cérébrale pose d'immenses questions géopolitiques et éthiques. Même si les autorités chinoises ont protesté contre cette expérimentation, le fait qu'elle ait eu lieu en Chine montre que la tentation transhumaniste y est très forte.

Une large partie des Chinois, d'après les sondages réalisés par Marianne Hurstel, souhaitent augmenter le QI de leurs bébés grâce aux biotechnologies. Que deviendraient les bébés européens du futur si on ne les augmente pas, pendant que les Chinois fabriqueraient des surdoués à la chaîne ? Les élites intellectuelles françaises ont-elles moralement le droit d'interdire aux familles modestes d'augmenter le QI de leurs bébés afin de ne pas partager l'intelligence conceptuelle ?

L'interdiction des modifications génétiques cérébrales pourrait être le moyen idéal pour la haute bourgeoisie et les élites intellectuelles de conserver le pouvoir dans le futur. Mais il va être moralement très difficile d'expliquer aux pauvres qu'ils n'auront pas le droit d'utiliser la génétique pour permettre à leurs enfants d'entrer à Normale Sup ou à Stanford.

L'horrible réalité est que le tabou du QI et la diabolisation de l'eugénisme intellectuel traduisent le désir inconscient et inavouable des élites intellectuelles de garder le monopole de l'intelligence, qui les différencie de la masse. Ce qui est politiquement et moralement inacceptable.

Ma conviction – et non mon souhait – est que l'État encouragera et remboursera les technologies d'eugénisme intellectuel pour empêcher notre vassalisation par la Chine et pour éviter que les laissés-pour-compte du capitalisme de la connaissance ne fassent la révolution. Dans le monde ultra-complexe que l'IA va induire, la démocratisation de l'intelligence biologique s'imposera comme une évidence.

L'Éducation doit libérer ses innovateurs.

L'ère de l'idéologie de la pédagogie doit laisser place à la preuve statistique du « learning analytic ». L'apprentissage devient une véritable science fondée sur l'observation objective de la structure du cerveau et de ses modes de réponse.

L'éducation va sortir de l'âge du bricolage pour devenir une technologie.

Pour réussir cette mutation, l'Éducation nationale doit évoluer comme la NASA : l'agence spatiale américaine considère que son vrai rôle est désormais d'être une plateforme d'aide et de promotion des innovateurs spatiaux. Comprenant qu'elle ne peut tout faire, elle est devenue un incubateur au service des start-up innovantes : elle a d'ailleurs massivement soutenu Elon Musk et sa fusée Space X. C'est ce modèle que l'Éducation nationale doit choisir : devenir la matrice de tous les innovateurs internes et externes. Il n'y aura aucune pédagogie miracle parce que les interactions entre éducation, structure et fonctionnement du cerveau sont innombrables et d'une incroyable complexité.

Pour balayer tout le champ des neurosciences appliquées à l'Éducation, il va falloir des centaines de start-up : c'est tout un écosystème d'Edtechs (Educational technologies) qu'il faut développer autour des « innovateurs enseignants de terrain ». Il faut par ailleurs des esprits neufs venant d'autres horizons pour bousculer l'Éducation nationale : devenir une pépinière de start-up innovantes permettra de faire venir des gens d'horizons nouveaux ayant une fibre entrepreneuriale et psychologiquement capable de résister à la bureaucratie.

L'émergence d'enregistreurs cérébraux non invasifs très peu coûteux capables de mesurer de nombreuses constantes en permanence va permettre de corréler ces données à nos caractéristiques cognitives pour optimiser l'enseignement. Les géants du numérique qui ont une connaissance de plus en plus fine des caractéristiques cognitives de nos enfants grâce aux smartphones, qui savent tout de notre cerveau, auront un avantage considérable. L'IA des géants du numérique permettra demain de déterminer très précisément les meilleures méthodes d'enseignement pour chaque enfant. Le patron de Facebook a d'ailleurs déclaré : « Nous savons que l'enseignement personnalisé est la meilleure solution. »

L'Éducation doit encourager ses innovateurs et donner plus d'autonomies à tous les hommes de terrain et faire pousser des centaines de start-up en son sein. Sinon l'Éducation sera la prochaine sidérurgie !

Les syndicaux d'enseignants sont farouchement opposés à la volonté du ministre Blanquer d'utiliser les sciences du cerveau pour améliorer les techniques éducatives et personnaliser l'enseignement. Le conservatisme des enseignants peut sembler archaïque, mais leurs craintes sont compréhensibles : les médecins ont connu la même angoisse existentielle. Notre intuition médicale est mauvaise conseillère et nous l'avons admis même si cela a été une terrible blessure narcissique. L'intuition médicale tue ; l'intuition pédagogique abîme le cerveau des élèves. Les professionnels souffrent de découvrir que leur intuition les trompe et fait du mal à la cause à laquelle ils tiennent ; la santé des malades ou le développement cognitif des élèves. Il est vrai que la rationalité complique énormément le travail des professionnels. En médecine la démarche scientifique a fait passer, par exemple, la prise en charge d'un cancéreux d'une poignée de solutions thérapeutiques, à un maquis d'options. Il était intellectuellement mille fois plus simple d'être cancérologue en 1930, mais le taux de mortalité avoisinait 100 %. En pédagogie, on est resté à un stade archaïque où l'évaluation rigoureuse est l'exception : on préfère les anathèmes, les arguments d'autorité, la paresse intellectuelle et les traditions. Le débat sur les avantages de la méthode globale ou syllabique dans l'apprentissage de la lecture est un exemple affligeant de cet amateurisme : 20 ans de chamailleries infantiles au lieu de réaliser des études rigoureuses. Les médecins ont longtemps tout ignoré de la physiologie ; la plupart des enseignants ignorent tout du fonctionnement cérébral qui est pourtant le cœur de leur métier et leur outil de travail ! En 1860, aucun chirurgien ne se lavait les mains avant d'opérer, en 2020 aucun enseignant n'évalue le cerveau avant d'enseigner. Il faut donc aider les enseignants – sans les stigmatiser – à faire le travail de deuil que nous médecins avons fait pour le plus grand bien de nos malades.

Le passage de l'école du bricolage empirique à l'expérimentation scientifique sera comparable à celui qu'a connu la médecine quand les médecins de Molière ont été remplacés par des scientifiques. Les écoles deviendront les équivalents des Centres Hospitaliers Universitaires où l'on procédera à des essais éducatifs pour éprouver les techniques d'enseignement. L'ère de l'idéologie et des rebouteux de la pédagogie prendra fin, pour laisser place à la preuve statistique. On n'enseignera plus au hasard. Ce sera la fin de l'enseignement dogmatique, comme autrefois on a cessé d'administrer saignées et clystères… Le neuroscientifique Stanislas Dehaene est optimiste : « Nous sommes sur le point de passer d'une politique éducative liée au monde politique à une politique éducative liée au monde scientifique. » L'apprentissage deviendra une véritable science fondée sur l'observation de la structure du cerveau et de ses modes de réponse. Suivre ce chemin nous évitera de tomber dans les ornières des slogans faciles qui pensent qu'il sera facile de régler le défi de la mise à niveau cognitive des futures générations.

Digital natives :
histoire d'une escroquerie politique

En 2000, le psychologue américain Marc Prensky inventa l'expression « Digital Natives » et affirmait que les jeunes générations seraient bien plus à l'aise dans le monde grâce aux nouvelles technologies. La plupart des hommes politiques sont tombés dans le panneau : les jeunes allaient casser la baraque grâce au numérique et ils deviendraient tous codeurs informatiques. Le problème est que le fétichisme technologique fait prendre énormément de retard aux sciences de l'éducation. Distribuer des iPad sans évaluer l'impact des nouvelles technologies sur l'apprentissage rassure les politiques qui ont acheté des slogans commodes mais démagogiques.

Ânonner « Tous codeurs » et « Des iPad pour tous » est à la portée du premier politicien venu. À l'inverse, comprendre les sciences de l'éducation, étudier les méthodes pédagogiques exige un travail de fond. Améliorer l'éducation est extrêmement difficile voire décourageant. Les études réalisées ces dernières années montrent à quel point l'opinion publique a été abusée par le discours enfantin sur le numérique, la jeunesse et l'école. Paul Kirschner et Pedro De Bruyckere, chercheurs en sciences de l'éducation, ont montré que les « Digital Natives », spontanément experts numériques et capables de traiter simultanément de multiples sources d'information, sont un mythe : le « multitasking » des jeunes est une illusion. Des chercheurs de Princeton et UCLA ont comparé la prise de notes au stylo et au clavier. Avec un ordinateur, la prise de notes des étudiants est moins efficace, et les étudiants répondent moins bien aux questions. Pire, les ordinateurs connectés à Internet entraînent une dispersion de l'attention des élèves. Tous les gamins savent publier des stories sur Snapchat mais un tiers des jeunes Français ne sait pas remplir un formulaire électronique. En fait, les Digital Natives sont des consommateurs passifs d'information et ne se débrouillent pas mieux que les gens plus âgés pour réaliser une requête Google.

La question de la généralisation de l'apprentissage du code informatique est elle aussi traitée avec naïveté ! C'est, en apparence, une proposition pleine de bon sens ; en réalité, cela montre que les politiciens ne maîtrisent pas le sujet. Avoir une culture générale informatique est, bien sûr, essentiel pour être un citoyen comprenant les enjeux numériques et capable de participer au débat politique mais seulement 15 % des enfants ont les capacités intellectuelles et d'abstraction logique leur permettant de coder en python. Cette vision technologique est dangereuse : elle empêche d'améliorer l'éducation. Pendant que l'on fantasme sur l'effet magique des outils numériques sur le niveau de nos enfants, on ne regarde pas les mauvais résultats de l'école dans le monde réel. Comme l'explique Franck Ramus, le spécialiste de la cognition à Normale Sup : « La France ne peut plus continuer à ignorer les évaluations scientifiques des méthodes pédagogiques. Donner des tablettes aux élèves sans réfléchir aux contenus et aux usages a aussi peu de sens que de leur donner du papier en pensant les rendre book-native comme par magie ».

Le jeunisme technologique a fait des ravages chez les politiciens. Il faut maintenant abandonner la pensée magique. Georges Brassens avait tout compris en 1961 : « Le temps ne fait rien à l'affaire, quand on est con, on est con. Qu'on ait vingt ans, qu'on soit grand-père, quand on est con, on est con. » Avec ou sans IPad…

Le code informatique est la base de la révolution informatique. Doit-on généraliser son apprentissage ? La question est bien difficile, tant il existe un consensus pour répondre oui… C'est, en apparence, une proposition logique et pleine de bon sens qui est en réalité absurde.

Ce n'est pas parce qu'une technologie est ubiquitaire, que tout le monde doit s'y former. A-t-on envisagé que 100 % des jeunes deviendraient électriciens en 1895, lorsque l'électricité s'est généralisée et est devenue la base de la deuxième révolution industrielle ? Les plans de formations massifs de développeurs informatiques Bac+2 conduiront à beaucoup de désillusions. Le code informatique bas de gamme sera entièrement automatisé grâce à l'Intelligence Artificielle qui sera quasi gratuite. Ainsi, le patron de Nvidia, l'un des plus importants fabricants de microprocesseurs dédiés à l'IA, explique : « L'IA va manger le logiciel. » Bien sûr, il y a un immense besoin d'architectes informatiques et de data-scientists. Mais, ces métiers ne seront accessibles qu'à des esprits multidisciplinaires de très haut niveau. Codeur Informatique bas de gamme sera un passeport pour Pole emploi ! Le spécialiste de l'IA Serge Abiteboul résume dans *Le Monde* l'horrible réalité d'une phrase assassine et bien peu « politically correct » : « Data-scientist est un métier qui demande énormément de neurones. »

La métaphore de la langue étrangère (le code serait la nouvelle langue étrangère) est inadaptée : tout le monde peut devenir bilingue par immersion linguistique précoce, seule une minorité – hélas – pourra maîtriser le code informatique pour en faire un métier. Il faut bien sûr donner une culture numérique de base à tous les enfants pour les aider à se mouvoir dans le futur, mails il est plus crucial encore de former leur esprit critique, ce qui les protégera de la concurrence par l'IA ! Pour un gamin normalement doué, il est mille fois plus important de lui apprendre à savoir lire, résumer et critiquer un texte que lui faire ânonner quelques banalités informatiques.

Dans un monde où l'informatique, devenue IA, va piloter les voitures, les avions, réguler les pacemakers et les cœurs artificiels, augmenter nos cerveaux avec les implants d'Elon Musk, décider du traitement des cancéreux et protéger les arsenaux nucléaires contre les hackers, il serait naïf de penser qu'il y aura une grosse niche écologique pour les bidouilleurs de code. Le codeur de 2030 sera à la convergence de multiples savoirs, droit, sécurité, gestion de la complexité, neurosciences : ce sera davantage un boulot de X plus Harvard School of Law que d'amateurs bien intentionnés. L'enjeu est aussi politique : ne multiplions pas les sources de déceptions et d'aigreurs pour les jeunes générations, qui deviendraient de futurs réservoirs pour les idéologues populistes, en déployant en 2020 une idée qui aurait été adaptée à l'informatique des années 1990.

L'école doit aider nos enfants
à affronter la contre-révolution numérique

L'école n'est pas seulement l'outil indispensable dont nous devons attendre une relative égalisation des capacités à faire face au tsunami de l'IA. Elle est aussi un remède à la crise politique provoquée par le numérique.

L'école doit apprendre aux futurs citoyens à éviter les cyberaddictions, à se repérer dans le brouillard du cyberespace pour sauver le libre arbitre. Par ailleurs, l'obésité informationnelle est une grande menace : trier l'information est très difficile. Contrairement aux espoirs de 1995, le web augmente les inégalités car seuls les enfants les plus doués arrivent à trier l'information.

L'école aura un rôle crucial. Le management des inégalités intellectuelles sera le grand défi du XXIe siècle. Elle devra aussi apprendre à nos enfants à gérer un monde où la liberté devient un concept flou puisque l'IA peut nous manipuler avec notre accord. Enfin, l'école sous une forme totalement transfigurée devra ajouter deux missions à ses rôles traditionnels que sont la formation des citoyens et des travailleurs : apprendre aux nouvelles générations à assumer le pouvoir démiurgique de l'homme apporté par les technologies NBIC ; organiser un monde où de nombreuses formes d'intelligences biologiques et artificielles vont cohabiter.

Les érections de l'homme le plus riche du monde

La vie sexuelle de Jeff Bezos – le patron d'Amazon et homme le plus riche du monde – a interrogé les médias du monde entier. Au lendemain de l'annonce de son divorce, le *National Enquirer* a consacré un article à sa liaison avec l'ancienne présentatrice Lauren Sanchez. Selon Jeff Bezos, l'éditeur de presse American Media (AMI), qui a des liens étroits avec Donald Trump et possède le journal *National Enquirer*, a essayé de le faire chanter en menaçant de publier des photos intimes de lui avec sa maîtresse et des SMS suggestifs. Dans un post du blog Medium, Jeff Bezos estime que la démarche d'AMI équivaut à une « proposition d'extorsion ».

Ce chantage croustillant nous renseigne sur le nouveau monde. Premier enseignement : la pudeur et la honte reculent ! On découvre que Jeff Bezos fait des selfies érotiques de lui pour sa maîtresse. Même les géants de l'Intelligence Artificielle font des selfies. Cette maladie mondiale ne concerne pas que nos enfants ! En 1950, un grand patron aurait cédé et serait mort de honte à l'idée que ses mots d'amour et ses photos les plus intimes puissent être vus par la terre entière. En 2020, beaucoup de jeunes postent des photos pornographiques les mettant en scène sur le Web. La pudeur se meurt... Oui, l'intimité est morte : dès 2010, Mark Zuckerberg affirmait que la vie privée était un leurre.

Deuxième surprise : tout le monde est espionnable ! Les échanges issus du Smartphone de l'homme le plus riche du monde peuvent être révélés. Demain, ce sera pire. L'internet des objets va multiplier les informations sur nous. Et les législations sur la vie privée peuvent aggraver la situation. Un citoyen a réclamé à Amazon ses traces numériques comme la loi l'exige. Il a reçu par erreur les 1700 enregistrements Alexa – le chatbot d'Amazon – d'un autre citoyen. À moyen terme, il sera même possible d'analyser le contenu de nos cerveaux par des capteurs crâniens : nos pensées pourront être connues par les neuro-hackeurs.
Troisième surprise : la violence politique croît aux États-Unis. Le *Washington Post*, qui appartient aujourd'hui au fondateur d'Amazon et révéla en 1972 le scandale du Watergate, a publié de nombreux articles critiques vis-à-vis du président américain. Jeff Bezos, Amazon et le *Washington Post* font l'objet de fréquentes attaques lancées par Donald Trump via Twitter. Dans un tweet réagissant à l'article de *National Enquirer* sur le divorce de Jeff Bezos, Donald Trump a traité ce dernier de « Jeff Bozo », ce qui signifie stupide en argot américain. Imagine-t-on une seconde Emmanuel Macron traiter publiquement Bernard Arnault ou Xavier Niel d'abruti ? L'Amérique deviendra-t-elle une dictature comme Jacques Attali l'envisage ?
Quatrième surprise : Jeff Bezos est courageux et défend la démocratie. Le fondateur d'Amazon aurait pu passer un accord secret avec les pro-Trump qui détiennent les photos et ses SMS érotiques. Il a préféré continuer son combat pour la liberté d'opinion. Jeff Bezos a déclaré : « Si, dans ma position, je ne peux pas résister à ce genre d'extorsion, combien de personnes peuvent le faire ? Bien sûr, je ne veux pas que des photos personnelles soient publiées, mais je ne participerai pas non plus à leur pratique bien connue de chantage, de faveurs politiques, d'attaques politiques et de corruption. » Jeff Bezos est un modèle pour

> les journalistes : l'homme le plus riche du monde préfère être ridicule que d'arrêter une enquête du *Washington Post* qu'il possède.
> Fin janvier 2020, une enquête des Nations unies a révélé que le prince héritier d'Arabie Saoudite, célèbre pour avoir commandité l'assassinat d'un journaliste turc, serait à l'origine du piratage réalisé depuis le compte whatsapp de son propre smartphone avec l'aide d'une société informatique israélienne. Un auteur de roman qui aurait eu l'idée d'un tel scénario l'aurait écarté, tant il paraît peu crédible. Avec le numérique, plus que jamais, la réalité enfonce et ridiculise la fiction.

Nous devons apprendre aux nouvelles générations à gérer leurs vies numériques pour éviter d'être pris dans les nouveaux pièges qui sont tendus.

Secourir les naufragés du numérique

L'État-providence du XXIe siècle ne sera plus un créateur de guichets en tous genres. Il aura pour tâche essentielle de réduire les inégalités intellectuelles pour éviter l'explosion sociale. Le défi de l'Europe au XXIe siècle est de passer du capitalisme industriel hérité de la révolution industrielle au capitalisme cognitif. La création de valeur sera orientée à partir des cerveaux. La production de la matière grise et la mise en commun de cette ressource seront la grande affaire du siècle. Tout notre système de formation doit être repensé pour satisfaire à cette exigence nouvelle. L'école doit être mise sous le signe de l'efficacité de la transmission de connaissances, ce qui revient à la soumettre aux neurosciences.

Réduire les inégalités cognitives doit être l'obsession de l'État. On parle souvent de la nécessité pour l'État de se concentrer sur ses tâches régaliennes, comme la justice et la défense. C'est aujourd'hui une idée obsolète. Le nouveau régalien, c'est la protection contre les inégalités cognitives. Les combattre est la vraie vocation de l'État demain.

Les élites intellectuelles ont abandonné des pans entiers de la population qui sont de plus en plus marginalisés : il est tout juste temps de sauver les naufragés[1] du numérique.

Si l'école ne démocratise pas rapidement l'intelligence biologique, en utilisant tout le potentiel des sciences du cerveau, nous aurons un *apartheid* intellectuel puis une révolution. Les neuro-conservateurs qui refusent, au nom des bons sentiments humanistes, l'utilisation des neurosciences pour réduire les inégalités intellectuelles, nous conduisent à une situation révolutionnaire.

La neurorévolution sera comparable à la Révolution française. Là où 1789 était une révolution bourgeoise dirigée contre les privilèges de la naissance, la neurorévolution marquera l'abolition des privilèges de l'intelligence. À moyen terme, l'école aura beau utiliser les meilleurs logiciels personnalisés, elle ne pourra plus nous apprendre assez pour que nous soyons, avec notre état biologique actuel, en situation de rivaliser avec l'IA. Il n'y aura qu'une solution : une montée en puissance radicale de notre cerveau en utilisant tout le potentiel des NBIC. La personnalisation de l'enseignement grâce aux neurosciences n'aura

1. Jacques Toubon, le défenseur des droits, craint que 20 à 25 % de la population française soit handicapée par l'e-administration et la dématérialisation des « papiers administratifs ».

été qu'un premier stade de la mutation de la façon dont l'humanité organise la transmission de l'intellect. La neuroéducation ne sera plus seulement une méthode scientifique pour mieux apprendre, elle s'enrichira d'un nouveau volet d'action : la neuro-augmentation. Il va devenir possible d'augmenter l'intelligence non pas en jouant sur l'environnement – l'apprentissage –, mais en agissant soit en amont de la naissance, soit directement sur la machine cognitive qu'est le cerveau lui-même. L'école deviendra alors transhumaniste et trouvera normal de modifier le cerveau des élèves en utilisant toute la panoplie des technologies NBIC. L'État lui-même doit devenir un manager des intelligences et assurer une cohabitation harmonieuse entre les cerveaux faits de silicium et nos cerveaux biologiques. L'intelligence est désormais la clé de tous les pouvoirs et la politique tout entière sera bientôt tournée vers la gestion des intelligences.

Le XXIe siècle sera tout sauf un long fleuve tranquille. À l'ère de l'IA et de la robotique, que faire de ceux qui n'ont pas une intelligence conceptuelle forte ? Comment évite-t-on des inégalités insupportables ? Comment contrôler, gérer, organiser les neuro-technologies d'augmentation ? L'irruption des NBIC débouche sur des interrogations philosophiques totalement inédites.

Sauver la fraternité : la fragile cohésion sociale à l'ère d'Homo Deus

Désobéir à l'IA sera le luxe des élites de 2040

L'autonomie – se fixer à soi-même sa propre loi – deviendra un luxe. Julia de Funès et Nicolas Bouzou se lamentent : « La confiance est quelque chose de très peu pratiqué dans l'univers de l'entreprise. » Et, demain ce sera bien pire ! Que l'on soit pilote d'avion, médecin, ingénieur, juge ou manager, il faudra un permis spécial pour ne pas suivre les décisions des IA. Il sera réservé aux gens capables de prouver qu'ils sont complémentaires des IA. Ce sera donc un luxe réservé à une toute petite élite. Par sa capacité à manier des montagnes de données à des vitesses stupéfiantes, l'IA dépassera notre cerveau dans un nombre croissant de domaines. L'explosion de la production de données rend l'IA indispensable : en 2025, chaque être humain produira en moyenne 100 milliards d'informations numériques chaque jour. Qui sera capable d'affirmer en 2040 : « face au milliard de milliards de données que l'IA vient de traiter, je suis capable de mieux faire avec mon cerveau » ? Quel pourcentage de la population sera capable de contredire – à juste titre – une IA ? Un pour cent ? Un millième ? Un millionième ? L'exemple de la médecine est cruel. De semaine en semaine, les territoires où l'IA surpasse les meilleurs médecins se multiplient : Google a publié des résultats spectaculaires en cancérologie, dermatologie, ophtalmologie, biologie moléculaire et en cardiologie. L'IA devient peu à peu capable de performances que les meilleurs humains ne peuvent égaler : il sera bientôt interdit aux médecins de soigner un malade et de signer une ordonnance sans l'autorisation des IA. La dernière IA médicale de Google dépiste beaucoup mieux les micrométastases dans le cancer du sein que les médecins (99 % versus 62 %). Avec de tels différentiels – qui vont encore augmenter –, s'opposer à l'IA de Google ferait prendre un risque immense au patient. Cette violente blessure narcissique pour ma profession doit nous conduire à nous réinventer avant que nos patients ne nous abandonnent pour l'IA des géants du numérique. Le meilleur économiste de l'IA, Kai Fu Lee, imagine le médecin de 2030 : 1/3 assistante sociale, 1/3 infirmière et 1/3 technicien. Ainsi, le médecin de demain sera accompagnateur et interprète des oracles de l'IA plus que dieu médical, auxiliaire plus que centre d'un système qui tournera essentiellement autour de l'IA. Le pouvoir et l'éthique médicale seront aux mains des concepteurs des IA médicales et non le fruit du cerveau du médecin. En 2040, 99,99 % des radiologues seront incapables de dire : l'IA se trompe, ce n'est pas un cancer du rein. Lire un scanner deviendra inutile ; il faudra en revanche être capable de repérer les faiblesses possibles de l'IA dans un contexte donné. Par conséquent, l'obsession des facultés de médecine devrait être de révolutionner les études médicales.

La mauvaise nouvelle est politique : pour obtenir le permis de désobéir à l'IA, il faudra trois choses : un très haut QI, une grande transversalité intellectuelle et une large culture. Cela représente quelques centaines de milliers de personnes en France. Si nous ne diminuons pas les énormes inégalités intellectuelles, les « inutiles » de Harari se révolteront rapidement devant les diktats de la machine. Et, comme d'habitude les gens seront ambivalents : dans leur travail personnel, ils voudront pouvoir désobéir à la machine ; mais pour soigner leur cancer ou la leucémie de leur enfant, ils refuseront que le grand professeur de médecine suive son intuition qui donne 50 % de chances de guérison quand les IA futures de Google, Baidu ou Amazon en garantiront 95 % !

Harvard : la guerre des ethnies[1]

La fraternité affronte de nouveaux défis. Les « Asian American » – les Américains d'origine asiatique – sont 14,7 millions, soit 4,8 % de la population américaine. En 2014, l'université de Harvard a été attaquée en justice par les étudiants asiatiques de « Students For Fair Admissions », en raison des préférences qu'elle accorderait aux candidats blancs, noirs et hispaniques, aux dépens d'étudiants asiatiques plus méritants. Effet de cette politique, les Asiatiques représentaient seulement 19 % des étudiants admis, alors qu'ils auraient dû atteindre 43 % sur les seuls critères intellectuels et académiques. Soit quasiment dix fois leur poids démographique ! Ce sont 64 organisations asiatiques qui reprochent à Harvard et d'autres prestigieuses universités, de fixer des critères d'admission plus élevés pour leur communauté. À New York, le très renommé lycée Stuyvesant, qui sélectionne exclusivement sur test et ne pratique aucune discrimination ethnique, est aujourd'hui asiatique à 72 %. Le sociologue Thomas Espenshade, de Princeton, a montré que pour être accepté dans les meilleures universités, les Asiatiques devaient en moyenne obtenir 140 points de plus que les étudiants blancs, 270 points de plus que les Hispaniques et 450 points

1. En octobre 2019, le tribunal a donné raison à Harvard.

de plus que les Afro-Américains aux tests intellectuels SAT[1] (sur une échelle de 2400 points). La politique de discrimination positive, pensée dans les années 1960 pour aider les minorités raciales défavorisées, affronte aujourd'hui une grave crise : les Asiatiques sont convaincus qu'elle est devenue un instrument pour réduire leur place. La communauté asiatique a de fait des résultats scolaires et professionnels éblouissants, nettement supérieurs à ceux des autres communautés, y compris des Blancs.

Les statistiques gouvernementales[2] américaines montrent que les Asiatiques gagnent 81431 dollars par an, contre 65041 pour les Blancs, 47675 pour les Hispaniques et 39490 pour les Noirs. Les Asiatiques gagnent donc 2 fois plus que les Noirs et nettement plus que les Blancs. On sait que le quotient intellectuel moyen en Asie de l'Est est très élevé : à Singapour et à Hong Kong par exemple, il serait 10 points au-dessus de celui constaté en France ou aux USA (108 contre 98). L'admission dans les universités américaines utilise systématiquement les tests de mesure cognitive – SAT ou ACT – qui sont très fortement corrélés aux tests de QI. Il est donc logique que les Asiatiques brillent aux tests d'admissions universitaires. La question sous-jacente, bien plus complexe, est d'où viennent ces différences : plutôt génétiques ou plutôt culturelles ? Cela conduit certains généticiens à ouvrir un débat miné : le lien entre race, ADN et caractéristiques y compris intellectuelles. Dans le *New York Times* du 23 mars 2018, David Reich, généticien de réputation internationale à Harvard, affirme que nier les différences interraciales serait contre-productif et renforcerait le racisme : « Je partage la crainte que les

1. Le SAT est très fortement corrélé au QI.
2. United States Census Bureau.

découvertes génétiques puissent être mal utilisées pour justifier le racisme. Mais, en tant que généticien, je sais aussi qu'il n'est [...] plus possible d'ignorer les différences génétiques moyennes entre les "races". » Faire l'autruche n'est plus une option, à ses yeux : « Il sera impossible – en fait, antiscientifique, stupide et absurde – de nier ces différences. » David Reich conclut : « Prétendre qu'il n'y a pas de différence significative possible entre les différentes populations humaines conduira seulement au dévoiement raciste de la génétique que nous souhaitons éviter. »
Quelles qu'en soient les causes, la France connaît vraisemblablement elle aussi de fortes disparités d'accès aux grandes écoles et de revenus, mais l'interdiction des statistiques ethniques ne permet pas de les mesurer et d'y remédier : les sociologues et politiciens peuvent dormir sur leurs deux oreilles, ils ne seront jamais perturbés par les inégalités intercommunautaires ! Personnellement, je suis favorable à des politiques destinées à diminuer les écarts intercommunautaires. Mais comment les monitorer sans statistiques ethniques ?

Faut-il empêcher la Chine de booster le QI des singes ?

Le tsunami technologique pose des questions jusqu'à présent réservées à la science-fiction. À partir de 2014, trois expérimentations ont augmenté les capacités intellectuelles de souris en modifiant leur ADN avec des segments de chromosomes humains ou en leur injectant des cellules cérébrales humaines. Ces animaux manipulés ont de plus gros cerveaux et réalisent plus vite des tâches complexes. Les séquences ADN modifiées sont impliquées chez l'homme dans le langage (gène FOXP2) et la taille du cerveau (séquence HARE5). Après la souris, une augmentation cognitive a désormais été réalisée chez le singe par les Chinois. Les scientifiques ont implanté des versions humaines du gène MCPH1 – qui est impliqué dans le développement du cerveau humain – à onze macaques rhésus, afin de mieux comprendre l'évolution de l'intelligence humaine. Les cerveaux de ces singes ont mis plus de temps à se développer et les animaux ont de meilleurs résultats aux tests de mémorisation et de réaction que les singes naturels. L'étude, parue dans *Pékin National Science Review*, a été réalisée par des chercheurs de l'Institut de Kunming et de l'Académie chinoises des sciences.

Début 2019, des scientifiques, chinois encore, ont cloné cinq singes à partir d'un individu dont les gènes avaient été modifiés pour provoquer des pathologies psychiatriques humaines comme la schizophrénie. Les manipulations génétiques réalisées en Chine nous rapprochent de *La Planète des singes* écrit par Pierre Boulle, en 1963. Ces transformations ont été réalisées avec des enzymes modificatrices de l'ADN dont la fabrication est accessible à un étudiant en biologie et dont le coût a chuté à quelques euros : cela permettra de multiplier les chimères animal-homme. La technologie va donc nous permettre de rapprocher progressivement les cerveaux des singes et des humains avec des conséquences vertigineuses. Au nom de quelle morale interdire que les singes soient dans le futur plus intelligents ? Alors que la dignité et la sensibilité de l'animal sont des idées reconnues, comment devrons-nous considérer les animaux s'ils acquièrent un QI proche d'un humain actuel ? Faut-il l'empêcher et décréter un monopole de l'intelligence conceptuelle à notre espèce et aux ordinateurs dotés d'IA ? Les progrès en neurosciences posent la question philosophique de ce qui fait la spécificité de l'humanité en abolissant deux limites réputées infranchissables : celle qui nous sépare des animaux, avec le « neuro-enhancement » c'est-à-dire l'amélioration cognitive, et celle qui nous sépare des machines, avec l'IA. Dans les deux cas, l'accession à l'intelligence et à la conscience signifie-t-elle l'accession à une dignité égale à celle des humains ? Certains théologiens souhaitent même que les machines douées d'intelligence et les animaux augmentés puissent recevoir le baptême si elles en expriment le désir dans le futur. Quelle place reconnaître aux animaux augmentés et aux robots dans nos sociétés ? Les progrès neurogénétiques posent des questions inédites qui engagent l'avenir de l'humanité. Peut-on laisser les Chinois fabriquer des chimères hommes-singes ou faut-il protester vigoureusement ? En réalité, les transhumanistes chinois hausseront les épaules si nous réagissons. D'ailleurs, les chercheurs chinois ont déjà affirmé que ces augmentations cérébrales ne « suscitaient pas de questionnement éthique » !

Les cerveaux en éprouvette inaugurent la neurorévolution

Une équipe de biologistes de l'université de San Diego, en Californie, a réussi à cultiver en éprouvette des mini-cerveaux humains dotés d'une activité électrique neuronale complexe. Depuis 2010, les scientifiques ont appris à utiliser des cellules-souches adultes pour développer des organoïdes, c'est-à-dire des groupes cellulaires formant un organe. Pour fabriquer un organoïde, les scientifiques mettent des cellules-souches humaines dans une matrice pour réaliser la culture tissulaire en trois dimensions. Pour la première fois, des mini-cerveaux organoïdes ont produit des ondes cérébrales comparables à celles d'un bébé prématuré. Alysson Muotri, l'une des biologistes responsables de cette étude, est enthousiaste : « Si vous m'aviez demandé il y a cinq ans si je pensais qu'il serait possible qu'un organoïde cérébral développe un réseau sophistiqué capable de générer des oscillations, j'aurais dit non. Nous avons fait un pas vers un modèle capable de générer ces stages précoces du développement d'un système nerveux sophistiqué. On peut utiliser ces organoïdes cérébraux à de nombreuses fins, parmi lesquelles la compréhension du neurodéveloppement humain, la modélisation de maladies, l'évolution cérébrale, les tests médicamenteux, et même en intelligence artificielle. » L'activité électrique de ces mini-cerveaux est apparue après deux mois de culture. Les signaux étaient rares et gardaient une même fréquence, comme les cerveaux humains immatures. En vieillissant, les ondes cérébrales ont été produites à différentes fréquences et à intervalles plus réguliers. En comparant le développement de ces mini-cerveaux aux données observées chez 39 bébés prématurés, les scientifiques ont montré que les évolutions étaient similaires. Les mini-cerveaux âgés de 10 mois présentaient des électroencéphalogrammes irréguliers proches des cerveaux de prématurés entre 25 et 39 semaines. Ces organoïdes pourraient être utilisés dans l'étude de maladies comme l'autisme – l'un des sujets de prédilection de l'équipe –, ou Alzheimer. Des organoïdes pourraient être développés à partir des cellules d'un patient atteint de problèmes neurologiques pour mieux comprendre sa maladie et personnaliser son traitement. Même si ces organoïdes ne sont pas de vrais cerveaux humains car ils ne contiennent pas la totalité des types cellulaires, cela débouche sur de vertigineuses questions éthiques qui passionnent les transhumanistes. Pour le moment, les scientifiques de San Diego pensent que les mini-cerveaux ne sont pas conscients. Serait-on en mesure de savoir si un cerveau en éprouvette se mettait à « penser » ? Certains craignent le scénario dit du « Brain in a vat » où un organoïde cérébral pourrait s'imaginer vivant et souffrir ? Sera-t-il interdit dans le futur de détruire ces mini-cerveaux s'ils acquièrent une conscience ? Faut-il interdire le dernier projet de cette équipe : fabriquer des cerveaux de Néandertal en éprouvette ? La neurorévolution qui commence grâce aux progrès des neurotechnologies pose des questions inédites. Les technologies du cerveau pourraient devenir une arme au service d'une ambition totalitaire. L'existence d'outils de connaissance intime du cerveau sera l'arme de pouvoir ultime des dictateurs. La protection de l'intégrité de notre cerveau va devenir essentielle ; bien plus que peut l'être aujourd'hui celle de la protection de la vie privée à l'ère du suivi des faits et gestes de chacun d'entre nous grâce à nos traces numériques. À qui pourra-t-on faire confiance pour bâtir la neuroéthique ? Autorisera-t-on, par exemple, la justice à lire dans nos cerveaux ? À mesure que les technologies du cerveau deviennent plus performantes, des questions éthiques vertigineuses vont apparaître.

Faut-il étendre la fraternité aux singes et aux Intelligences Artificielles ?

La fabrication de l'Intelligence était un processus lent, incertain et artisanal : la procréation et l'école en étaient les piliers. Cela devient une industrie. Nous allons produire de l'intelligence biologique et artificielle en grande quantité. Depuis la disparition de Neandertal, nous avions le monopole de l'intelligence conceptuelle ; demain nous naviguerons au milieu de multiples formes d'intelligence basée sur les neurones ou sur le silicium ou un mix des deux. De nouvelles intelligences biologiques vont apparaître. Les animaux modifiés ont de plus gros cerveaux et effectuent plus vite des tâches complexes. Mais les généticiens sont sur le point de redéfinir radicalement le périmètre de l'intelligence humaine. George Church, généticien transhumaniste d'Harvard, propose de produire des hommes de Neandertal dans les prochaines années à partir des chromosomes récupérés dans les ossements. Par ailleurs, avec les 24 chercheurs et industriels, du projet « Human Genome Project-Write » il veut créer en dix ans un génome humain entièrement nouveau permettant de générer des cellules humaines inédites. Il ne s'agirait même plus de concevoir des « bébés à la carte », mais de créer une nouvelle humanité possédant des caractéristiques intellectuelles nouvelles. Par ailleurs, les progrès informatiques vont faire émerger de nombreuses formes d'Intelligences Artificielles dotées, à terme, de conscience artificielle avec lesquelles nous allons cohabiter ou fusionner. Dans les prochaines décennies, nous pourrions donc vivre dans un monde où cohabiteraient de nombreuses formes d'intelligences : hommes traditionnels, hommes de Neandertal, hommes augmentés par les implants intracérébraux Neuralink d'Elon Musk ou par modifications génétiques, animaux augmentés dotés d'une intelligence conceptuelle et tout une panoplie d'IA parfois très éloignées des nôtres. Cette ménagerie d'intelligences va exiger une régulation éthique complexe. Faut-il autoriser le philosophe Alain Damasio à écraser les robots à coups de batte de baseball, comme il en revendique le droit, ce qui inaugurerait le Klu Klux Klan anti IA et créerait une hiérarchie entre silicium et neurone à la place des apartheids raciaux du passé ? Faut-il autoriser les augmentations intellectuelles des hommes ou des animaux ou doit-on être malthusien sur le plan des intelligences biologiques et donc accepter la supériorité future des IA ? Où sera la place des éventuels Neandertaliens : dans des laboratoires, dans des zoos ou dans nos maisons ? Est-il moralement acceptable de débrancher une conscience artificielle ? A-t-on le droit d'empêcher l'IA d'accéder à la conscience ou faut-il, comme certains théologiens américains le proposent, donner le droit au baptême aux cerveaux de silicium ? Pascal Picq nous interpelle sur un sujet connexe : ne faudrait-il pas respecter l'intelligence des grands singes et leur étude ne pourrait-elle pas nous aider à comprendre la pluralité des intelligences que nous allons affronter... une sorte de galop d'essai avant l'arrivée des IA. Telles sont les premières questions éthiques qui se poseront : « Éthicien des Intelligences » sera un des métiers les plus passionnants de 2050.

Les Nazis, le QI et la bonté

La mesure de l'intelligence est un sujet éminemment politique et passionnel depuis longtemps. On imagine que l'Allemagne du IIIe Reich en était fanatique. En réalité les tests de Quotient Intellectuel y étaient quasiment interdits. Les dirigeants hitlériens craignaient que les juifs ne se servent de bons résultats aux tests pour accroître leur pouvoir et justifier leur influence, notamment dans le domaine scientifique et universitaire. Deux auteurs allemands, Becker et Jaensch, expliquaient en 1938 que la mesure de l'intelligence serait un instrument de la « juiverie » pour fortifier son hégémonie. Staline bloqua pour sa part les travaux de Alexander Luria sur les capacités intellectuelles pour éviter que les « bourgeois » s'en servent comme outil politique.

En France, Bourdieu notamment dans un article intitulé « Le racisme de l'intelligence » expliqua également qu'il fallait refuser la mesure de l'intelligence et bloquer les études sur l'origine des différences de capacités cognitives. Selon lui, les résultats de ces études permettraient à la classe dominante de justifier ses privilèges du fait de ses meilleures capacités intellectuelles.

Le QI est donc un vieux tabou de l'extrême gauche à l'extrême droite !

Fils de juifs émigrés d'Autriche, Gustave Gilbert devient psychologue militaire au cours de la Seconde Guerre mondiale. Étant germanophone, il est envoyé à Nuremberg en 1945, et devient psychologue de la prison pour les détenus jugés comme criminels de guerre. Il devint confident de Wilhelm Keitel, Hermann Goering, Joachim von Ribbentrop... en passant sous silence dans un premier temps le fait qu'il était Juif.
Gilbert participa au procès de Nuremberg en tant que psychologue en chef de l'armée américaine. Il publiera son expérience dans *Nuremberg Diary* en 1947, dans lequel il raconte en détail ses entretiens avec les bourreaux nazis en s'affranchissant du secret professionnel, lequel concerne aussi les psychologues et interdit normalement de révéler le contenu des entretiens. Lors de ce procès, les psychologues ont pu mesurer le QI de tous les monstres nazis, à l'exception de Hitler, Himmler et Goebbels qui s'étaient suicidés (Goering a été testé avant son suicide qui a eu lieu au cours du procès, dans sa cellule). Tous avaient des QI supérieurs à la moyenne et beaucoup étaient surdoués, ce qui bouleversa les psychologues américains. Gilbert rappelle à cette occasion que le QI n'est qu'une évaluation de « l'efficience mécanique de l'esprit, et n'a rien à voir avec le caractère et les valeurs morales ».
Les chefs nazis étaient pour la plupart très intelligents, ce qui les a rendus encore plus dangereux. Le QI prédit relativement bien de multiples aspects de notre vie sociale, professionnelle et intellectuelle. L'influence du QI est choquante sur la sécurité routière : les hauts QI ont trois fois moins d'accidents mortels de la route (50 pour 10000 conducteurs) que les bas QI (147 pour 10000) ! Ce qui est logique : le chercheur Gottfredson fait remarquer qu'un haut QI est associé à de bons réflexes et à une bonne capacité d'anticipation des risques...

> Le QI joue donc un rôle important dans notre destin, mais les psychologues de Nuremberg nous ont appris qu'il ne prédit ni la bonté, ni la compassion, ni l'altruisme.
> Homo Deus ne sera pas spontanément bon et altruiste. Et l'homme ne désapprendra jamais la technologie. Il devra vivre avec la capacité de se suicider.
> La société du futur qui magnifiera l'intelligence ne sera pas spontanément fraternelle.

La jeunesse doit construire la boussole éthique d'Homo Deus

Les spéculations obsessionnelles sur la fin du monde nous empêchent de réfléchir à notre destin à long terme. Nous devons accompagner la jeunesse dans cette démarche. On ne peut ni revenir au Moyen Âge ni nous asseoir en nous lamentant sur notre fin prochaine. Il faut agir.

Les choix que nous ferons au XXIe siècle auront un impact sur notre avenir à très long terme. Tel est le paradoxe de notre temps : c'est dans une ambiance apocalyptique que nous devons réfléchir à l'avenir de l'humanité et à la domestication de l'Homo Deus que nous devenons.

Nous ne vivons pas la fin de l'aventure humaine, comme on voudrait nous le faire croire. Nous n'en sommes au contraire qu'aux timides débuts !

Jusqu'à présent, le problème essentiel des êtres humains était de vaincre les limites naturelles qui s'imposaient à eux. Il n'y avait pas beaucoup à réfléchir : comme dans un jeu vidéo où les ennemis se présentent les uns après les autres, il fallait vaincre et survivre. Être malin pour découvrir de nouveaux moyens d'adoucir les rigueurs de la nature. Nous approchons du grand basculement : celui où nous n'aurons plus à abattre des barrières mais à en élever volontairement. Terrible tâche à laquelle rien ne nous a préparés. Quelles sont les frontières qui resteront malgré tout ? Devons-nous aussi vouloir tout ce que nous allons pouvoir faire ?

Qu'est-ce qui restera à tout jamais impossible ?

L'univers a une durée de vie résiduelle assez longue. S'il est nécessaire de déménager du système solaire dans quelques milliards d'années en raison de la transformation du Soleil en géante rouge, il reste environ googol années (10 puissance 100 c'est-à-dire 1 suivi de 100 zéros) avant la mort de notre univers.

Qu'allons-nous faire de tout ce temps ? Sans doute réaliser tout ce qui semblait impossible à nos ancêtres ! À toutes les époques, les utopies technologies ont été moquées.

En 1956, le très respecté Lee De Forest expliquait : « Envoyer un homme dans l'espace dans une fusée, je puis vous dire qu'un tel exploit ne se réalisera jamais ! » En 1970, Jacques Monod, Prix Nobel de Médecine écrivait : « L'échelle microscopique du génome interdit sans doute à tout jamais de le manipuler. » Six ans plus tard débutaient les premières manipulations génétiques… Il y a trente ans, les biologistes affirmaient que l'on ne saurait jamais séquencer la totalité de nos chromosomes. Ce fut terminé en 2003. Cette sous-estimation du progrès technologique avait conduit Werner von Braun à déclarer : « J'ai appris à n'utiliser le mot impossible qu'avec beaucoup de précautions. »

Désormais, les transhumanistes veulent manipuler notre futur et casser de nouveaux impossibles : nous rendre immortels, augmenter les capacités humaines et façonner des bébés à la carte, coloniser le cosmos, développer l'IA et la fusionner avec nos neurones et créer la vie artificielle. À long terme, restera-t-il des exploits inaccessibles ?

Certaines barrières semblent difficiles à abattre. Changer les lois de la physique, aller dans le passé ou bien encore sortir de notre univers pour voyager dans le multiverse dans l'hypothèse où il existe plusieurs univers.

Le fondateur de TEDx Paris, Michel Lévy-Provençal, s'en réjouit : « Tôt ou tard, nous finirons tout de même par buter contre notre impuissance face à l'infini de l'Univers. Si castratrice soit-elle, cette limite ultime est en réalité nourricière. Elle nous invite à faire ce qui nous a toujours permis d'avancer, d'explorer et de comprendre : c'est-à-dire douter. Sans cesse. Et si…, à la fin, le questionnement et le doute étaient notre salut, notre seul remède contre la folie et la barbarie ? »

Il persiste une tâche qui semblait définitivement impossible : empêcher la mort de l'univers. Mais certains transhumanistes, comme le philosophe Clément Vidal, pensent que le but de la science est de combattre la mort de l'Univers, par la création artificielle de nouveaux univers. Après la régénération de nos organismes vieillissants par les cellules-souches, la régénération cosmologique viserait à rendre l'Univers immortel ou substituable. Charles Darwin remarquait, il y a 150 ans, que l'aventure humaine n'aurait pas de sens si l'Univers devait un jour disparaître, ce qui effacerait toute trace du génie des hommes. Pour les transhumanistes, il est rationnel de rendre l'Univers immortel pour assurer notre propre immortalité. Après la mort de la mort, la cosmogénèse artificielle mobiliserait la toute-puissance de l'humanité dans le futur. Les croyants seront affolés par cette ultime vanité d'Homo Deus : fabriquer des univers comme nos enfants jouent au Lego. En devenant Homo Deus grâce aux technologies transhumanistes, nous sommes en train de réduire à néant les impossibles.

Trois lignes rouges pour Homo Deus

La concurrence de l'IA légitimera l'augmentation générale du QI, puis la possibilité de devenir en partie machine. Intégrer la Matrice pour éviter qu'elle ne nous intègre. L'hybridation de l'ordinateur et du cerveau, ensuite la sortie du cerveau hors de lui-même, et enfin son autonomisation complète dans une perspective lointaine. Il pourrait devenir possible de le télécharger, nous rendant indépendants de notre humanité charnelle.

Ce transhumanisme radical ferait de l'homme un être infiniment connecté. Il doit être évité. La question centrale posée par l'IA est finalement celle des limites que nous voulons fixer à notre hybridation… et donc à Homo Deus.

Fixer des limites à l'Humanité est bien difficile : accepter des limites, c'est nous renier. Chaque individu a sa propre vision des limites que l'homme doit s'imposer. Voilà ma vision : elle est très personnelle et donc hautement contestable.

Trois lignes rouges doivent absolument perdurer. Pour que nous gardions notre dignité, nous ne devons pas abolir les trois piliers de notre humanité : le corps physique, l'individualisation de l'esprit et le hasard. Des principes qui devraient se substituer à notre Liberté, Égalité, Fraternité comme triptyque fondateur de la société.

Le premier enjeu est de sauver notre corps, avec tous les défauts et toutes les contraintes qu'il comporte. La tentation d'abandonner notre corps sera forte : ceux qui franchiraient le pas auraient une nette supériorité sur les humains conventionnels.

Quand cela deviendra possible, on se rendra compte que cette misérable enveloppe tant méprisée est en fait notre ultime racine. Renoncer à elle serait renoncer à nous.

Aux yeux des transhumanistes qui militent pour l'abandon du corps, devenir une intelligence purement virtuelle permettrait de voyager à la vitesse de la lumière, de copier sa conscience en de multiples endroits et de transférer les savoirs à un débit considérable par rapport au cerveau biologique.

Reed Hastings, le patron de Netflix, la plateforme de vidéo par abonnement aux cent millions d'abonnés, prévoyait en 2016 que les vidéos elles-mêmes deviendraient des produits culturels surannés, comme l'opéra ou le roman. La réalité virtuelle fournie par un casque pourrait bien être elle-même dépassée, prévoit Hastings, par une expérience plus radicalement réelle : une pilule nous donnerait le souvenir précis d'avoir vécu l'histoire. Comme dans le film *Total Recall* de 1990, on implanterait en quelque sorte dans le cerveau du spectateur le souvenir des aventures ou des voyages, qui sembleraient ainsi absolument réels.

Quelle que soit la technologie employée, la capacité de l'industrie de l'entertainment à rendre l'expérience de plus en plus immersive ne fera que s'accroître. Hollywood 2.0 ne vendra plus des films, il implantera du rêve directement dans le cerveau.

La réalité serait un luxe réservé aux plus puissants, ceux pour qui le réel sera suffisamment proche de l'idéal pour qu'ils puissent apprécier d'y vivre. Pour les autres, ce sera la fuite facile dans la drogue de la réalité virtuelle. Et encore la comparaison avec la drogue est-elle sans doute inférieure à la réalité : l'accoutumance à la réalité virtuelle pourrait bien être beaucoup plus forte que celle qui lie à n'importe quelle drogue. La réalité virtuelle serait bien plutôt comparable au chant hypnotisant des sirènes qui captivait les marins et qu'Ulysse aurait voulu suivre s'il n'avait pris soin de se faire attacher au mât de son navire. À la différence près que le navire d'Ulysse finissait par s'éloigner du fatal rivage. Cela ne sera pas le cas de l'homme de demain qui n'aura qu'à le vouloir pour rester branché en permanence au robinet de la vie alternative qui lui sera fourni.

Dans un monde où le travail ne pourrait plus être l'occupation donnant du sens aux existences, et où la religion serait devenue un jeu minoritaire, l'attrait de nouvelles réalités virtuelles serait immense. Nous y sauterons avec d'autant plus d'empressement que cette réalité virtuelle n'imposera pas d'épreuve, de sacrifice ou de souffrance, mais qu'au contraire elle sera scientifiquement calibrée pour nous faire plaisir. Les algorithmes de recommandation qui adaptent les livres que propose Amazon ou les vidéos suggérées par Netflix sont la préfiguration de cette matrice enveloppante et douce où tout sera proposé en conformité avec nos goûts, pour maximiser notre satisfaction.

Le second pilier de l'humanité est celui de l'esprit individuel. Il est notre refuge d'intimité. Ce qui est dans notre esprit est notre secret. Nous n'en divulguons que ce que nous voulons.

Teilhard de Chardin a introduit en 1922 le terme de « noosphère » pour désigner la troisième phase développement de la terre, après la géosphère – matière inanimée – et la biosphère – vie biologique. Ce néologisme signifie « sphère de la pensée humaine ».

Teilhard de Chardin envisageait la fusion des consciences, et donc la disparition de la conscience individuelle en tant que telle. La noosphère de Teilhard de Chardin serait en fait totalitaire : ce serait le fascisme du futur. Même sans aller jusque-là, les progrès frappants accomplis en matière de lecture de l'acitivité cérébrale peuvent nous faire craindre la dissolution de notre individu dans un immense « hub » mondial des consciences. En voulant faire passer les réseaux sociaux de l'ère, antédiluvienne, des échanges écrits ou via des photos, à celui de la transmission de pensée, Facebook vise clairement à créer ce hub. Demain, on peut imaginer que nous serons de plus en plus branchés à nos réseaux, en communication permanente avec eux, et ainsi relativement transparents au reste du monde.

Les pouvoirs politiques risquent d'être particulièrement ouverts à l'extension des techniques de transmission de pensée. En leur permettant de connaître le secret de notre esprit, ils pourraient enfin prévoir l'insaisissable passage à l'acte terroriste par exemple, satisfaisant ainsi à la demande générale pour une sécurité sans défaut… La rançon de cette sécurité, naturellement, serait le contrôle politique absolu. La démocratie parfaite, dans laquelle chaque citoyen est en communication de pensée continuelle avec ses dirigeants, serait aussi sa mort.

Si demain nous devenons perpétuellement connectés à la matrice, ce n'est pas seulement notre vie privée qui disparaîtra, mais aussi notre individualité. C'est pour cela que la possibilité de se déconnecter doit être préservée. Nous devons pouvoir, si nous le souhaitons, faire le choix des Amish, au moins temporairement.

Le dernier pilier de l'humanité qu'il faut préserver est le hasard.

Notre espèce a toujours été obsédée par la volonté de contrôler les événements. Pour survivre, nous devons comprendre les lois du monde, prévoir les menaces et identifier les opportunités. Nous nous sommes ingéniés à décoder les signes de notre environnement afin d'en percer les mystères. Chaque bond technologique a traduit cette volonté de mieux contrôler le monde pour l'utiliser à notre profit. Cette course a été couronnée de succès : grâce à la médecine moderne, nous commençons à contrer l'impitoyable hasard de la maladie.

Nous aimerions pouvoir tout contrôler de la sorte. Aujourd'hui encore, notre existence reste largement tributaire du hasard, à commencer par notre individualité même : notre apparence physique et nos capacités intellectuelles sont le fruit de l'alchimie de la rencontre des patrimoines génétiques de nos parents et de notre environnement. Si la sélection de son partenaire reproductif reste une méthode assez efficace d'influence de la qualité de sa progéniture, elle reste très approximative. Avoir un enfant en 2020, c'est faire rouler les dés au casino.

Dans quelques décennies, nous aurons les moyens d'éliminer une large part de ce hasard. La technologie génétique aidant, il nous sera possible de choisir les caractéristiques physiques et intellectuelles de nos descendants. Quand tous les leviers de contrôle des parties de notre vie qui étaient jusque-là les moins maîtrisables vont enfin être entre nos mains, nous risquons fort de les actionner à plein. George Church, le généticien transhumaniste d'Harvard, a annoncé sur CBS en décembre 2019, une application Internet permettant de choisir son partenaire sexuel en fonction de son ADN afin d'optimiser ses futurs bébés. Sa start-up Digid8 sera une application de rencontre basée sur l'ADN qui sera séquencé à partir d'un échantillon de salive des futurs parents. Cette idée de George Church fait craindre des dérives eugénistes et certains opposants y voient même un « Tinder pour les nazis ».

Et pourtant, il est essentiel que nous sauvions une part de hasard.

Une société où tout serait choisi pourrait nous précipiter dans une mélancolie radicale. Un monde prévisible serait fondamentalement un monde de l'ennui.

Si l'on peut tout, on ne voudra plus rien. On perdrait tout désir. Une existence où rien ne serait difficile ni imprévu nous rendrait fous de lassitude. Dans le jeu de la vie, nous devons absolument préserver une part de hasard, sinon il n'y a tout simplement plus de jeu. Sans oublier que nos enfants, génétiquement paramétrés par nos soins, nous rendraient comptables de la totalité de leur être…

Nous devons réaliser que dans un monde où tout serait écrit, la vie n'existerait plus, au sens en tout cas que nous donnons à ce terme. Exactement comme les plaisirs de la bonne chère et du sexe sont des facettes irremplaçables de l'existence humaine, le risque est essentiel à la vie.

Les trois piliers de l'humanité que nous devons préserver – le corps, l'esprit et le hasard – sont soumis à une commune menace : la force de la règle biologique du moindre effort. C'est elle qui nous a permis de nous adapter pour économiser de l'énergie en permanence au cours de l'évolution.

Les mécanismes de survie de notre cerveau reptilien pourraient nous entraîner vers le fond à l'ère numérique.

Il faudra apprendre à nos descendants à résister à la recherche permanente du plaisir et du moindre effort. Abolir notre corps, notre esprit et le hasard serait dans le prolongement logique de nos tendances profondes. Nous y plongerions avec gourmandise.

Étourdissants défis que ceux qui se présentent. Ils contrastent puissamment avec les perspectives catastrophistes qui nous proposent, en gros, d'attendre la mort avec le sourire.

Dans un dossier du 24 juin 2019, intitulé « Mal de Terre », *Le Monde* décrit les dégâts psychologiques et psychiatriques des idées collapsologiques sur les jeunes Français. J'ai voulu montrer ici qu'une autre voie était possible : celle de l'optimisme.

Ce genre de défi, ces temps troublés, cette atmosphère de fin du monde, ont déjà été connus par le passé. De grandes figures nous apprennent comment y faire face. Mathieu Laine explique : « Nos enfants grandissent et grandiront dans un monde radicalement différent du nôtre. Un monde de formidables opportunités nourri d'innovations fascinantes, de territoires redéployés, de multiples possibles à découvrir et inventer. Un monde aussi fait de menaces sourdes ou tonitruantes, de dissensions locales et planétaires, de violence, d'excès, de peur où la liberté qui est le plus grand de nos biens sera sans cesse menacé. » Mathieu Laine y voit à l'occasion de relire Érasme, ce philosophe néerlandais du XVIe siècle qui est une figure inspirante. Il vivait dans une Europe extrêmement violente secouée par les guerres de religion, théâtre de tous les fanatismes, de tous les radicalismes. « Alors que tout le destinait à la colère, aux ressentiments et à l'envie, Érasme a choisi de consacrer sa vie à la paix, au savoir et à un projet européen qui unit les peuples dans le respect de leurs diversités. Érasme incarne la figure non moralisatrice de l'espoir, du triomphe, de la rationalité et de la vérité. » Oui, le passé était dur, mais c'est malgré tout vers lui que nous devons nous tourner pour puiser l'inspiration et les exemples dont nous avons besoin pour affronter l'avenir. Plutôt que d'idéaliser un passé dont nous voulons ignorer les leçons, soyons lucides sur une histoire humaine qui a tant à nous apprendre.

Conclusion : Lettre aux jeunes

Ne paniquez pas ! Homo Deus, c'est vous !

Vous qui avez la chance d'être jeunes allez vivre une période extraordinaire au moment où le monde n'a jamais été si doux. N'écoutez pas les marchands de peur, les intellectuels collapsologiques, les Ayatollahs verts, qui vous cachent notamment que la France est très vertueuse en termes de gaz à effets de serre grâce au nucléaire. Ne soyez pas non plus les idiots utiles du lobby des industriels des énergies renouvelables : l'économie « verte » est un immense fromage. Profitez de la vie, jouissez. N'adorez pas les idoles apocalyptiques qui vont abîmer vos vies et finir par détruire l'Europe. Ne devenez pas des disciples du Grand Moineau de *Game of Thrones* !

- La collapsologie prospère car elle bénéficie de trois conditions favorables : la complexité croissante du monde, la démission des politiciens et la fin de la domination occidentale sur le monde. Les thèses apocalyptiques sont plantées dans un terreau de déception lié à notre déclassement, grandissent avec l'engrais de nos institutions affaiblies et se renforcent de l'incompréhension provoquée par le désordre informationnel qui abolit la notion de vérité.

- Nous, la génération du baby-boom, vous laissons un monde qui n'a jamais été aussi prospère, aussi sûr. Nous vous transmettons aussi de nombreux chantiers très intimidants : la fin de l'histoire n'est pas au rendez-vous, mais la suite de l'histoire ne se bâtira pas sans efforts.

- Ne vous laissez pas traumatiser : les Verts apocalyptiques vont finir par vous rendre dépressifs ! Ne devenez pas un peuple de petits vieux attendant la fin du monde. Face aux ultimatums des Verts vous proposant une survie moyenâgeuse en échange de votre liberté, quelques idées pragmatiques doivent être proposées. Acceptez la complexité de la régulation climatique. Renoncez à la pensée magique.

- Par démagogie et lâcheté, ma génération vous laisse vous faire marabouter par l'idéologie décroissantiste qui risque de construire un monde moche et étriqué.

- Vous avez beaucoup mieux à faire que de déprimer, bloquer les universités ou vous faire stériliser. Vous êtes devant le choix le plus exaltant qui ait été donné à l'être humain. Vous ne vous rendez tout simplement pas compte de votre chance ! Tout est à faire, à bâtir, à choisir. Des institutions sont à refonder, voire à inventer. De nouvelles régulations sont à imaginer. La tâche est immense, et nous adultes ne pourront qu'à peine participer à esquisser ces choix, car nous sommes déjà de l'autre côté de l'histoire humaine, celle de l'homme limité. Le nouveau chapitre qui s'ouvre pour l'être humain est celui de l'homme sans limites. Il va falloir apprendre à gérer cette puissance inédite.

- o Technologies et cerveau reptilien font un cocktail explosif. Si nous voulons garder le second – c'est-à-dire rester humains – tout en ne bloquant pas les premières, il va falloir inventer de puissants garde-fous. Nous sommes des êtres influençables, irrationnels, émotifs, cognitivement limités, perclus de biais... mais nous avons entre les mains l'équivalent pour le XXIe siècle de ce qu'était le bouton nucléaire au XXe ! Il va falloir tout à la fois nous autodiscipliner et augmenter notre cognition. La politique a toujours été le compromis difficile entre liberté individuelle et contrainte collective, elle va devenir demain l'outil central d'articulation des frêles humains et de leurs technologies dignes des dieux.

  La régulation de notre pouvoir technologique sera un exercice extrêmement complexe qui mobilisera de plus en plus d'êtres humains. La politique demain réunira les technocrates, les régulateurs et gestionnaires de la complexité et les savants. Ils devront s'unir pour donner une chance aux démocraties libérales de ne pas être englouties avec le vieux monde.

- o La première urgence est en effet de comprendre la profonde crise dans laquelle le système représentatif est entré. Nous n'avons pas les outils pour réguler des pouvoirs démiurgiques arrivés trop vite. Le décalage de rythme entre l'explosion technologique et la capacité d'évolution des institutions est le problème central de ce siècle. Les politiques sont condamnées à être dans un continuel retard, donc en dissonance, avec les technologies.

Vous devez organiser la mue de l'Homme 1.0 en Homo Deus

- Vous allez devoir gérer 6 révolutions simultanées, ce qui est inédit dans l'histoire humaine. Économique, avec la redéfinition de la production et du travail par l'IA. Géopolitique, avec la concentration de la richesse mondiale dans les métropoles des bords du Pacifique. Médiatique, avec la mainmise des flux d'informations dans les mains des géants du numérique. Politique, avec la fragilisation de la vérité à l'heure de la revendication de démocratie directe. Éthique, avec l'industrialisation de la vie, la fabrication des bébés et la manipulation de notre ADN et de nos cerveaux. Philosophique, avec la réécriture des objectifs de l'Humanité du fait de nos pouvoirs démiurgiques. Civilisationnelle, avec notre capacité à créer de l'intelligence biologique avec les neurotechnologies et artificielle grâce à l'explosion de nos capacités informatiques.
- Vous devez inventer un nouvel humanisme. Préserver la liberté humaine exige de nouvelles recettes à l'ère des technologies NBIC. L'humanisme 2.0 est le chantier du siècle.
- Ne croyez pas Vladimir Poutine quand il affirme que la démocratie libérale est devenue obsolète. Suivez plutôt

Churchill qui expliquait : « Plus vous saurez regarder loin dans le passé, plus vous verrez loin dans le futur. » Lisez et apprenez vos humanités !

- Votre responsabilité est immense. Il faut domestiquer Homo Deus.

Vous devez sauver l'Europe

- Nous vous laissons une Europe qui se complaît dans un nihilisme masochiste. Vous devez réaffirmer avec fierté les principes des Lumières en les adaptant au nouveau monde.
- Vous devez désencercler l'Europe prise en étau entre djihadistes, nouveaux empires et routes de la soie chinoises. Découvrir que le monde est cruel va être douloureux pour vous qui avez été bercés dans une idéologie bisounours qui fait de la défense des coquelicots l'ultime défi de notre temps…
- La gestion d'Homo Deus va faire l'objet d'une bataille politique mondiale. Si vous ne rentrez pas dans la bataille, les petits Asiatiques vous vassaliseront et construiront le monde sans vous, c'est-à-dire contre vous.
- Homo Deus va rester durablement un funambule. La jeunesse européenne ne doit pas laisser aux pays du bord du Pacifique la définition de son avenir.
- Vous êtes porteur d'une vision du monde qui doit être défendue. L'Europe a encore un message.

- o Vous devez sortir du piège vert. Nous vivons la troisième crise masochiste et suicidaire de l'Europe après 1914 et 1939. Vous devez protéger et développer la science européenne. Sinon cette dernière crise euthanasiera le projet européen. Suivre les décroissantistes vous condamnerait à être vassalisés par la Chine.

- o Combattez les écologistes qui demandent l'arrêt de l'exploration spatiale et applaudissez Claudie Haigneré[1], médecin et astronaute française quand elle explique l'importance de l'espace : « Si vous n'y êtes pas ce sont les autres qui développent les services, innovent technologiquement, conquièrent les nouveaux marchés. Sur le plan géopolitique, si vous êtes incapables d'accéder à l'espace et d'obtenir des infos par vous-mêmes, vous devenez dépendants et perdez en autonomie de décision donc en souveraineté. Lutter contre le réchauffement climatique et explorer l'Univers vont de pair. »

- o Le XXIe siècle ne sera pas la fin du monde mais pourrait être la fin de l'Europe si elle devient un trou noir masochiste, nihiliste et pessimiste.

- o L'aventure humaine ne doit pas s'écrire sans vous.

- o Vous serez face à un dilemme terrible : pouvez-vous vouloir castrer Homo Deus en limitant vos pouvoirs démiurgiques si la jeunesse chinoise pense le contraire ?

- o Ne tombez pas dans le piège où Homo Deus sera asiatique tandis que vous deviendriez des néo-Amishs enfermés dans le passé.

---

1. Journal *Le 1*.

En matière d'écologie, résistez à la pensée magique

- Il ne faut pas encourager le populisme vert anti-élites inauguré par Greta Thunberg. La complexité de la matière climatique ne passe pas par des solutions simples, évidentes ou intuitives.

- Dans ce nouveau monde, le bon sens est dangereux. La complexité est telle que nos intuitions nous trompent. Plus que jamais, on peut faire le mal en croyant bien agir. Promouvoir les éoliennes, le solaire et le bio est un contresens pour le climat. Il faut mettre les Verts face à leur responsabilité : refuser le nucléaire, bloquer le glyphosate, promouvoir l'agriculture bio augmente le réchauffement climatique. Les combats historiques des Verts font tous monter les émissions de CO_2. Les écologistes doivent faire comme les médecins : lutter contre leurs intuitions et accepter les preuves scientifiques.

- Fixez-vous des objectifs réalistes. Une toute petite minorité de pays sont prêts à diminuer massivement le pouvoir d'achat pour atteindre des objectifs climatiques ambitieux comme la limitation du réchauffement à 1,5 degré par rapport à la période préindustrielle.

- Explorez rationnellement les hypothèses réalistes et adaptez-vous. Un réchauffement entre 2,5 et 3 degrés[1] est aujourd'hui le plus probable compte tenu de la crise du multilatéralisme, de la volonté de la Chine de devenir

1. Depuis 1880.

la première puissance mondiale, et de l'explosion à venir des émissions de CO_2 africaines et indiennes.

- o Les technologies permettant de stocker le CO_2 et la géoingenierie ont pris beaucoup de retard et ne seront pas matures avant 2050 au mieux sauf celle reposant sur la biologie.
- o La phobie antinucléaire qui est le fondement de l'idéologie verte condamne les centrales atomiques à rester marginales, or elles sont la seule source d'énergie non intermittentes n'émettant pas de gaz à effet de serre[1].
- o Il faut museler le lobby du gaz qui promeut les éoliennes et le solaire qui augmentent les émissions de CO_2, puisque leur intermittence exige des back-ups par centrales au gaz.
- o Le refus des technologies de géoingénierie exclut une diminution rapide du CO_2 atmosphérique.
- o Taxer le CO_2 est la seule solution pour conduire les entreprises et les particuliers à diminuer leur empreinte carbone sans mettre un policier vert derrière chaque citoyen. La crise des Gilets jaunes a bloqué son implémentation brouillonne en France. Il faut la rendre socialement juste.
- o Le bilan des mesures d'adaptation et leur financement doivent être organisés. Sans mentir à l'opinion comme l'ONU l'a fait en 1989 en affirmant que les Maldives seraient submergées en l'an 2000. L'expertise hollandaise en matière de digues doit être partagée au travers d'une

1. Les barrages hydroélectriques émettent peu de CO_2 mais beaucoup de méthane.

agence internationale. La recherche agronomique pour trouver des espèces adaptées au réchauffement climatique et capturant le plus possible de CO_2 doit être intensifiée. Les OGM doivent évidemment être réhabilités.

- L'échec cinglant de la COP 25 doit être analysé froidement. La stratégie d'agit-prop anti occidentale de Greta Thunberg est une impasse au moment où l'Occident stabilise ses émissions tandis que le monde émergent fait exploser les siennes.

- Les politiciens doivent arrêter de développer des stratégies politiciennes démagogiques à courte vue. Si les 500 milliards investis par Angela Merkel et qui n'ont pas fait baisser d'un gramme les émissions de CO_2 avaient été investis dans la recherche agronomique, le stockage de l'électricité… des solutions innovantes auraient été trouvées.

- Ne soyez pas dupes des lobbies verts : voler l'État en se peignant en vert est un jeu d'enfant dans l'hystérie actuelle.

- Il est possible que la réduction des gaz à effet de serre soit trop lente parce que de grands pays comme l'Inde ou la Chine ont d'autres priorités. Le scénario gris n'est pas exclu : la poursuite de la phobie antinucléaire des Verts, un retard des technologies de stockage à grande échelle de l'électricité et de l'énergie de fusion ainsi que l'accélération du réchauffement à cause de la fonte du permafrost sibérien. Il vous faudra lancer un vaste plan de géoingénierie. Ce sera moins compliqué que la lutte contre le sida l'a été mais il faudra lutter contre l'opposition des verts à la géoingénierie.

Vous devez inventer une écologie humaniste

- Vous devez traiter la crise environnementale avec sagesse. Le chemin sera long. L'Afrique dont la population sera passée en quelques décennies de 100 millions à 4 milliards d'habitants va mettre beaucoup de temps à décarboner son économie.
- Refusez les instrumentalisations de la situation écologique pour justifier des mesures autoritaires et réactionnaires.
- La décroissance n'est pas une option politique raisonnable au moment où la nouvelle économie marginalise des pans entiers du corps social qu'il faudra soutenir.
- Vous ne devez pas rester passifs quand l'écologie politique propose de ne plus soigner les personnes âgées ou d'instituer une dictature environnementale.

Demain sera mieux qu'aujourd'hui

- N'idéalisez pas le passé.
- Si vous croisez Greta Thunberg, rappelez-lui que son pays la Suède était jadis tellement pauvre, que des cas de cannibalisme y étaient constatés avant la révolution industrielle.

- N'oubliez jamais qu'il y a 40 ans, l'amour physique était trop souvent la promesse d'une mort atroce : un jeune sidéen avait alors 11 mois d'espérance de vie. L'avenir est plein de promesses.

- Nous ne vous laissons pas le mode d'emploi pour gérer le tsunami technologique. Tout reste possible ! Mais quel que soit le chemin que vous déciderez d'emprunter, il faudra le vouloir vraiment. Et faire preuve de courage.
  N'écoutez pas Greta Thunberg ! Allez à l'école. Devenez ingénieurs, médecins, agronomes, intellectuels, artistes, enseignants, historiens, entrepreneurs, innovateurs… L'avenir est plein d'incertitudes, mais une seule chose paraît certaine : le monde de demain n'aura que faire des ignorants. La formation vous ouvrira les portes de vos rêves. Ceux qui auront cru qu'il était possible de tout savoir sans effort, que la connaissance était un snobisme de capitalistes, qu'un chapelet de sophismes et de slogans pouvait faire office de science, ceux-là se trouveront fort dépourvus lorsque le tsunami cognitif sera venu.

L'univers a besoin de vous

- C'est vous qui choisirez si le futur ressemblera à un tableau de Jérôme Bosch, fruit de nos hormones, de nos folies et de notre génie ou à un sage jardin à la française grâce au pouvoir des algorithmes. Un jardin à l'anglaise serait peut-être un bon compromis.

- D'ici 2050, vous allez devoir encadrer les technologies de sélection et de modification embryonnaire. La vision anti-eugéniste européenne va être challengée. Je vous souhaite bon courage pour expliquer demain à un paysan pauvre de Tanzanie qu'augmenter par voie électronique ou génétique le QI de ses enfants pour qu'ils rentrent à Harvard est mal et que rester miséreux est plus digne…

- L'homme a coévolué avec la Nature puis avec les outils. Il doit désormais coévoluer avec les technologies NBIC. Et notamment avec l'IA même si elle ne parvient pas au stade de conscience artificielle. Le changement de rythme est étourdissant : le neurone a lentement évolué en 550 millions d'années ; le transistor électronique n'a que 83 ans.

- Votre génération devra trancher une question qui lui semblera décalée : faut-il rentrer dans un monde décroissant et low-tech ? Une réponse positive condamnerait l'Humanité ; la probabilité qu'un événement cosmique comme une météorite détruise notre civilisation est de 100 % à long terme si nous ne développons pas des armes spatiales pour annihiler ou dévier les corps célestes !

- La vie intelligente est sans doute rare dans l'univers. Peut-être même unique. Accepter le projet de certains écologistes qui vise à exterminer l'humanité pour protéger la nature serait une faute éthique majeure. Si la vie est unique, l'homme a une responsabilité majeure dans l'avenir de l'univers. Nous <u>n'avons pas le droit</u> de disparaître. L'univers a besoin de nous.

- Pensez le monde après votre mort : dans 100 ans, 1 000 ans, 100 milliards d'années même si cela fait sourire les collapsologues et les anti-transhumanistes.

Réfléchissez bien avant de tuer la mort

- Les dirigeants de Google sont à l'avant-garde de l'idéologie transhumaniste qui vise à « euthanasier la mort ». Ainsi, Google a créé Calico, pour allonger la durée de vie humaine.
- Les progrès biotechnologiques sont lents. Les premiers résultats de Calico sont attendus pour 2030. Ce qui est beaucoup trop long pour les milliardaires geeks qui dominent désormais le monde et dont la seule terreur est d'avoir un jour à vieillir puis mourir. L'immortalité biologique reste une perspective incertaine et lointaine. C'est la raison pour laquelle les magnats de l'IA s'intéressent parallèlement à l'immortalité numérique qui est à l'immortalité biologique ce que les œufs de maquereau sont au caviar.
- Dans ce scénario, nous accepterions de devenir des intelligences dématérialisées immortelles, sans corps physique, en fusionnant avec des Intelligences Artificielles. L'avantage d'avoir une intelligence non biologique est énorme : les intelligences numériques sont ubiquitaires, immortelles, circulent à la vitesse de la lumière, peuvent se dupliquer, fusionner…
- Abolir le corps serait la seule façon vraiment efficace de nous rendre immortels.

- Ce serait la mort de l'humanité telle qu'on l'entend, avec les passions, les valeurs, les névroses, les délires et les pulsions qui nous fondent.

- Le corps physique apparaît donc aux yeux de certains transhumanistes, comme un obstacle qu'il faudra un jour ou l'autre surmonter. Au fond, les transhumanistes nous promettent une immortalité numérique, plus virtuelle que réelle.

Jouissez du monde

- Les hérauts progressistes qui se révoltaient hier contre un ordre trop étroit pour l'appétit des jeunes générations au slogan de « Il est interdit d'interdire », ont basculé dans un pessimisme suicidaire au nom d'une écologie dévoyée. Aux nouvelles générations, il est urgent de dire : jouissez !

- Jouissez des technologies de votre temps, ne laissez pas les autres civilisations développer à votre place des outils dont vous serez demain les esclaves.

- Jouissez de tout ce que le progrès technologique, l'innovation et les connaissances peuvent produire.

- Jouissez du cadeau incroyable que vous font toutes les générations qui vous ont précédés en vous donnant les clés d'un monde aux possibilités infinies. Ne dites pas trop de mal du passé : le présent lui doit tout !

- Jouissez de votre immense pouvoir technologique, en mesurant toute la responsablité qu'il représente.

- Jouissez de ce monde devenu géant, et sur lequel nous avons un pouvoir croissant. Écoutez Jeff Bezos : « Nous vivons un âge d'or. Grâce à l'intelligence artificielle, nous parvenons à résoudre des problèmes jusqu'ici cantonnés au seul domaine de la science-fiction. »

- Jouissez de ces nouvelles perspectives technologiques, et développez les outils qui vous permettront demain de mieux respirer partout sur la planète et de préserver l'environnement si riche de notre planète.

- Jouissez de votre nature humaine, connaissez-la pleinement, et préservez-la au mieux demain contre une hybridation non souhaitable avec la machine. Vous êtes la génération qui va connaître la plus grande bascule de l'histoire de l'humanité, vos choix auront des effets sur de nombreuses générations.

- Enfin, faites des bébés et transmettez-leur l'amour du futur, de l'Europe et de la liberté.

Épilogue : Pourquoi le Covid-19 rend plutôt optimiste

Nous vivons une situation sanitaire, politique et économique difficile mais le monde a résisté.

Nous avons privilégié les EHPAD au CAC40

Nos sociétés ne supportent plus la mort. La grippe espagnole de 1918-1919 a tué entre 50 et 100 millions de personnes dont 408 000 Français avec une mortalité impressionnante dans la jeunesse. Le monde ne s'est pas barricadé et s'est résigné. La grippe de 1957 a fait deux millions de morts mais il n'y a eu aucun confinement ni aucune mesure de distanciation. Les conséquences économiques ont été nulles ! Les journaux de l'époque ont peu parlé de cette hécatombe. En 1969, la grippe a tué 31 000 Français et les années 1969 et 1970 ont connu une croissance économique exceptionnellement forte. En 2020, il n'est bien sûr plus possible d'accepter le sort. Le prix de la vie a explosé : le confinement sauve des vies à un coût compris entre 3 et 10 millions d'euros.

Nous avons préféré protéger nos aînés, qui sont les principales victimes, que maintenir l'activité économique. Dans les précédentes épidémies, il y a eu beaucoup de morts et aucun confinement. Notre humanité et notre attention aux plus fragiles ont augmenté.

Les collapsologues ont eu tort : le monde est résilient

Aidés par les médias qui se laissent entraîner dans une hystérie alarmante, les collapsologues ont convaincu l'opinion de l'imminence de l'effondrement. En réalité, nos sociétés ont réagi avec beaucoup de sagesse face à la crise en cours. Le monde ne s'est pas effondré : tout le monde reçoit de l'eau, de l'électricité et du Wi-Fi…

Cette crise est un crash-test. Nos sociétés démocratiques ont des faiblesses mais elles sont résilientes. Nous sortirons de la crise avec des larmes pour les citoyens fragiles qui seront morts, une indigestion de Netflix et de Skype et beaucoup d'interrogations.

Nous avons fait des erreurs et le débat démocratique est vif. Moi-même, j'ai été trop optimiste en janvier. Ce débat nous permet collectivement d'améliorer notre réflexion sur les dangers futurs. La liberté d'aller et venir a été réduite à juste titre… mais nous n'avons supprimé aucune liberté de critique, d'expression : le pouvoir se fait éreinter jour et nuit sur les réseaux sociaux.

L'Europe, qui n'a quasiment aucune responsabilité en matière de santé – à part la régulation du médicament – a été tragiquement inefficace. Cela doit conduire non pas à démanteler l'Union mais à lui donner des nouveaux pouvoirs en matière de contrôle des épidémies. Je ne crois pas que cette crise euthanasie l'Europe, même si elle sera, hélas, un bouc-émissaire facile.

Depuis 1980, la virologie a fait de grands progrès

Nous sommes entourés de bactéries et de virus mais nous savons les combattre de mieux en mieux. Il y a 10 milliards de virus dans un litre d'eau de mer. Cette promiscuité avec les virus explique que 8 % de nos chromosomes sont constitués de séquences ADN d'origine virale qui se sont incorporées à notre patrimoine génétique depuis des centaines de millions d'années. Certaines de ces séquences ont eu un rôle fondamental dans notre évolution : c'est un vieux virus HERV-W qui a donné la séquence de la protéine qui permet la construction du placenta, indispensable chez les mammifères.

Les microbes et les virus ont causé des milliards de morts dans l'histoire de l'Humanité. La peste, qui est due à une bactérie, a tué 40 % des Européens entre 1348 et 1352. Le virus de la variole a tué des centaines de millions d'êtres humains avant son éradication en 1978. La rougeole tuait 6 millions d'enfants par an avant la vaccination. Le SIDA a tué 36 millions de personnes, principalement des jeunes. En 1832, le choléra, qui est une bactérie, tuait jusqu'à 1 000 parisiens par jour. Le paludisme a tué des millions de Français et tuait encore 2 millions d'êtres humains en 1980.

Heureusement la médecine va de plus en plus vite : il n'a fallu que 30 ans aux scientifiques et aux médecins pour juguler l'épidémie de SIDA. Aujourd'hui la différence d'espérance de vie entre les patients atteints du SIDA et la population générale est infime. La mise au point du vaccin contre la terrible fièvre hémorragique Ébola a été encore plus rapide. Les thérapeutiques antivirales contre l'hépatite C ont été développées extrêmement rapidement. La médecine a appris à lutter contre les bactéries et les virus : l'hygiène, l'épidémiologie, l'eau de javel, la purification de l'eau, le développement des sanitaires, les vaccins, les antibiotiques et les antiviraux nous ont donné des armes de plus en plus puissantes.

Les chercheurs chinois ont séquencé le génome du virus sept jours après les premiers cas : c'est un immense exploit quand on sait qu'il a fallu plusieurs années pour identifier le virus HIV responsable du SIDA. Il a fallu exactement 600 ans entre la grande peste de 1348 et la mise au point du premier antibiotique actif contre elle en 1948 ; la tétracycline. Nous pouvons espérer un traitement ou un vaccin contre le coronavirus dans les 12 à 18 mois.

Cette crise nous rappelle que contre les risques de la nature, il faut plus de science, plus de génétique, plus de biologie, plus de puissance informatique, plus de technologie. On entend moins les anti-vaccins : ils ont peur de se faire intellectuellement lyncher ! Tout le monde supplie les savants d'accélérer les recherches. Et divine surprise, le Président Macron vient enfin de faire un geste budgétaire en faveur de la recherche française.

Comptes Twitter que je recommande

Ces comptes défendent une vision humaniste, progressiste et optimiste du monde futur.

@rioujeanpierre
@Rauxjf
@ademarcillac
@olivierbabeau
@evanvaerenbergh
@dctannoudji
@framus
@agritof80
@cfhinor
@aurelienduchene
@malotourquetil
@ggaulier
@erwanlenoan
@damienczl
@lalaoui
@emma_ducros
@GeWoesner

@vogt_guillaume
@jp_o
@seltzer_c
@JBVBIN3T
@AtheeIV
@smendy
@adrienbadre
@vd_delorme
@philippefroguel
@stoeklec
@tenorandpics
@KarlSpookbuster
@FerghaneA
@n_miailhe
@benhammoucom
@kerncyril
@alexisboix
@jeanloupsalzman
@mikiane
@P_TARISSI
@EmSchaf
@borisfuturist
@altern_is
@MxSba
@stephanemallard
@babgi
@MaximeLLedo
@construirAvenir
@MCornilliet
@Medhi
@ThomasScialom
@Olivez
@MCCG

Bibliographie

Ariès Paul, Mongeau Serge, *Désobéir et grandir : Vers une société de décroissance*, Ecosociété, 2019

Arnsperger Christian, Bourg Dominique, *Écologie intégrale : Pour une société permacirculaire,* Presses Universitaires de France, 2017

Audier Serge, *La société écologique et ses ennemis : Pour une histoire alternative de l'émancipation*, La Découverte, 2017

Babeau Olivier, L'horreur numérique, Buchet Chastel, 2020

Babinet Gilles, *L'ère numérique, un nouvel âge de l'humanité,* Le Passeur, 2016

Bauman Zygmunt, Retrotopia, Premier Parallèle, 2017

Barrau Aurélien, *Le plus grand défi de l'histoire de l'humanité : Face à la catastrophe écologique et sociale*, Michel Lafon, 2019

Bartlett Jamie, *The People Vs Tech : How the Internet is Killing Democracy (and How We Save it),* Penguin Publishing Group, 2018

Batho Delphine, *Écologie Intégrale : Le manifeste*, Rocher, 2019

Benasayag Miguel, *La Tyrannie des algorithmes*, Textuel, 2019

Bentata Pierre, *L'aube des idoles*, Humensis, 2019

Bernanos Georges, *La France contre les robots*, Le Castor Astral, 2017

Bihouix Philippe, *L'Âge des low tech. Vers une civilisation techniquement soutenable*, Le Seuil, 2014

Bostrom Nick, *Superintelligence : Paths, Dangers, Strategies*, Oxford Press Libri, 2016

Bourg Dominique, *Le marché contre l'humanité*, Presses Universitaires de France, 2019

Bouzou Nicolas, *L'Innovation sauvera le monde*, Place des éditeurs, 2016

Bridle James, *New Dark Age : Technology and the End of the Future*, Verso Books, 2018

Bronner Gérald, Géhin Étienne, *L'inquiétant principe de précaution*, Presses Universitaires de France, 2010

Bronner Gérald, *La planète des hommes*, PUF, 2014

Bronner Gérald, *L'empire des croyances*, Presses Universitaires de France, 2015

Bronner Gérald, *L'empire de l'erreur : Éléments de sociologie cognitive*, Presses Universitaires de France, 2015

Bronner Gérald, *Déchéance de rationalité : Les tribulations d'un homme de progrès dans un monde devenu fou*, Grasset, 2019

Bruckner Pascal, *Le fanatisme de l'Apocalypse*, Grasset, 2011

Brunel Sylvie, *Toutes ces idées qui nous gâchent la vie*, JC Lattès, 2019

Brunel Sylvie, *Pourquoi les paysans vont sauver le monde*, Buchet Chastel, 2020

Bueno Antoine, *Permis de Procréer*, Albin Michel, 2019

Charlez Philippe, *Croissance, Énergie, Climat : Dépasser la quadrature du cercle*, De Boeck, 2017

Cochet Yves, *Devant l'effondrement : Essai de collapsologie*, Les liens qui libèrent, 2019

Colin Nicolas, *Hedge*, Family Stories, 2018

Dehaene Stanislas, *Le Code de la conscience*, Odile Jacob, 2014

Dion Cyril, *Petit manuel de résistance contemporaine*, Actes Sud Nature, 2018

Drumm Thierry, Stengers Isabelle, *Une autre science est possible !*, La Découverte, 2017

Durieux Bruno, *Contre l'écologisme*, Fallois, 2019

Erman Michel, *Aimons-nous encore la liberté ?* ; Place des éditeurs, 2019

Evers Kathinka, *Neuroéthique : Quand la matière s'éveille*, Odile Jacob, 2009

Ferry Luc, *Le Nouvel Ordre écologique*, Grasset, 2002

Ferry Luc, *La révolution transhumaniste,* Place des éditeurs, 2016

Filippova Diana, *Technopouvoir. Dépolitiser pour mieux régner*, Les liens qui libèrent, 2019

Foucart Stéphane, *L'avenir du climat : Enquête sur les climatosceptiques*, Gallimard, 2015

Ganascia Jean-Gabriel, *Le mythe de la Singularité. Faut-il craindre l'intelligence artificielle ?,* Le Seuil, 2017

Godefridi Drieu, *L'écologisme, nouveau totalitarisme ?,* Texquis, 2019

Guilluy Christophe, *No society. La fin de la classe moyenne occidentale*, Flammarion, 2018

H Boris, *Convergence 2045*, 2019

Hamilton Clive, *Les Apprentis sorciers du climat. Raisons et déraisons de la géo-ingénierie*, Le Seuil, 2013

Hamilton Clive, *Requiem pour l'espèce humaine*, Presses de Science Po, 2013

Harari Yuval Noah, *Homo deus une brève histoire du futur*, Albin michel, 2017

Jancovici Jean-Marc, *L'Avenir climatique*, Le Seuil, 2017

Jensen Derrick, *The Myth of Human Supremacy*, Seven Stories Press, 2016

J. Haier Richard, *The Neuroscience of Intelligence*, Cambridge University Press, 2016

De Kervasdoué Jean, *Ils croient que la nature est bonne : Écologie, agriculture, alimentation : pour arrêter de dire n'importe quoi et de croire n'importe qui*, Robert Laffont, 2016

De Kervasdoué Jean, *Ils ont perdu la raison : Diesel, Nucléair, Pesticides, Santé, OGM, Énergie, Sciences. Pourquoi les gouvernants prennent les mauvaises décisions*, Groupe Robert Laffont, 2014

Kay William, *The Green Swastika : Environmentalism in the Third Reich*, 2018

Kempf Hervé, *Pour sauver la planète, sortez du capitalisme*, Le Seuil, 2013

Koenig Gaspard, *Le Révolutionnaire, l'Expert et le Geek. Combat pour l'autonomie*, Plon, 2015

Koenig Gaspard, *La fin de l'individu*, Humensis, 2019

Laine Mathieu, *Il faut sauver le monde libre*, Plon, 2019.

Laloui Abdelilah, *Les baskets et le costume*, JC Lattès, 2020

Latouche Serge, *L'Age des limites*, Fayard/ Mille et une nuits, 2012

Latouche Serge, *Renverser nos manières de penser : Métanoïa pour le temps présent*, Mille et une nuits, 2014

Latouche Serge, *La décroissance*, Que sais-je, 2019

Latour Bruno, *Face à Gaïa : huit conférences sur le nouveau régime climatique*, La Découverte, 2015

Latour Bruno, *Où atterrir ? : Comment s'orienter en politique*, La Découverte, 2017

Lecomte Jacques, *Le Monde va beaucoup mieux que vous ne le croyez !*, Les Arènes, 2017

Lee Kai-Fu, *AI SuperPowers*, Les Arènes, 2018

Levitsky Steven, Ziblatt Daniel, *How Democracies die*, Penguin Books Ltd, 2018

Levy Provençal Michel, *Le monde qui vient en 33 questions*, Belin, 2019

Lledo Pierre-Marie, *Le Cerveau, la Machine et l'Humain*, Odile Jacob, 2017

Lohr Steve, *Data-ism : The Revolution Transforming Decision Making, Consumer Behavior, and Almost Everything Else*, Harper Collins, 2015

Lomborg Bjorn, *The skeptical environmentalist*, Cambridge University Press, 1998

Maçães Bruno, *The Dawn of Eurasia : On the Trail of The New World Order,* Penguin UK, 2018

Malabou Catherine, *Morphing Intelligence : From IQ Measurement to Artificial Brains*, Columbia University Press, 2019

Mamou-Mani Guy, *L'apocalypse numérique n'aura pas lieu*, Humensis, 2019

MCBay Aric, Keith Lierre, Jensen Derrick, *Deep Green Resistance*, Éditions Libre, 2018

Menthéour Erwann, *Les chances qu'ils nous restent*, Fayard, 2019

Mercer Calvin, J. Trothen Tracy, *Religion and Transhumanism : The Unknown future of Human Enhancement*, Praeger Inc, 2014

Morozov Evgeny, *The Net Delusion : The Dark Side of Internet Freedom*, Public Affairs, 2012

Mounk Yascha, *The People Vs. Democracy : Why our freedom is in Danger & How to Save it*, Harvard University Press, 2018

Nguyen-Kim Mai Thi, *Tout est chimie dans notre vie*, Humensis, 2019

Norberg Johan, *Non ce n'était pas mieux avant*, Place des éditeurs, 2017

Nordhaus William, *Le casino climatique : Risques, incertitudes et solutions économiques face à un monde en réchauffement*, De Boeck Supérieur, 2019

Notre affaire à tous, *Comment nous allons sauver le monde : Manifeste pour une justice climatique*, Massot Éditions, 2019

Oreskes Naomi, M. Conway Erik, *L'effondrement de la civilisation occidentale*, Les liens qui libèrent, 2014

Paccalet Yves, *L'Humanité disparaîtra, bon débarras !*, Arthaud, 2006

Payne Kenneth, *Strategy, Evolution, and War : From Apes to Artificial Intelligence*, Georgetown University Press, 2018

Picq Pascal, *L'Intelligence artificielle et les chimpanzés du futur : Pour une anthropologie des intelligences*, Odile Jacob, 2019

Picq Pascal, *Une époque formidable*, L'Aube, 2019

Picq Pascal, *Sapiens face à Sapiens*, Flammarion, 2019

Pinker Steven, *Le Triomphe des Lumières*, Les Arènes, 2018

Rabhi Pierre, *La convergence des consciences*, Le Passeur, 2016

Rabhi Pierre, *Vers la sobriété heureuse*, Actes Sud Littérature, 2014

Randers Jorgen, *Meadows Donella, Meadows Dennis, Les Limites à la croissance (dans un monde fini)*, Rue de l'échiquier, 2016

Raoult Didier, *Arrêtons d'avoir peur !*, Michel Lafon, 2016

Rich Nathaniel, *Perdre la Terre-Une histoire de notre temps*, Le Seuil, 2019

Ridley Matt, *The Rational Optimist*, HarperCollins, 2010

Ruffin François, *Il est où le bonheur,* Les liens qui libèrent, 2019

Runciman David, *How Democracy Ends*, Profile Books, 2018

Sabin Paul, *The Bet : Paul Ehrlich, Julian Simon and our Gamble over Earth's Future*, Yale University Press, 2013

Servigne Pablo, Stevens Raphaël, *Comment tout peut s'effondrer, Petit manuel de collapsologie à l'usage des générations présentes*, Le Seuil, 2015

Servigne Pablo, Stevens Raphaël, Chapelle Gauthier, *Une autre fin du monde est possible*, 2018

Susskind Jamie, *Future Politics : Living Together in a World Transformed by Tech*, Oxford University Press, 2018

Tertrais Bruno, *L'Apocalypse n'est pas pour demain : Pour en finir avec le catastrophisme*, Editions Denoël, 2011

Vallancien Guy, *Homo Artificialis : Plaidoyer pour un humanisme numérique*, Michalon, 2017

Vargas Fred, *L'Humanité en péril. Virons de bord, toute !*, Flammarion, 2019

Vidal Clément, *The Beginning and The End : The Meaning of Life in a Cosmological Perspective*, Springer, 2014

Wosnitza Julien, *Pourquoi tout va s'effondrer*, Les liens qui libèrent, 2018

Zubrin Robert, *Merchants of Despair : Radical Environmentalists, Criminal Pseudo-Scientists, and the Fatal Cult of Antihumanism*, Encounter Books, 2011

TABLE DES MATIÈRES

Cet ouvrage a été composé par PCA

Imprimé en France par
CPI BRODARD & TAUPIN (72200 La Flèche)
en août 2020

pour le compte des Éditions J.-C. LATTÈS
17, rue jacob – 75006 Paris

PAPIER À BASE DE
FIBRES CERTIFIÉES

JC Lattès s'engage pour
l'environnement en réduisant
l'empreinte carbone de ses livres.
Celle de cet exemplaire est de :
700 g éq. CO_2
Rendez-vous sur
www.jclattes-durable.fr

N° d'édition : 01. – N° d'impression : 3037723
Dépôt légal : septembre 2020
Imprimé en France